20世纪中国科学口述史
The Oral History of Science in 20th Century China Series

陈梦熊

我的水文地质之路
——陈梦熊口述自传

My Road of Hydrogeology:
the Oral Autobiography of Chen Mengxiong

湖南教育出版社

1996年10月陈梦熊院士在喀什考察留影

主编的话

以挖掘和抢救史料为急务

自文艺复兴以来，西方经过宗教改革、世界地理大发现、科学革命和产业革命，建立了资本主义主导的全球市场和近代文明。在此过程中，科学技术为社会发展提供了最强大的动力，其影响至20世纪最为显著。

在从传统社会向近代社会的转型中，国人知识结构的质变，第一代科学家群体的登台，与世界接轨的科学体制的建立，现代科学技术学科体系的形成与发展，乃至以“两弹一星”为标志的一系列重大科技成就的取得，都发生在20世纪。自1895年严复喊出“西学格致救亡”，至1995年中共中央、国务院确定“科教兴国”的国策，百年中国，这“科学”是与“国运”紧密关联着的。百年中国的科学，也就有太多太多的行进轨迹需要梳理，有太多太多的经验教训需要总结。

关于20世纪中国历史的研究，可能是格于专业背景方面的条件，治通史的学者较少关注科学事业的发展，专习20世纪科学史者起步较晚，尚未形成气候。无论精治通史的大家学者，或是研习专史的散兵游勇，都共同面临着一个难题——史料的缺乏。

史料，是治史的基础。根据20世纪中国科学史研究的特点，搜求新史料的工作主要涉及文字记载、亲历记忆、图像资料和实物遗存这四个方面。

20 世纪对于我们，望其首已遥不可及，抚其尾则相去未远。亲身经历过这个世纪科学事业发展且作出过重要贡献的科学家和领导干部，大都已是高龄。以 80 岁左右的老人为例，他们在少年时代亲历抗日战争，大学毕业于共和国诞生之初，而国家科学事业发展的黄金十年时期（1956—1966）则正是他们施展才华、奉献青春、燃烧激情的岁月。这些留存在记忆中的历史，对报刊、档案等文字记载类史料而言，不仅可以大大填补其缺失，增加其佐证，纠正其讹误，而且还可以展示为当年文字所不能记述或难以记述的时代忌讳、人际关系和个人的心路历程。科学研究过程中的失败挫折和灵感顿悟，学术交流中的辩争和启迪，社会环境中非科学因素的激励和干扰，等等，许多为论文报告所难以言道者，当事人的记忆却有助于我们还原历史的全景。

湖南教育出版社欲以承担挖掘和抢救亲历记忆类史料为己任，于 2006 年启动了《20 世纪中国科学口述史》丛书的工作计划，在学界前辈和同道的支持下，成立了丛书编委会，于科学史界和科学记者群中招兵买马，认真探索采访整理工作规范和成书体例。通过多方精诚合作，在近两年中已出版图书 20 种，得到了学术界和读者的认可。

近年兴起的口述史（Oral History）热潮，强调采访者的责任，强调采访者与受访者之间的互动，强调留下“有声音的历史”。不过，口述史内容的“核心”是“被提取和保存的记忆”（唐纳德·里奇《大家来做口述历史》）。把记忆于头脑中的信息提取出来，方法上有口述与笔述之差别，但就获取的内容而言，并无实质性的差别。因此，本丛书当前在积极组织从事口述史采访队伍的同时，也积极动员资深科学家撰写回忆文本，作为“笔述系列”纳入到本丛书中来。

科学，作为一种社会事业，除科学研究之外，还包括科学教育、科学组织、科学管理、科学出版、科学普及等各个领域，与此相关的人物和专题皆可列入选题。

本丛书根据迄今践行的实际情况，在大致统一编辑规范的基础上，将书稿划分为5种体例：

1. 口述自传——以第一人称主述，由访问者协助整理。

2. 人物访谈录——以问答对话方式成文。

3. 自述——由亲历者笔述成文。

4. 专题访谈录——以重大事件、成果、学科、机构等为主题，做群体访谈。

5. 旧籍整理——选择符合本丛书宗旨的国内外已有文本重新编译出版。

形式服务于内容，还可视实际需要而增加其他体例。

受访者与访问整理者，同为口述史成品的作者。忆述内容应以亲历者的科学生涯和有关活动为主线展开，强调以人带史，以事系史，忆述那些自己亲历亲闻的重要人物、机构和事件，努力挖掘科学事业发展历程中的鲜活细节。

书中开辟“背景资料”栏，列入相关文献，尤其注重未经披露的史料，同时还要求受访者提供有历史价值的图片。这些既是为了有助于读者能更好地理解忆述正文的内容，也是为了使全书尽可能地发挥“富集”史料的作用。

有必要指出，每个人都会受到学识、修养、经验、环境的局限，尤其是人生老来在记忆力方面的变化，这些会影响到对史实忆述的客观性，但不能因此而否定口述史的重要价值。书籍、报刊、档案、日记、信函、照片，任何一类史料都有它们各自的局限性。参与口述史工作的受访者和访问者，即便是能百分之百做到“实事求是”，也不能保证因此而成就一部完整的信史。按名家唐德刚先生在《文学与口述历史》一文中的说法，口述史“并不是一个人讲一个人记的历史，而是口述史料”。史学研究自有其学术规范，不仅要用各种史料相互参证，而且面对每种史料都要经历一个“去粗取精，去伪存真”的过程。本丛书捧给大家看的，都是可供研究 20 世纪中国科学史的史料，囿限于斯，珍贵亦于斯。

受访者口述中出现的历史争议，如果不能在访谈过程中得以澄清或解决，可由访问者视需要而酌情加以必要的注释和说明。若对某些重要史实有不同的说法，则尽可能存异，不强求统一，并可酌情做必要的说明或考证。因此，读者不必视为定论，可以质疑、辨伪和提出新的史料证据。

本丛书将认真遵循求真原则和史学规范，以挖掘和抢救史料为急务，搜求各种亲历回忆类史料，推动 20 世纪中国科学史的研究！

欢迎各界朋友供稿或提供组稿线索，诚望识者的批评指教。谨以此序告白于 20 世纪中国科学史的研究者和爱好者。

樊洪业

2011 年元月于中关村

CONTENTS 目录

我的水文地质之路
——陈梦熊口述自传

My Road of Hydrogeology: the Oral Autobiography of Chen Mengxiong

序　言

自从选择地质学研究作为终身事业的那天起，陈梦熊的命运就和国家的命运紧密地结合在一起。陈梦熊生活的年代，正赶上中国社会剧烈变动的时期。巨大的社会变动，影响着陈梦熊的人生轨迹，也令陈梦熊的生活空间多次迁移。在60多年的学术生涯中，陈梦熊跑遍了除西藏以外的中国大部分地区。仅他长期居住过的城市就有南京、上海、昆明、重庆、兰州和北京。

陈梦熊进入地质学研究领域时，这门学科在中国建立才20多年，那时全国从事地质学研究的学者也只有100多人。地质学以对地下资源及其分布规律的研究为主要内容之一，因此它的发展与社会经济，尤其是近代的工业水平有着密切的关系。地质环境是人类生存的基础。随着工业化时代的来临，人类的生活更是离不开地质资源。国家的需求与地质学家的短缺，使陈梦熊时代的很多地质学家成为各个专门领域的开拓者。地质学的学科特点和巨变的时代背景交织在一起，在令陈梦熊经历了许多坎坷的同时，也为他开创性的研究工作创造了条件。

陈梦熊大学毕业进入地质学界时，正赶上抗战时期西南大后方工业资源极其匮乏的时期。他的第一项工作就是在西南地区从事地质矿产资源调查，并从此开始了为国家经济建设寻找矿产资源的工作。抗战后期国家开始把重点转向西北地区，陈梦熊又被调到兰州一带勘察矿产资源，并编制西北地区的区域地质图。

地质图是地质矿产工作的基础，根据地质图不但可以看出地质构造、岩层分布、地史演变等情况，还可以推测某种矿产资源的可能存在地区，作为进一步矿产资源调查的依据。与此同时，地质图在铁路、公路、水利等工程建设上也是不可或缺的。陈梦熊在1949年以前，大部分精力用在了地质图的编绘与出版工作上。

1949年中华人民共和国成立。为了满足国家经济建设的紧急需要，地质工作在新中国成立初期，主要以勘探研究地质矿产情况和解决生产实际问题为主，以理论性的科学研究为辅。虽然地质图编制工作可以为国家经济建设服务，但它是间接性的。大规模的经济建设对地质学家提出了更为迫切的要求。

建国初期在全国范围内普遍掀起了建设铁路新线的高潮。大规模经济建设最缺乏的是专业人才，陈梦熊被抽调到铁道部组织的铁路工程地质勘察工作当中。于是他奔赴西部，参加铁路线的工程地质考察。此时的陈梦熊虽然已经积累了丰富的野外地质考察经验，但是铁路工程地质究竟要做些什么，他几乎一无所知。陈梦熊带领考察队员从一个观测点、一个试坑的描述，到一条地质剖面的测绘，样样都要从头学起。

铁路工程地质勘查是陈梦熊在新中国成立后承担的第一项重大任务。从1951年开始至1955年为止，前后工作将近5年之久。经过近5年的艰苦工作和努力，陈梦熊已经熟练地掌握了铁路工程地质的野外工作方法，积累了丰富的经验，收集了大量的资料。当他正准备利用这些年的积累进行理论研究时，新的任务又在等着他。

20世纪50年代中期，陈梦熊又被调去负责领导全国区域水文地质普查。对他来讲，这是一项复杂、艰巨而又非常生疏的任务，从拟定规划、编制规程规范、确立编图方法，一直到组织专业队伍，指导野外工作，陈梦熊一干就是近30年，直到全国性的水文地质普查任务基本完成。

陈梦熊经历了中国水文地质学从建立到发展的整个过程，并成为这个领域的开拓者。水文地质学是一门跨学科的、综合性的边缘学科，涉及地质学中的地层学、岩石学、构造地质学、地球化学、地球物理学，以及自然科学中的数学、物理学、化学、生物学等诸多领域。在西方，水文地质学从20世纪40年代才开始起步。中国水文地质学主要是20世纪50年代从苏联引进，那时候对于多数中国地质学家来说，它还是一门陌生的学科。陈梦熊等人就是在生产实践中逐渐掌握水文地质学的基本原理与工作方法，开创了具有中国特色的水文地质学理论，并发展、完善了这门学科。

改革开放以后，学术环境逐渐宽松，陈梦熊也近古稀之年。但此时他有了更多的时间专心于学术研究，也有了机会走出国门，参与到世界学术交流活动之中。几十年的积累加上宽松的学术环境，使陈梦熊的成果犹如井喷一般奔涌而出，陈梦熊的水文地质学的理论研究，也主要是在这个时期完成的。

改革开放以后，陈梦熊进入了学术高产期：先后发表论文100多篇、出版了多部代表性著作、担任了多种学术职务、主持完成了多个课题。其中，陈梦熊主持完成了两项国际水文计划（IHP）的国际合作项目。1983—1985年，他参加国际水文计划“地下水系统研究”专题组，担任亚洲典型地区的实例研究，完成论文《华北黄河平原地下水系统》，被采纳为全球六大典型实例之一；1985—1988年，他组织国内专家共同承担另一专题“水资源开发的负效应与管理”，完成其中地下水部分，受到高度评价。

1991 年陈梦熊当选为中科院学部委员（院士），与此同时还先后荣获了科学大会奖，国家科技进步奖二等奖，地矿部科技成果奖二、三等奖，以及国际岩溶水文地质贡献奖等多个奖项。2005 年，陈梦熊获得了德国地质学会（DGG）颁发的该年度利奥普德·冯·布什奖章（Leopold von Buch Medal）。2006 年，陈梦熊又获得了何梁何利科学与技术进步奖。

《我的水文地质之路——陈梦熊口述自传》通过陈梦熊院士的亲历亲闻，向读者展示了一代知识分子的人生经历和心路历程。也通过陈梦熊院士的学术经历，反映了水文地质学在中国的发展脉络。全书按照时间的顺序分为 9 章，其中既有陈梦熊院士介绍的家庭背景和时代背景，也有他叙述的学术工作经历及其心得。陈梦熊院士保存有大量的早期照片及实物资料，本书选用部分具有代表性的照片资料，以便于读者更好地了解有关的时代背景和陈梦熊院士的学术经历。全书最后通过整理陈梦熊院士的生平简历和著作目录，为读者进一步的研究提供了基本史料。

张九辰

2012 年 11 月 20 日

我出生在基督徒家庭。父母都是虔诚的基督徒，我们兄弟姐妹出生的时候都接受过洗礼。我记得小时候，每次吃饭前父亲都要做祷告。但是如果父母不在家，我们这些兄弟姊妹就没人做祷告了。每个礼拜天，我家的姐妹都去教堂做礼拜，但兄弟们就不一定去了。有时候高兴了，我们也去一趟。那时候我虽然没有读过《圣经》，但常常听大人们讲《圣经》里的故事。尽管我本人不信教，但是这样的家庭背景还是对我影响很大。

第1章

我的家庭

我的生日是1917年10月12日，农历八月二十七日。这个生日说起来有点讲究。在民国的时候，这一天也是孔子的生日。在我记忆中，家里是从来不给孩子们庆祝生日的。那时候过生日都是大人的事，而且大人也都只过大生日，也就是每逢四十、五十、六十才过。而且我们家里也不太讲究这些事，大人们也很少过生日。我小时候家里虽然没有庆祝过我的生日，但每年我的生日我都会记得。因为那时候一到孔子的诞辰日，全国各地就要搞祭孔活动，报纸上就会刊登有关消息，所以我一看到报纸上的祭孔活动开始了，就知道我的生日也到了。新中国成立以后我的生日改用阳历了，而且祭孔活动也停止了。改革开放以后恢复了祭孔活动，但规定孔子的生日是阳历9月28日。这样我的生日和孔子的生日就不是一天了。

我出生于南京，但我的老家在浙江省上虞县百官镇。那里陈姓人家很多。过去我曾经参加过一次同乡会，我和上虞的几个人坐在一起，发现我周围几个人都姓陈。上虞的陈姓人家可能是南北宋时期大批的北方移民迁移到南方的。

我家大部分人的相貌和汉人不太一样。据传说我们家有犹太血统，我父亲长得就和汉人的样子不太一样。我在中学的时候很多同学都把我当作混血儿。为这个问题，我哥哥还专门到老家上虞县百官镇查过陈氏祠堂。但那里没有我们家的牌位。因为当地的陈氏家族认为我们是异教徒，就没给我们家立牌位。我想我们家的祖上可能是从河南移民过来的。从宋朝开始，河南就有了很多犹太人。

中国的犹太人

位于豫东大平原中心地带的开封，曾经有七个朝代在此建都。从汉朝开始，犹太人就来到了开封，从宋朝开始，开封就有了犹太人社区。北宋王朝最盛时，定居在开封的犹太人最多的时候有五百多户，四千多口。中国的犹太人后来又迁居到其他地区。到了明代，中国的犹太人有河南，陕西、宁夏和江苏、浙江三大分支。在宽松的社会环境中，在一代又一代中国犹太人中，回汉血统日渐增多，犹太血统日渐稀释，中华文化日渐浓厚，犹太文化日渐淡薄，中国犹太人变成了具有犹太血统的中国人。

我的家庭兄弟姊妹特别多，我父母共养育成人了五个女儿和五个儿子，这还不包括早年夭折的几位姊妹。虽然子女众多，但我父母没有性别偏见，在我们家男女平等。女孩子都念了师范，男孩子都念了大学。我们家还有个特点，五姊妹都有音乐天赋，但五兄弟却都不会唱歌。因为孩子多，父母无力养育，我们家的几个小儿子都依靠已经工作的姐姐养大的，她们在一定程度上承担了母亲的职责。我和哥哥陈梦家由三姐抚养；我的小妹妹由四姐抚养。尽管如此困难，我们家里的孩子都上了大学。孩子们都是互相帮助、自力更生，并为社会作出了贡献。

从 20 世纪 90 年代初期开始，我就动员陈家的人开始写族谱。那时候我们十兄妹中只有三人健在了。我妹妹写了一些回忆文字，但很快她也去世了。陈家的亲戚中大概有十几个人写了回忆性的材料，大多是我的下一辈人写的。虽说他们是我的下一辈，但其中一些人的岁数和我差不多。因为我两个哥哥和四个姐姐年龄都比我大很多，像我大姐比我大 22 岁，我大哥比我大 11 岁。我的表哥在台湾空军工作，他去世后我也把他的简历收集起来了。我还有个表姐在北京，表姐夫也毕业于西南联大。我们来往比较多，表姐那里还保存有陈家比较详细的资料，那些资料他们也都给我了。

陈家墓碑

我父母的墓地原来在上海，“文革”期间被砸了。后来我建议在上虞为父母立个碑。我父亲很早就离开了上虞，那里已经没什么亲戚了。直到 90 年代末期，我们才在上虞找到了我祖母的坟墓，并把她的墓地迁到了离市区较近的地方。但那个地方离马路太近，后来我又把祖母的墓地和我父母的坟墓迁到了一起。我还特地让我的儿子在那里立了个纪念碑，上面写着“和谐家庭之光”。

父亲和母亲

我出生在基督徒家庭。父母都是虔诚的基督徒，我们兄弟姐妹出生的时候都接受过洗礼。我记得小时候，每次吃饭前父亲都要做祷告。但是如果父母不在家，我们这些兄弟姊妹就没人做祷告了。每个礼拜天，我家的姐妹都去教堂做礼拜，但兄弟们就不一定去了。有时候高兴了，我们也去一趟。那时候我虽然没有读过《圣经》，但常常听大人们讲《圣经》里的故事。尽管我本人不信教，但是这样的家庭背景还是对我影响很大。

从我父亲写的回忆录中，我知道我的高祖父叫陈学元，曾祖父叫陈文宝。我听家里人讲，我们的曾祖父是翰林。但是我查过很多资料，没有考证出来。我的祖父祖母、外祖父外祖母我都没见过。我出生在南京，我们家在我两三岁的时候就离开南京，搬到上海去了。我在上海的时间不长，很快我又回到南京，和三姐生活在一起。所以我们家庭成员的事情我不是很了解。

我小的时候经常听到大人们谈论我的祖父陈玉兰。听家里人讲，陈家从陈玉兰开始就没落了，那时候陈家没有什么产业，只有一条木头船，全家就靠运输维生。主要是在上虞到宁波一带做生意。我们家里人个子都比较矮小，就我是个大高个。家里人说我像我的祖父，因为陈玉兰也是个大高个，据说他进屋子时都要低着头走。

陈玉兰不识字，做生意时总是被人家欺负，所以他一再说下一辈人一定要念书，再困难也要送孩子上学。陈玉兰有两个儿子，我父亲陈金镛是老大，老二叫陈金铃。陈金铃 40 来岁就去世了，所以我们这些孩子都没见过他。

陈氏家谱[①]

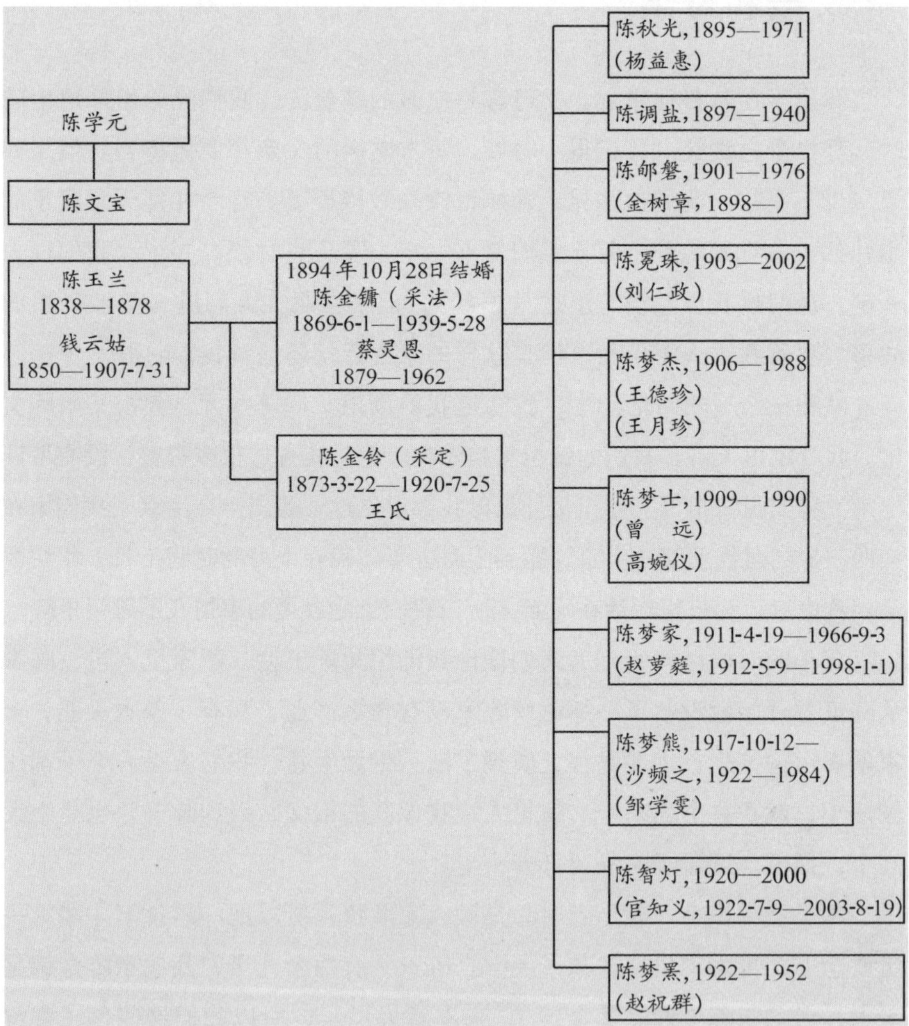

① 由陈梦熊整理。

父亲陈金镛

那时候陈家的经济条件虽然不好，但我父亲和我叔父都念了书。清朝末年外国传教士大批进入浙江省，在我们上虞县百官镇开办了一所教会小学。上虞的一般人家都不愿意把孩子送到教会学校读书，但因为教会学校不要钱，而且我的祖父、祖母又都信奉基督教，所以就把我父亲和叔父送到了教会学校去读书。

陈金镛和陈金铃兄弟两人关系比较亲密，因为他们都在一所学校读书，经常在一起。我父亲 6 岁那年进入曹娥义塾（曹娥镇教会小学）读书，这所学校就建在曹娥庙旁边。他 11 岁小学毕业后，到了杭州进入美国长老会办的育英书院读书。我父亲不但个子小，人也保守。那时候别的学校已经开始学外语了，但他却说中国人怎么能学外国人的语言呢！他就拒绝学外语。他读书的地方学生都比较西化，很多学生毕业后都穿西服，可我父亲一辈子也没穿过西装。

育英书院

1845 年美国基督教长老会在宁波创办相当于现在小学程度的崇信义塾（Boys Boarding School）。1867 年崇信义塾从宁波迁到杭州，改名为育英义塾（Presbyterian Boy's School），分正、预两科，各 4 年。1897 年，正式称育英义塾为“育英书院”（Hangchow Presbyterian College）。1911 年迁入新校址并改名为“之江学堂”。1914 年改名为之江大学（Hangchow Christian College）。1952 年全国高等院校调整院系，之大建筑工程系并入上海同济大学，商学院工商管理财经系并入上海财经学院，工程学院各系并入浙江大学，文学院各系及部分数理化学系并入浙江师范学院（后改浙江大学），从而结束了之江大学100余年的历史。

建国前，中国共有13所基督教教会大学，分别是燕京大学、齐鲁大学、东吴大学、圣约翰大学、之江大学、华西协合大学、华中大学、金陵大学、福建协和大学、华南女子文理学院、金陵女子文理学院、沪江大学、岭南大学等。教会大学在中国教育近代化过程中起着某种程度的示范与导向作用。因为它在体制、机构、计划、课程、方法乃至规章制度诸多方面，更为直接地引进西方近代教育模式，从而在教育界和社会上产生颇为深刻的影响。

我父亲18岁毕业时接受了洗礼，正式皈依入教。他毕业以后先是当了小学老师，主要在杭州、德清、武康一带教书。听说我叔父也曾经在杭州惠兰中学教书，还当过教务长。

我父亲不但在学校接受了数理化和天文地理的新式教育，而且也奠定了深厚的国学根基。他在1893年到了宁波，一直到1906年的13年中他在宁波稳定下来，在崇信学校和崇德女校担任过教员、校长。这两个学校一个是男校、一个是女校，他担任了两个学校的校长。我父亲以严厉著名，这个特点也遗传给了我。

25岁那年，我父亲还在宁波担任私塾教师时，认识了当地有名的蔡老牧师。由于家境比较贫寒，他在宁波县时为了生存常常帮人家代考乡试。这种现象在当时也比较普遍。蔡老牧师就看中了他的忠诚老实和才华，别人都嫌我父亲身体虚弱、家庭贫困，但蔡老牧师依然将自己的次女蔡灵恩嫁给了他。我们家的第一批子女（四个女儿和一个儿子）就是在宁波出生的。

1907 年，我父亲收到了南京圣道书院院长甘路得的聘请书，邀请他到南京讲学。那时候他的一些同窗正在商务印书馆工作，邀请他去。但是我父亲因为宗教信仰，欣然同意到南京赴任。从此就举家迁往南京，住在神学院，并开始了他在南京的十三年教学生活。我和两个哥哥陈梦士、陈梦家就是在南京出生的。

我们家住的神学院在西城，附近有两条怪名字的街道：四根杆子和螺丝转湾。墙外是五台山，朝西有座庙，但我小的时候可能因为个头还矮，从来没看见过那里有座庙。神学院的地方很大，我们家就在校门口附近，上去一个斜坡，一片大草坪，上坡后就能看到三座大洋楼，有很多藤萝爬在楼墙上。我们家是一座两层楼大洋房，有个走廊，前面还有一个用石头围了一圈的花园，南边是并排的冬青树。那时我虽然很小，但是对那个花园印象比较深刻，因为那是我儿时的乐园。

我父亲刚开始工作的时候，书院规模很小，只招收到十多名学员，他在那里教授汉文。到 1911 年秋季，圣道书院改称为金陵圣经学校（Nanking Bible Training School），并举行了开学典礼。第二年又改称为金陵神学（The Nanking School of Theology），五年后的 1917 年又改称为金陵神学院（Nanking Theological Seminary）。神学院很重视国学教育，学生们要学习基督教神学、中文、中文写作、中国文学。学制三年，并且规模不断扩大。1914 年，学校创办了刊物《神学志》，我父亲担任主编，从那以后他的工作就成倍地增加，每天都要工作到深夜。本来他的体质就比较差，再加上工作劳累，在南京的时候我父亲就得过几场大病。

在神学院，我父亲是最有权势的中国教员。他治学严谨，所以很多神学生都怕他。当时司徒雷登也在金陵神学院任教授，我父亲是中国人的头，当时叫“提调”，相当于院长，而且他还是创办人。这书院是由华南几个不同宗派的教会合办的，专门培养宣传宗教的牧师。司徒雷登是外方的领导。他们两人是志趣相投，成了好朋友。司徒雷登离开南京去北京燕京大学赴任之前，把他家的狗送给了我们，结果这只狗咬伤了我的一个姐姐，使她得了狂犬病，没有几年就去世了。

1919 年五四运动，我父亲带领学生到北京声援，这让学校里的外国人很不满意。再加上他平时比较严厉，得罪了一些人。而且那里免不了有争权夺利的事，此时反对派就站出来反对我父亲，具体过程我不太清楚，只是听说他遭到了对立派的陷害，最后被赶走了。

父亲辞职以后去了上海，在广学会书局办一份与教会活动有关的杂志。1922 年，全国基督教大会召开。不久，父亲就被选为中华基督教协进会会员，从此，他工作更忙了。他在广学会这一段时间，工作之余就做孔孟之道与基督教、伊斯兰教的对比研究，并且十分关注中国教会的自立运动。他一方面进行理论的探索，另一方面也对教会当时所遭受到的非难极为关切，并努力探索教会的出路。

在这一段时间，我父亲写出了很多的作品，反映当时教育工作的各种问题与对策，并联系时局，特别是中国教会自立运动，发表自己的看法。他这一时期的作品，在 1927 年编辑成《讲范上编》①。1929 年，在杭州之江大学举行了一次夏令会，他被邀请为讲席，在会上发表演讲，后来他的演讲稿编辑成《传道一隅》② 出版了。他去世以后，遗作《中国的宗教观》③ 出版，这是他一生信仰经历的总结。我父亲认为，我们中国的一些

① 陈金镛．讲范上编．上海：广学会出版，1927.
② 陈金镛．传道一隅．上海：广学会出版，1930.
③ 陈金镛．中国的宗教观．上海：广学会出版，1939.

圣人都是上帝，他最早提出了宗教自立的问题。新中国成立以后叫作“三自运动”：自治、自养、自传。父亲晚年在上海的一个教堂——鸿德堂当牧师。他没有当过职业牧师，一直是义务牧师。修建教堂时，他建议把教堂建成中国庙宇式样。所以鸿德堂是全国所有基督教堂中唯一一个中国宫殿式的建筑。

1930 年，长期的过度操劳，事业上的重担，又加上本来就身体虚弱，我父亲得了重病。虽然他住进了当时最好的医院，但那时大家都以为他没有痊愈的希望，可是最终他的病奇迹般地痊愈了。病治好了以后他就退休了。父亲是一次次地患上重病，却又一次次地化险为夷。晚年他也是在与病魔的抗争中度过的。他退休以后还经常发表一些东西，在宗教界有些名望，经常应各教堂的邀请，在礼拜天到教堂去布道，所以他在上海是个小有名气的牧师。

我父亲因为身体不好，经常去莫干山或杭州附近有个叫作瓜村的地方避暑疗养。他去的时候总会带上家里的一两个孩子。我的几个哥哥都曾经陪他去养病。我二哥陈梦士画图画得很好，回来以后他就画瓜村的水彩画；我的三哥陈梦家文笔很好，也曾经写过陪父亲疗养的旅游见闻。所以我虽然没陪父亲去过，但对那里的山水也有些了解。

我父亲出生时身体就不好，家里人以为他活不了了，就用小棉被包起来放在了门外。第二天早晨一看，他还活着，这样家里人就又抱回去养了起来。尽管他一生身体都不好，但是他非常会保养。他的生活很有规律，每天天一亮就起床，到阳台做早操；从不抽烟、不看电影，也没有什么特殊的嗜好。但是他吃早点的时候必须要喝咖啡，早晨起来他总会煮咖啡。我们听见咖啡壶发出“嘟噜噜”、“嘟噜噜”的声音，就知道父亲起来了。父亲喝咖啡很讲究，他只喝上海霞飞路（现在是淮海路）一家叫作 DDs

的咖啡专卖店的咖啡。那家咖啡店的咖啡质量很好，人们一到霞飞路就能闻到咖啡的香味了。我母亲从来不喝咖啡，她每天只喝茶。父亲喝剩下的咖啡，我们家里的几个小孩起床后加点水继续喝，所以我们家的几个孩子也逐渐养成了喝咖啡的习惯。

母亲蔡灵恩

我父亲只要身体许可都在写东西。在我的印象中父亲一天到晚光会写东西，没完没了。家里的事情基本上都是我母亲和几个姐姐做的。我母亲有四个姊妹，她排行老二。母亲出身于基督家庭，她的父亲是浙江德清武康有名的牧师。但是她和普通不信教的妇女没什么区别。

我母亲饭做得特别好，到现在我还记得她做的红烧黄鱼、清蒸墨斗鱼、清蒸豆腐、梅干菜……这些都是我们家里经常吃的。我家吃饭时大家围着一个大圆桌子，我父亲坐在靠里、对着门的位置。我父亲爱喝酒，每顿饭酒是不能少的，他尤其爱喝绍兴黄酒。我母亲也爱喝酒，所以我们家里的孩子也个个都能喝酒，连我的几个姐姐也能喝。我母亲每年都要亲自做酒，她在坛子里放进一些杨梅，再放入黄酒或白酒，味道很好。那时候我家里买酒都是一坛一坛地买，家里的酒坛堆得像山一样。

因为子女多，我家的经济状况一直不太好。直到 1930 年前后，我十来岁的时候，哥哥姐姐们逐渐参加了工作，家里的经济状况才渐渐好转起来。我家在上海搬了很多次家。先是住在上海闸北宝兴西里，那个地方现在变成公园了，当时那里是上海穷人住的地方。后来我们家搬到了衡业里，那里距离父亲上班的广学会步行只有半个小时的路程。从我们家到广学会要路过一个桥，叫“横帮桥”，现在这个桥还在，广学会就在桥旁边。我家后来又搬到了北四川路。北四川路在抗战时期被日本人控制。我家后来还在丰路里、桃源新村居住过，那里是法租界。再后来又从桃源新村搬到了元昌里。父亲去世以后，母亲一个人搬到巨鹿路和我大哥住在一起。新中国成立后我大哥离开了上海，我大姐就搬过去住了。

2005 年摄于上海元昌里旧居前

我们住在上海的时候，商量重要的事情还是找父亲，但是在日常生活中还是和我母亲接触更多。我们家里人感情很好，我从来没见过父母吵架。在我的记忆中，我母亲只和我二姐吵过架，我们十个兄弟姊妹中就属我二姐个性最强。

我家虽然子女众多，家务负担很重，但我母亲是个挺会享受的人。我母亲爱看报，特别是爱看广告。她识字不多，能看看报纸，但有些复杂的字就不认识了。家里虽然杂志很多，但那些多是我父亲看的，而且大多数是宗教方面的杂志，也有父亲自己主编的杂志，我们都不感兴趣。我们家的人都喜欢看报纸，因为那时是个动荡的年代，所以每天都要看报纸，这是我们的主要消息来源。

我母亲是个电影迷，每天《申报》、《新闻报》来的时候，她都首先要看电影预报。她每次看电影回来，还都给我们讲电影中的故事。中国电影、外国电影她都爱看，她到 80 多岁还一个人跑到电影院去看电影呢！

在上海的时候，离我们家最近的电影院叫作巴黎电影院。电影票价一般是两三毛、三四毛。巴黎电影院是二等影院，上海有家国泰电影院，是一等，但离我家比较远。那时候我父亲能挣 200 大洋，1 个大洋相当于 10 毛，所以看电影对我们来说还不是很高的消费。我母亲还喜欢逛街，经常到商店去买吃的。她也经常带着我们几个年龄小一点的孩子一起上街买东西、吃冰淇淋……

我刚上大学的时候，父亲病故了，母亲就和大姐、大哥住在一起，一直到她 1962 年在上海去世。

可能是因为人口多，我家没什么特别的讲究，所以我对于各种节日如何过的也印象不深。只记得每到春节家长会给小辈压岁钱，此外就是中秋节吃月饼、端午节吃粽子给我的印象比较深刻了。因为我从记事开始，基本上是在外面上学、工作，与我父母在一起的时间很短。我求学时代在经济上也基本上靠哥哥姐姐接济，所以我对父母了解得不是很多。

我叔父死得早，几个儿子都没什么出息，也不与我们来往。倒是叔父的女儿陈安芳和我们家里来往比较多。陈安芳被我父亲安排在商务印书馆当排字工，北伐时期她是工人救护队队长。记得有一次我刚从南京到了上海，就赶上那里在打仗。我们家里人就把两个桌子并在一起，上面放了很多被子，我们就睡在桌子底下。第二天有人来报信，说陈安芳牺牲了，那时候她的孩子才半岁。听说她是被流弹打中的，周总理还亲自去慰问过呢。我母亲家的亲戚多在杭州，所以我们与她的家人来往比较少。

五姊妹的故事

我家几个姊妹上学的情况差不多，她们大部分都是在苏州景海师范读的书。这个景海师范是教会学校，有专门的钢琴班，但要另交学费。所以我的几个姐姐都会弹钢琴，而且很活跃。她们毕业后就在学校教书。

大姐陈秋光

我大姐毕业后留校当教员，在景海女子师范教书，后来又当了教务主任。大姐在我们兄弟姊妹中年龄比较大，结婚也比较早，她结婚后几年连续生了四个孩子。学校本来还想请她担任校长，但她的家务负担很重，除了照顾四个孩子，还同时要帮助我母亲料理家务，所以就决定不再工作了。

我的大姐夫杨益慧是我父亲的学生，毕业后在中华基督教青年会全国协会设在上海的总部工作，后来提为副总干事。青年会成立不久大姐夫就到那里工作了，并且一干就是几十年，直到他退休。他曾经护送民主人士离开上海去了延安。大姐夫工作比较稳定，我大姐、大姐夫一直和我父母住在一起。大姐一人就管了两家。所以我们的家庭生活主要依靠我姐姐和姐夫，大姐担当了部分母亲的角色。

以后很长时期我家就住在华龙路元昌里。华龙路是霞飞路的一条支路，我们住在二楼，大姐住在三楼。那里离法国公园很近。每周六法国公园都有音乐会，我们兄弟姊妹几个就经常过去听音乐会。

二姐陈调盐

我二姐是我几个姐姐中个性最强的一位，她特别爱干净，甚至有些洁癖。她曾经因为和家里闹了些别扭，一个人出走过。但是她的独立性很强，又能吃苦，什么事都能干。她独自在外的时候当过护士、教习、缝工……

我二姐在上海时专门学过钢琴。她重新回到我们家后就独自一人住在我家斜对门。为了生活她就开始当家庭教师，主要靠教钢琴为生，她先后收了十几名学生。每天吃完饭，我们这些弟弟妹妹们就跑到她那里去唱歌。

听说我二姐曾经和一个地下党员交了很久的朋友。抗战以后她的对象可能去了解放区，再也找不到了。她就一直独身，没再结婚。后来我二姐得了肺病，40 多岁就去世了。

三姐陈郇磬

在所有姊妹中，我三姐对陈家的贡献最大，她总共帮助我父母抚养了四个弟弟妹妹。我就是由三姐带大的，所以也和她最亲。

早在 1920 年前后，我三姐从师范毕业，担任了实验学校的音乐教师。她是实验学校资历最老的教师之一，以教唱歌为主。一直到抗日战争开始为止，她是当时校内唯一的音乐教师，不仅教小学低年级和高年级，后来也是实验学校的音乐教师，并且还担任过中大体育系的音乐教师。所以只要是实验学校的校友，没有不知道教唱歌的陈老师的。

我三姐和蔼可亲，非常喜欢学生，她终身从事教育事业。我三姐曾经一个人到法国留学，在巴黎学习钢琴。她在巴黎结识了正在巴黎大学生物系攻读博士学位的金树章。后来他们就相好并结婚了。

她回国以后仍然在实验学校任教。中大实验学校是一所当时全国闻名的学校，不仅师资水平高，而且实施一套新的教学方法。从巴黎回来以后，我三姐教小学、中学和大学的音乐课程，整个学校就她一个音乐老师。中央大学有个艺术系，那里有几个音乐家。中央大学还有个体育系，这个系的健身操课程都是我姐姐伴奏的。

陈家兄弟姊妹在南京家中合影。前排右起：陈梦家，陈梦士，陈梦熊。后立为陈郇磐，坐者为陈曌珠，余二人为两个早夭的姐姐

从20世纪20年代起，她就和许多进步的或具有新思想的著名教育家，如陶行知、陈鹤琴、吴研因等有密切的交往，他们后来成为知己和相互合作的好朋友，并且一同从事教育改革运动。我三姐所教的歌曲多半具有新思想，比如《劳动歌》、《锄头歌》、《织布歌》、《寒衣曲》、《满江红》、《苏武牧羊》等，都是宣扬劳动神圣与爱国主义的，至今我还记忆犹新。

抗战胜利后，我三姐在南京第四女中（原汇文女中）继续担任音乐教师。新中国成立以后，她虽然已经进入老年，但是仍然活跃在音乐界，她亲自领导指挥的歌咏队，在南京很有名气。她还是南京市的特级模范教师，并被选为南京市人大代表。但是在“文革”期间，我三姐受到了不应有的冲击，不幸于1976年病逝。

我姐夫金树章也很有名，他是和周恩来同一轮船去的法国。他的老家在安徽无为，据说那里出了两个名人，军人是徐廷耀，文人就是金树章。新中国成立以后三姐夫一直在中国科学院植物研究所工作，直到60年代初期退休以后才回到了南京。但是没有多久，在1962年的一天，他不小心从楼梯上掉下来摔死了。中国科学院还专门为此发了文件，要求各单位对老年科学家要多些关心。

四姐陈冕珠

我的四姐比较爱打扮，是我们家姊妹中最时髦的一位。景海师范专门有个钢琴班，她就在那里教钢琴。我三哥陈梦家的夫人赵萝蕤，就是她的学生。

我四姐夫刘仁政是个民族资本家，在北京和上海开有很大的公司。他在上海开设了正德兴进出口行，主要搞进出口的生意。我和他接触中发现他和一般商人不一样，言谈中他总是公开表示支持共产党。上海要解放的时候，他家里来了两个客人，是地下党员、假夫妻。新中国成立以后我问四姐，她才告诉我四姐夫是地下党员。新四军的电台就放在四姐家里，四姐夫主要负责给解放区运送药品。四姐夫兄弟两人都是地下党员，他弟弟后来曾在北京当国务院参事。

新中国成立以后不久，他们夫妇就迁往香港了。在 1955 年他们夫妇两人曾经回来探亲，我们见过一面，还在一起吃过饭。他们有一个儿子那时在北大荒虎林农场工作，1963 年四姐还回来过一次，专门看望儿子。他儿子特地从东北赶回北京，我们一起吃饭，还一起去北海公园游玩。他们到香港以后我还和四姐经常通信，三年困难时期她给我寄来过食用油和白糖。这些东西对我们家来说，简直就是雪中送炭。但那个时候因为政治环境的巨大压力，我还得给她写信，谎称国内条件很好，什么都不缺，让她不用寄了，以后她就没再给我寄过东西了。

小妹陈智灯

我的妹妹比我小三岁，可能是因为年龄接近，在五个姊妹中我和她的关系最亲密。妹妹从景海师范毕业以后，一直在南京鼓楼幼稚园工作。她是陈鹤琴最喜欢的学生，把她作为学生的榜样。本来学校想留她任教，但她结婚以后就离开了那里。她的丈夫和丈夫的哥哥都是我们西南联大的同学。她丈夫的哥哥抗战时还在美国情报部门工作过。抗战胜利后我在南京工作，周末经常去找我妹妹玩。

我在南京工作期间，地质调查所所长想让我去台湾接收那里曾被日本人占据的地质调查所。但因为我的三姐和妹妹都在南京，我就不愿意离开她们去台湾了。为此所长很不高兴。如果那时候我去了，可能就再也无法回大陆了，也很难再见到我的姐姐和妹妹了。地质调查所去台湾负责接收工作的毕庆昌和徐铁良，就一直留在了台湾。

五兄弟的故事

我们兄弟五人年龄差距比较大，成人以后工作性质又完全不同，建国初期我们五个兄弟在上海、南京、北京、香港四个地方工作，所以聚少离多。1946 年抗战胜利以后，我们五个人曾经在上海聚会，这也是我们成年以后唯一的一次聚会。

大哥陈梦杰

我大哥是做进出口生意的。我父亲退休以后，我们家庭的主要经济来源就靠我大哥了。我的小弟弟也是由大哥抚养成人的。他毕业于苏州东吴大学，是学经济的。因为教会学校外语教学很好，大哥毕业以后就在上海的海商洋行当职员，并学会了商业方面的许多经验。

1932 年“一·二八”事变以后，很多外国人离开了上海。他的外国

1930 年代的全家福。后排左起：陈梦家，陈冕珠，陈郇磐，陈调盐，陈梦士；中排左起：陈梦杰，母亲蔡灵恩，父亲陈金镛，陈秋光；前排左起：陈梦熊，陈智灯，陈梦罴

老板也走了。大哥就把那些业务接了过来，自己开设了美大进出口行，做进出口生意，主要经营妇女绣花睡衣，运销国外。那时候这种生意在上海被称为花边业。因为他业务熟练，又有美国的关系，所以收入很好。我们家很多孩子都得到了大哥的资助，包括我上大学，也是大哥给包下来的。

我和大哥接触的机会不多，抗战胜利以后我回到了南京，为了印制地质图经常去上海出差，每次去我就顺便去看他。建国初期他在同业工会中学习改造，但那时我常年在西北出差，与他的来往比较少。大概在 1955—1956 年，听说他们全家都跑到香港去了。事先我们家里人都不知道，我曾经向上海的亲友打听，但他们对这件事也不太清楚。我们后来也没通信来往。1962 年我母亲去世，我到上海去办理丧事，因为大哥是长兄，我给他写了一封信，通报了母亲丧事的情况。他的一个儿子叫陈自明，曾经在 1965 年作为英国工业展览会的工作人员到过北京，但我那时正在西北参加“四清”，也没见面。我爱人沙频之、我三哥和三嫂同他在全聚德吃过一次烤鸭。

我们家庭是和睦家庭。但姊妹兄弟之间闹过一点纠纷，就是为我大哥婚姻的问题。我大嫂王德珍出身于虔诚的基督教家庭，她父亲在广州最大一家旅店当经理。我大嫂是家里的独养女，她人很好，所以我们兄弟姐妹特别喜欢她，我父母也有意促成此事。他们刚结婚时，我大哥还是在上海洋行工作。“一·二八”事变之后，我大哥就把那些工作接下来了，因为他有经验，生意越做越好。刚开始工作时，大哥骑个脚踏车上班，后来就骑摩托车了。外国人走后，我大哥就有小汽车了。当时主要是为了用汽车运货。

因为生意越做越好，大哥就跟原来的小职员不一样了。他后来又开了一个娱乐场所，叫作“夜花园”，并在那里认识了一个女招待，叫王月珍。两个人关系越来越密切，后来大哥就闹离婚了。我们家里人坚决反对，因为我们和王德珍的关系特别好。最后他们也没离婚，但大哥已经不在家住，开始跟王月珍一起生活了。我大嫂王德珍后来就到邮电局去工作了。

我的几个嫂嫂都是大学毕业，文化水平都比较高。王月珍文化水平低，所以家里人对她有些歧视。但是王月珍很能干、能吃苦，对我哥哥的事业很有帮助。我在上海没事的时候，就经常过去帮我大哥打包，我看见王月珍跟那些工人关系很好。因为她善于料理，我大哥的生意蒸蒸日上。

我大哥人还是很正派的。1938 年我在上海等着考大学的结果，大哥在上海外滩那边有个办公室，我闲来无事就在那里帮忙。当时我大哥聘用了两个秘书，都是大学生，我看见那两个秘书都很漂亮，但我大哥并没有动心，他就喜欢王月珍。王月珍除了文化水平低一点，也没什么缺点。

二哥陈梦士

我二哥原来是中央大学农学专业的毕业生，他毕业以后去了广东农林厅工作。抗日战争爆发的时候，我带着三姐和她的孩子避难时曾经住在二哥家里。后来他曾经到江西遂川的一个蚕丝厂任职。1943 年前后又到香港去经商。抗战胜利的第二年，也就是 1946 年我们在上海见过一面，听他说正在与人合伙在香港开设中亚药房，后来又听说他改做珠宝生意了。

新中国成立以后我们还经常通信。他思想积极，在信中表示拥护新社会。1956 年的五一节，他还随港胞回国观光团到北京观礼，那次我们见过一面。他连连称赞国内建设速度很快，并且说香港生意不好做，有意要回国搞他的农学本行。他曾经把他的一个儿子送回国内上学，但是因为没人照管，最后又被送回了香港。三年困难时期，我二哥曾经给我寄过一包小孩穿的旧衣服，还给我汇来一些钱，钱虽然不多，大概是港币五六十元，但那个时候侨汇可以买食油和大米，这对我们家来说就非常宝贵了。但还是因为政治环境的原因，我只好给他写信，告诉他国内情况很好，并不困难，让他不必寄钱和衣服过来了。从那以后他就再也没寄过钱和东西了。

三哥陈梦家

我们五个兄弟中，最有才华、名气最大的就是我三哥陈梦家了。他比我大六岁，我们又是一起由三姐带大的，后来又都生活在北京，所以关系比较密切。

我三哥从小就有写作天赋，所以他从小就有些傲气，总是看不起其他的兄弟，认为大哥、二哥不如他，也爱发牢骚，所以我父亲反而不太看重他。我上小学的时候，他在南京中央大学法学院读书，那时他才 16 岁，已经是小有名气的诗人了。他的诗主要收录在《梦家诗集》、《铁马集》、《梦家诗选》等诗集中。20 岁的时候，他编选了徐志摩、闻一多、饶孟侃、林徽因、卞之琳和他自己在内的 18 个人的 80 首诗，结集成《新月诗选》，并为诗选写了几千字的序言。后来人们就称他们这些人为“新月派”诗人。

1932 年底，我三哥到了北平，经燕京大学宗教学院刘延芳的介绍，在那里听了一段时间的课。1934 年，他考入燕京大学研究院读古文字学，师从著名古文字学家容庚和唐兰。不久，他就和燕大宗教学院院长赵紫宸的女儿赵萝蕤结婚了。我们家与赵家是世交，赵紫宸和我父亲都写有一笔好字，诗也都作得好，而且他们两人又是研究神学的同道，与司徒雷登也都是好朋友。赵萝蕤在苏州景海师范学校读书时还是我四姐的学生。这些千丝万缕的关系，使他们走得更近了。他们的婚礼是在燕京大学校长司徒雷登的办公室举行的。

我上高中的时候三哥已经在北平教书了。我经常写信给他，每次他都要批改，画出错别字和赘述的语句，再给我寄回来。高中毕业以后我到北平准备考大学，就住在三哥家里。很快“七七”事变爆发了，我就和三哥一家逃离北平。后来我在昆明西南联大读书时，我三哥正在西南联大文学系当讲师。那时候的英文和中文课，所有的教授轮流上课，罗常培、朱自清的课都有。我也听过三哥的课，他的课确实讲得很好。我在西南联大读书的时候很活跃，经常参加一些政治团体的活动。可我三哥却不愿意纠缠于政治当中，他对我担任学生会干事、副主席和参加一些政治活动总是摇头。

20 世纪 40 年代中期前后，他和妻子一起到美国芝加哥大学学习。他们学成回国以后，赵萝蕤担任了燕京大学英语系教授，我三哥担任了清华大学中文系教授。新中国成立以后，他们一直在北京生活。50 年代初期赶上“院系调整”，教会大学都停办了，清华大学的文科系也都取消了。那时正好我三哥在清华大学受到了批判，于是他就离开了那里，调到考古研究所去工作。

1956 年，三哥一家搬到了东城区钱粮胡同。他们搬到那里后没过上几天的好日子。1957 年，他在考古研究所被划成了“右派分子”。他的主要罪名之一是反对文字改革。其实他只是说了一句“文字改革应该慎重”。虽然考古学这个专业和政治斗争并不沾边，但是他在考古所还是受到了很多的批判。嫂嫂赵萝蕤因为受到了过度的刺激，后来导致了精神分裂。嫂嫂曾经两次发病，但是医院却不肯收治。

“文革”开始以后他不断遭到批判，被强迫长时间跪在考古所的院子里。那时候知识分子被罚跪、被打、被侮辱、被抄家、被关押是常事。他们夫妇的住房也被别人占用了，他和嫂嫂被赶到一间本来是汽车库的小破屋里住。我三哥无法忍受这些虐待，他曾经对一位同事说：“我不能再让别人把我当猴子耍。”

我三哥曾经自杀过三次。第三次自杀后，三哥经抢救多活了几天，但最终还是离开了人世，他去世时才 55 岁。

弟弟陈梦罴

我的小弟弟陈梦罴是我们兄妹十人中最小的一个，但是他却是走得最早的。新中国成立前后我小弟的工作一直很不稳定，先是在一个善后救济总署工作，后来又在美国设在上海的一个文化机构当会计。新中国成立初期他没有工作了，正好我四姐夫刘仁政在上海有家公司，那时候他们全家正准备去香港，我姐夫就让他到上海正德兴行去担任经理。我小弟去那上作没多久就赶上“三反”了，人家说他贪污，他不承认，于是就批斗他。有一次他在被斗时突发脑溢血，30 多岁就去世了。

两位早逝的姐姐

前面谈到的陈家十个兄弟姊妹，都是在陈家长大成人的孩子。我母亲还生过几个孩子，但很早就去世了。我家到底有几个这样的孩子，我也不清楚。因为有的出生仅几个月就夭折了，这些都是我后来听哥哥姐姐们讲的。还有两个姐姐，虽然我已经记不得她们的名字了，但家里人都记得她们。我三哥陈梦家还特地写过文章纪念她们。

在我大哥和二哥之间，我的第五个姐姐出生了。不幸的是她一出生就得了终身不治的疾病。她出生后隔年母亲又生了我二哥，再一年又生了我三哥，因此家里人也顾不上照顾她。她到了五岁还不会走路，人们说她得的是瘫病。等她终于学会走路了，又患了终身不治的夜遗病。那时候家里人或是吓唬，或是劝说，什么方法都用过了，但她仍然每晚尿床。有人说这是因为她在襁褓中时没人精心照料的缘故。

本来身体上的缺陷已经让她很痛苦了，可惜她长得又比较难看，完全和我们几个兄弟姐妹不像。很多人都说她不是我们同胞的姊妹，许多客人也不相信她与我们出自同一位母亲。种种原因使我们家里的人都不喜欢她。她在家里受到的待遇也最坏，睡在最不好的楼梯下，与仆役同餐，没有机会给她念书。后面几个弟弟出生以后，家务事也很多，用我三哥的话来说，“从她小小年纪能用手足做事的时候就被驱使了”，三哥称她为家里的“小母亲”。家里的脏活、累活她干了很多，年纪小的几个兄弟又不懂事，看大人不喜欢她，也总是欺负她。因为家里从来没有人宠她，她只是低头做事，很少说话。她总是起得很早，帮助几个弟弟妹妹穿衣服、做饭、哄弟弟妹妹睡觉……我三岁那年，她得了脑膜炎，在上海病逝了。那年她才 14 岁。

在三哥和我之间，我母亲还生过一个女孩。她死的时候我才一岁，所以我没什么印象，是从三哥的回忆录中知道的。据说她天生长得好看，尽管她小时候夜夜哭闹，影响了我父亲的工作，但家里的人仍然非常喜欢她。邻居也经常夸她，说她将来必有大成。她人很聪明，会走路的时候就能背诵一些文章了，很小的年纪就会唱歌了。她最得我父亲宠爱的原因就是她笃信耶稣。有时候几个哥哥欺负她了，她就会说："你们不好，耶稣在天上知道。"她还经常学着父亲的样子早晚祈祷。

我们家住在南京的时候，曾经一度和司徒雷登是邻居。后来司徒雷登要到北京去当燕京大学的校长了，他走的时候就把他家养的狗送给了我们。有一天我大哥和这个姐姐被那条狗咬伤了。那时候在南京打狂犬病疫苗很困难，我父亲就带着我大哥和她到上海去打针。听说他们在上海住了 30 多天，大哥和这个姐姐打了 70 多针。他们回到南京以后家里人都非常高兴，以为没事了。但是第二天这个姐姐就感到不舒服。开始家里人也没在意，直到有一天早晨我母亲问她做什么梦了，她坐起来认真地说，昨夜耶稣召我去，给我糖果，要我长久住在那儿。她还描述耶稣的样子，众天使的神态……母亲后来给我们讲这个故事的时候还时常流泪。后来她的病越来越厉害了，发高烧、说胡话、哭闹。家里人非常着急，试验各种药方都没有效果。她死的时候才五六岁。

当他快要接近露头时，那块“岩石”却出人意料地忽然摆动起来。等他再走近一看，原来是躺在水里的一条大水牛，同学们看后不禁哈哈大笑。米士教授最后笑着说：“做地质工作，光用眼睛在远处看是不够的，必须到跟前，用铁锤亲自打下岩石标本，仔细观察后，才能做出正确结论。”听完这番话，大家感到深受教育。从那以后，我们都牢记了这次的教训，在野外调查时，对每一个露头，都养成了先打标本、再仔细观察的好习惯。

第2章 学生时代

我家子女众多，父母照顾不过来。好在我们兄弟几个人出生的时候，几个姐姐都已经长大成人，开始工作了。她们帮助父母养育了我们这些弟弟妹妹。

大石桥畔的童年

在我两三岁的时候，全家从南京搬到了上海。我在上海大概住了一两年的时间，我三姐陈郁磬就毕业工作了。她在国立东南大学（后称中央大学）实验学校当音乐教员。她提出让三哥陈梦家和我到南京去读书，由她负责照顾我们，父母同意了。从那以后，我又回到了南京。

大概是在 1923 年的夏天，我进了南京中大实验学校的幼稚院。从此学校就成了我的家，我在那里一直读到 1930 年小学毕业。整个校园大致可分前后两院。前院主要是校长办公室和教务处等行政部门；靠东侧有一个独立的小院，是女教师的宿舍。我二姐就住在这个院内的一间平房里，我读小学的时候，就和三姐住在那间房子里。从前院到后院要通过一条长长的走廊，经常有些布告就贴在走廊的墙壁上。后院除了几间平房组成的教室外，主要是操场和一个比较大的运动场，是体育课和课外打球活动的地方。操场的西侧是杜威院，是一座两层的小洋楼。这座楼至今仍然完好地矗立在那里，它是为纪念美国的一位著名的儿童教育家杜威博士而命名的。北面是望钟楼。因为站在楼上可以眺望钟山，所以起名望钟楼。大约到了1928年，由于增设初中，又新建了几幢作为中学用的教学楼。

我们幼稚院就是在杜威院内，最初这是当时校园内唯一的一座楼房。其他教室都是平房，以后才又修建了望钟楼。杜威院楼下是一个中间宽阔的大课堂，四周放着小木椅，有光滑的地板和一个很高的滑梯。我们常在课堂上做“抢椅子”或“我们要请一个人”的游戏。楼上就是部分住在幼稚院的儿童的宿舍，我也在那里住过。

我在小学期间认识了很多新同学。低年级同学的名字我早已记不清了，但是还能记得有一些从东南亚不远千里来上学的华侨学生，比如杨文生、林南强、史秀霞等人。此外，班里还有朝鲜籍的学生，给我印象最深的是，他们特别喜欢踢足球。低年级的教师多半是女性，比如张若南、华轶欧、杨稚先等老师，她们的一言一笑和说话的声调，至今仍然印在我的脑子里面。还有一位比较瘦小的女校医，我们都管她叫“夏师母”，她有一个女儿和一个儿子，叫夏华杰和夏天生（后改名夏希蒙），都是我们实验学校的同学。听说华老师、夏师母和夏华杰都已经不在人世了。

那时候学校管理比较严格，对于违反纪律的学生还要惩罚。我印象最深的是，随意打人要罚戴“红袖子”（红布箍），骂人的学生要受到肥皂水漱口的惩罚。这对我也有较大的影响，让我从小养成了不打人、不骂人的好习惯。

除了上课以外，学校里的课外活动也很多。比如组织“远足”，步行到台城或秀山公园去春游。校内的活动也很多，我最爱玩的是滚铁环、跳绳子、打弹子等游戏。每个学期学校都要举行“恳亲会”，展出学生成绩和演出歌舞节目。那时正流行黎锦晖新编的儿童歌剧，如《葡萄仙子》和《月明之夜》。每次演出都受到同学们的热烈欢迎，那也是我姐姐的得意之作。我记得高年级的女同学姚同珠、陆钟莲等人，经常担任表演歌舞的主角，成为学校舞台上的小明星。我还记得我姐姐所教的一些歌，如《织布歌》、《寒衣曲》、《劳动歌》、《锄头歌》等，这些都是提倡劳动，赞扬工农群众，在当时具有新思想的歌曲。其中如《锄头歌》，就是从陶行知办的晓庄师范那里学来的。

到了高年级，不论是教师或同学，大多数我至今仍然记得。虽然离开学校以后我们再也没有见过面，但他们的姓名和神态我却记忆犹新。高年级的老师几乎都是男教师，如龚启昌、胡颜立、常任侠、陈行素、过瑶圭、徐滋东等。这样强大的教师阵容，到今天恐怕也是不多见的。陈行素是我的级任教师，所以我们班也叫行素班，在学校时我与他接触比较多。他不仅是一位态度和蔼、循循善诱的好教师，而且刻苦钻研，力求上进，后来在中大师范学院担任了教授职务。在同一时期或同班的同学中，我印象较深的有陈定一、王宗元、侯正志、鲍恩湛、张忆灵、朱思本、竺伯康、江爱良、汪良能、刘训、胡美珠、胡永昌、王淑娟、蔡壬侯、刘邦琛、夏希蒙等，其中除少数后来还有交往外，绝大多数同学因为战乱等原因，没再联系。但是我只要一想到童年时代，就非常怀念他们。

我在南京上学的时候，三姐经常带着我坐火车去上海看望父母。我特别喜爱吃火车上的饭，记得一个叫咖喱鸡饭，一个叫蛋炒饭。我们一般不去餐车，而是在座位上吃。那时候的火车分为四等，头等车厢是软席，二等车厢是藤子座，三等车厢是木头座，四等车厢一边有一条长凳，中间空着放东西，一般都是搬运货物的农民才坐四等车厢。我们去上海都坐三等车厢，要 3 元。

后来三姐去欧洲留学了，我就住在学校的学生宿舍里面。她回来时我已经小学毕业了。1930 年我小学毕业时准备考实验中学，但我父亲突然病重。姐姐带着我回上海去看望他，把我的考试耽误了，我后来就进了金陵中学读初中。

充满活力的中学时代

我在小学时成绩平平，上初中时还有些懵懂，好几次被抓到校长办公室单独训斥，我们管它叫“吃大菜”。初中的时候我是有名的淘气学生，因此还被留级半年。我上高中以后就好多了。我的中学时代，正好是抗日战争爆发前的 6 年。那个时期离现在已经非常遥远了，但很多事情我还记得。

我的高中是在一所教会学校——南京金陵中学度过的。校长是留美博士张坊，教师基本上是金陵大学的毕业生。因为学费很贵，所以上这所学校的学生一般家庭经济条件都比较好。那时候金陵中学有贵族学校之称，学生在宿舍睡的是钢丝床，穿的都是西装革履的。因为住宿费用太贵，三姐回来以后我就住在她家里，改走读了。这个学校管理比较严格，而且很有特色。高中的学习和生活对我以后的工作和生活道路，都有较大影响。

金陵中学的英语教学远比一般中学要求严格。由于它是教会学校，采用的英语课本比较深，我们刚入学就开始读《泰西五十轶事》，以后又读过《天方夜谭》、《林肯传》、《维克多牧师》等课本，以及纳氏文法，有时还把社会上发行很广的英文《密勒氏评论周报》作为教材。我从初一起直到高中毕业，年年都有英文课，每周至少学 5 个小时以上。而且有些数理课的教科书，如《范氏大代数》也是英文本，所以我们学校毕业的学生英文水平比一般中学高。

在读过的英文课本中，《林肯传》对我的影响最大。不仅仅是因为这本英文传记写得好，更重要的是林肯解放黑奴的伟大事业感人至深。读了《林肯传》，我对美国的历史、地理、宗教和政治也有了比较全面的了解。特别是美国的黑奴制度、美国南北的差异与南北战争、两党政治与总统选举等，这些知识长期以来都对我非常有用。

我进入大学以后，许多专业课程或是用英文教学，或是用英文教材，由于中学打下了比较好的外文基础，我在大学期间学习上遇到的困难就比较少。改革开放以后，国际间的学术交流日益频繁。我在许多次国际学术会议上做了不少英文报告，也发表了不少英文论文。为宣扬我国的科学成就、提高我国在国际学术界的学术地位作出了一点贡献。这一切也是与我中学时代的外语学习分不开的。

金陵中学以体育运动著称，特别是足球人才辈出，长期称霸江南。它的足球水平可与大学校队相抗衡。学校里的体育设施很完善，校园内有两个足球场和一座当时新建的、设备相当完善的体育馆。在初中时期，我身体还比较瘦弱，但我受到了学校体育风尚的熏陶，从初中开始就爱踢小足球。每天下午课后，我就跑到球场上踢球。那时几乎每天都有球赛，有时是班级之间的比赛，有时是球队与球队之间的比赛。因为除了班级组成的球队外，还有许多自由组合的球队，所以课后球场上十分热闹。我们班是三班，所以我们就管班里的足球队叫三一队。三一队经常在学校比赛中拿冠军。

我那时是小有名气的足球门将。记得每到星期六的下午，学校经常组织一场足球赛，对手主要是下关外国军舰上的英国水兵或美国水兵。下关是南京长江码头和旧火车站所在地，那时候美国和英国的军舰，经常停泊在下关码头。同学们都紧紧围绕着球场，组成拉拉队，不断地呐喊助威。当时每场比赛，在呐喊声中还不停地唱一首大家都会唱的歌。歌词非常简单，只有一两句话，我至今记忆犹新，主要意思是“金陵必胜”。呐喊声此起彼伏，声势大振，气氛十分热烈。我们戏称外国水兵为“毛子兵”。尽管他们身材高大、体强力壮，但我们身灵体巧，球艺高超，毛子兵经常败在我们脚下。那时候江南地区有七八所教会中学，每年要轮流举办一次足球或篮球锦标赛和田径运动会，金陵中学在各校中经常夺标，称霸一时。

到了高中时期我又迷恋上了打篮球。只要有空闲，我就到体育馆打篮球，而且也经常参加比赛。中学时代我是足、篮、排的健将，六年的体育锻炼，使我变得强壮起来。以后进入大学，一直到参加工作，我仍然经常参加体育活动，因此能保持身体健康，很少生病。我离开大学以后，长期在辽阔的大西北从事野外地质矿产调查，经常在崇山峻岭中攀山涉水，或是在渺无人烟的戈壁沙漠，日行数十公里，如果没有健康的体魄，那是绝对办不到的。

除了体育活动外，金陵中学其他各类课外活动也很丰富。同学们自己组织的歌咏队、弦乐队、话剧社等，都在社会上有一点小名气。我们班上还有化学研究会、无线电研究会，以及文学研究会等社团组织。我参加了文学研究会的活动，和我的同学刘邦琛、蔡壬侯、齐逢源几位一起，创办了一份四开篇幅的铅印刊物，叫《金陵风》。由于受当时林语堂创办的

《西风》杂志的影响，大家爱写一些风趣幽默的小文章。

《金陵风》主要发表一些反映学校生活的趣味文章和诗歌，每次印制几百份，不仅行销本校，还推销到对门的汇文女中，每份只收一分钱。《金陵风》一直到我们快要毕业离校时才停刊，大约出了七八期。我在上面写过很多文章，但现在大多已经忘记了，只记得我到北京以后，曾经写过关于北京的一些古迹的介绍。我那时候也写过不少诗歌，但我写的诗不能登大雅之堂，只是写着玩的，我比较喜欢写散文。我也曾在《金中校刊》上发表过小说。这个我还记得，文章的名称叫《回农村去》，讲的是安徽的保姆在南京受人欺压，最后离开南京，回到农村的事情。

当时校内每年还要办一期校刊，内容除照片外，主要是同学们写的文艺作品，也有老师写的，我曾经在校刊上发表过散文和短篇小说。这些活动使我养成爱好写作的习惯。1937 年我在北平的时候，金中曾经办了一个校友通讯式的刊物，刊物名称我记不清了。我曾经投过几篇游记。如《西山游记》，此外大概也写过北海、故宫、天坛等北京名胜的游记。我在抗日战争时期，写过不少宣传抗战的文章，在大学主编过学生自治会办的墙报。参加工作以后，我在国内外发表过 100 多篇学术论文，并担任过不少刊物编委会的编委。我想这些工作也得益于中学时代对文学活动的爱好吧。

金中的对门有一所汇文女中，也是一所教会学校，与金中一街之隔。我们与汇文女中平时有些联系，毕业那一年，我们借毕业会考之名常和她们的毕业班有来往，还在一起开过联欢会。1936 年春天，我们全班同学曾经组织过一次苏杭旅行，到无锡、苏州、上海、杭州等地游览。

金陵中学虽然是教会学校，但宗教活动并不多，也没有规定的宗教课。同学中基督教徒也不多，我们班里就没有几个人信仰基督教。初中的时候校内有一个姓魏的外国女传教士，曾经开过英文讲经班，这个班是自由听课，大约有十几个学生，我也过去听过。她在校内大约只待了一年多就回国去了，以后学校再也没有来过外国传教士或外国教员。大概在1933年前后，有一位姓林的年轻教师，曾经兼管宗教工作。那时课间有20分钟自由活动时间，他就利用这个时间每周开展一两次宗教活动。但绝大多数同学课间都跑到球场上打球去了，去参加宗教活动的学生寥寥无几。这位姓林的教师大概也只待了一两年就走了，以后校内就没有什么正式的宗教活动了。

我那时候特别爱看电影，学校对面就有个电影院，当时放映的电影我几乎全都看了，而且把好莱坞男女影星的名字都背得滚瓜烂熟。我也经常看报纸，主要看体育新闻和电影广告。港沪各地的球队名单我都能背出来。每周六下午没有课，我和同学们经常一起到玄武湖划船。校园内有一家小商店，专门卖糖果、香肠和面包西点。我记得临毕业前，我们班同学到店里大吃一顿，最后一哄而散。

在我印象中，中学时代没遇到过什么政治活动，也没听说过学校谁是三青团的成员。只是在1931年“九一八”事变后，南下请愿的学生曾经在我们学校借住过。那时候国民党政府要求各个大学、中学必须组织军事训练。从高中开始一律要参加军训，我是在1934年和1936年先后参加过两次军训。一次是在炮标营训练了三周，另一次是在水西山外的通光营房训练了三个月。这些训练都是在假期举办的。

军训期间每周有规定的时间进行操练，还有军事课，讲解步兵操典。我们全班三十多人被编成一个排。排长是我们班品学兼优的一个学生，而且还是足球场上的健将，组织能力也很强，很受教官的赏识。但我们班是校内有名的捣蛋班，军训时自然也不会老实，这让教官很头痛。训练期间蒋介石曾经到军官学校礼堂，亲自对受训学生做“精神讲话”。至于他讲了些什么，我早已经忘记了。

第二次训练规模比较大，集训总队下还分出大队和中队，大约总共有十几个大队，大队长和中队长是由名校的军事教官担任。当时是混合编队，同一中队内包括有几个学校的学生。我们中队的教官是一个长着黑方脸的教官，湖南人，非常凶。金中的学生在中队中比较爱捣乱，所以常被叫到队部挨训。受训期间规定一律剃光头，并穿统一发的军装。每天除了训练外，还常有一些高官亲自到营房做报告。集训结束前我们还举行过一次野外演习。

抗战期间我已经离开了金陵中学，听说那段时间金陵中学和其他几个中学在上海成立了华东联中，后来又迁到了内地。抗战胜利以后，金陵中学又迁回到原校址。新中国成立以后改名为南京第十中学，仍是南京的重点中学之一，被列为全国最好的十所中学之一。1988 年经南京市人民政府批准，恢复“金陵中学”的校名，我想可能是为了发扬该校旧有的优良传统吧！

逃离北平

1937 年，我高中毕业以后离开南京到了北平。那时候我三哥陈梦家在燕京大学任教，我寄住在他家补习功课，准备暑假投考北平的大学。北大、清华在当时就是全国最著名的大学，也是我打算投考的主要目标。三哥建议我报考北京大学地质系，并告诉我地质学跟开发矿业有关系，与国家建设息息相关。但那时候我并没有学习过地质学课程，对这门学科还有些陌生。我当时的主要目标是报考北平的几所名校。当时报考了北方交大、燕京大学，但选择的是物理学专业，并没有考地质学专业。

正当我紧张地准备考试时，7 月 7 日清晨，我被隆隆的炮声惊醒了。我猜想或许是宋哲元的部队在演习，白天走到街上，看到路人争购报纸号外，才知道日军炮轰了宛平城。

我在北平沦陷前与三哥一家匆匆逃离北平，那时候战火已经烧遍了半个中国，我三哥他们去了杭州，我先回到了南京。到了南京以后不久，就在 1937 年 8 月 13 日，日军向中国驻上海守军全线进攻，中日淞沪会战由此爆发。“八一三”上海战争爆发后，南京也不时遭到轰炸。当时我三姐夫在西北农学院工作，我就和三姐商量，觉得南京已经不安全了，我们决定先到无为我姐夫的老家去躲一躲。于是我就陪同我三姐一家开始了一路的逃难。

难民证

我们先在南京红十字会办了难民证，并雇了一辆独轮车拉行李。那时候我三姐已经有四个孩子了，大的也就五六岁，她抱了两个小的坐在车子上。我和两个大一点的孩子跟在后面。我们从南京出发，经过马鞍山、当涂，后来到了芜湖。一路上有很多难民，沿途每个地方都有难民站。大多是一些小旅馆，两毛钱住一天，管吃管住。过了芜湖以后我们就坐小船到了无为。

无为是三姐夫的老家，我们在那里住了一段时间。那段时间我还参加了抗日宣传队，郭沫若他们搞的很多抗日演出队、抗敌宣传队、孩子剧团、战地文化服务团、慰劳会，深入到前线和内地，宣传救亡，宣传抗战。其中有一支抗日宣传队就路过无为，在那里宣传抗日。宣传队队长方普德可能就是地下党，是我的中学同学，这是我第一次在无为演话剧，好像是《电线杆子》，宣传抗日。方普德后来改名杨永直，新中国成立后是上海宣传部部长，他的弟弟方光德也是演戏的，是北京人艺的著名导演。他在重庆演《风雪夜归人》时，我还专门去戏院里看过。

南京沦陷以后，无为也不安全了，我们决定离开那里。但是去哪儿呢？我三姐夫在西北，可当时从无为到西北的铁路经常被轰炸中断，旅途十分危险，于是我们决定先到广州我二哥那里躲一躲。我二哥陈梦士那时正在广东省农林厅工作。我们从无为坐小船到庐江，然后步行到九江。我们到了桐城以后一直往南，沿着大别山经过潜山、太湖、宿松、黄梅，到九江，从那里坐轮船到了汉口。我们又从武汉南下坐火车去了广州。路上大概用了几个月的时间。

我们到广州的时候，我二嫂已经搬到香港去住了。我们在广州也就住了几个月，那里也开始不断遭到轰炸，于是我们决定到香港去投奔二嫂。说起来非常凑巧，我在香港住的地方也有很多地下党员。1938 年我在香港，差点就去当记者了。我的同学刘邦琛那时在《星岛日报》当记者，因为我们在中学时代一起办《金陵风》，很熟悉，他也劝我去他那里工作。我哥哥陈梦士和香港报界联系很多，香港有个记者叫陈梦因，跟我们兄弟的名字很像，他是个名记者，经常和我们一起玩，也动员我到报社去工作。我在香港时发表了一些文章，记得有一篇发表在香港《华侨日报》上，题目是《绕过马当封锁线》，文章讲述了我们从南京、芜湖绕过马当封锁线的逃难经历。

马当要塞

马当要塞地处安徽、江西边界，江北是安徽的望江县，江南是江西的彭泽县，江面狭窄、水流湍急、地势险要，是抗战时期长江防区三大军事要塞之一。抗日战争爆发后，为阻止日军西进，从1937年秋开始，国民党当局征召民船一千艘，满载石块倾入马当至安徽余家洲的水域中，并在马当山上筑起三级炮台，构筑了历史上著名的“马当阻塞线”。1938年6月，日军占领安庆后向马当、湖口方向进攻，企图溯江西进，攻占九江，继而进攻武汉。中国第9战区以第16军防守马当，以第43、第73军防守彭泽、湖口地区，以阻止日军溯江西进。中国军队在马当外围之黄山、香山阵地与日军激烈争夺，日军先后攻占黄山、香山、香口，并攻向马当。此时马当仅有守军1个营，加上外围第53师残部共500余人，而增援马当要塞的中国军队第167师迟迟不至。马当要塞守军拼死抵抗，最终阵亡殆尽，要塞被日军占领。

我本打算到报馆找份工作，但我们在香港住了没多久，三姐就想回上海了。一来她在香港住不习惯，二来香港的生活费很贵，也不是久住之地。我的任务是保护我三姐和她的四个孩子回上海，所以就没当成记者。1938年我们从香港搭轮船辗转回到了上海，当时日军还没有进入上海的外国租界，那里还相对安全些。

我在上海时也写过一些小文章。我们在逃难路上，在长江一带，大概是南京到芜湖之间遇到了李宗仁的第5军。他们走的方向和我们正好相反：我们往西面走，李宗仁的部队往东走，是往南京的方向去的。我到上海以后就写了一篇文章，题目叫《中国军队的进步》，主要讲李宗仁的部队军纪好、装备好，也是为了宣传抗日。这篇文章先是发表在胡愈之主编的《华美周刊》上，后来上海有个有名的画报，名字我忘记了，转载了我的文章，还专门配了照片。

我那时发表的文章多用笔名，最初我用过“梦虹”，这个名字是如何起的，我已经不记得了。但是在西南联大我发现有个同学叫易梦虹，也非常喜欢写一些文学作品，所以我就不再使用这个笔名了。以后我用陈传莱作笔名，传莱是我的小名。我和沙频之结婚以后，还用过梦频作为笔名。

一个偶然的机会，我在报上看到昆明的西南联合大学在沪招生的广告。西南联大是战时临时组合的一个大学，也是我原来准备要投考的大学。所以我喜出望外，立即报名应试，不久发榜了，一共录取了 60 多名新生，我非常幸运被录取到西南联大地质地理气象学系。

那时候我三哥正好也在昆明西南联大教书。我们从北平逃出来以后，三哥先去了杭州，后来又到了长沙。因为北大、清华、南开三所学校迁到了那里，组成了临时大学，我三哥就跑到那里去教书。长沙吃紧后，临时大学又迁到昆明，组成西南联合大学。既然三哥在昆明，我就更想去那里读书了，于是我决定立即启程去昆明。

西南联大

当时由于战乱，去内地的交通非常困难，铁路线经常挨轰炸，公路线更不安全。而且上海实际上已经处于沦陷区内，要去遥远的大西南非常不容易。唯一的办法，就是搭乘海轮去香港，再经过越南取道河内，从滇越铁路进入云南。经过长途跋涉，我终于在 1938 年的 9 月间平安抵达了昆明，从此开始了大学生活。

大学时代对一个科学工作者来说，应该是人生中的一个关键时期，因为主要的专业基础知识，都是从大学中获取的。抗日战争时期，我在昆明西南联合大学度过四年难忘的大学时光。战乱时期，地处后方的昆明也很难避免敌机不时空袭的威胁，生活和学习条件都十分艰难。

校园生活

西南联大是战争中的产物，称得上是抗战时期大后方的最高学府。但是它地处边陲，要翻山越岭到昆明去上学，在当时的交通条件下也不是一件容易的事，所以在上海录取的新生中，有很多人没去报到。

西南联大在昆明市大西门外，位于昆明市的西北郊。校舍由一排排兵营式的黑色平房组成，泥坯墙茅草屋顶，这在东北被称为干打垒。校园内东半边主要是教室，西半边主要是宿舍。宿舍内是双层木床，一幢平房内要住二三十人。因为没有礼堂，我们开大会只好利用露天广场。校内唯一的一座大型建筑就是可容纳数百人的图书馆，虽然条件简陋，但是图书馆里天天都挤满了读书的学生，特别是晚上灯火通明，要早去才能占到座位。校舍的北面是一大片布满坟堆的荒山，是躲飞机轰炸的好地方。日本飞机经常组成大编队从越南起飞到昆明轰炸，有好几次校舍中弹被炸，但是慢慢地大家也习以为常了，躲避完轰炸，又回教室继续上课。

尽管校舍十分简陋，学习和生活条件都非常艰苦，而且还经常受到敌机的骚扰，但西南联大的学习气氛和学术空气都十分浓厚。校内经常举办各种各样的学术报告会，课外活动也很多，比如文艺活动、体育活动、学术活动，还有许多自发组织的学生团体，其中如联大话剧社、联大歌咏团都比较有名，还经常公开演出。我也参加过一些街头剧，那时叫“活报剧”的演出。这些活动主要是为了向群众宣传抗日救国的思想。记得我演的街头剧叫《放下你的鞭子》，看的人很多。在西南联大我还演过《阿Q正传》，扮演赵秀才，我的同学郝诒纯演过《黑字二十八》。

当时共产党的一个外围组织群社，也是学校内非常活跃的学生团体。从1938年到1940年，校内民主运动日益高涨，政治斗争日趋激烈。地学系是校内进步组织群社的一个重要据点，学生积极参加各种进步活动。1940年冬，学生会进行改选，左右两派势力都积极参加竞选，结果进步势力取得了绝对胜利，第一次组成了以左派力量为主导的学生会。郝诒纯当选为学生会代表大会主席，我当选为干事会副主席。我除了组织一些活动外，主要负责编辑学生会的刊物《联大半月刊》。

从1939年到1940年，群社从成长到壮大，进入到一个鼎盛时期。活动的形式也更加多种多样，比如举办读书会、月光会、学术讲座、集体郊游，以及歌咏和话剧等活动。有一次，我参加群社组织的郊外旅行，在铁峰山下的虚凝庵开联欢会，到会群众竟达100多人，气氛十分热烈。那两年群社还多次到农村举办兵役宣传，我参加过好几次宣传活动，譬如1939年的暑假，到呈贡县的可乐村、龙街及古城等地，组织农民开夕阳会，演出《电线杆子》等街头剧，十分成功。我那时虽然经常参加群社的活动，但一直没有正式加入群社，因为我经常以“民主人士”自居。

1941年初发生了皖南事变，政治空气骤变。国民党特务康泽到昆明后，曾经亲自到联大做报告。据传他向学校提出了一个黑名单，后来许多进步学生被迫出走，地学系的同学李炳泉、刘庄、沈语、陈琏、赵德华、刘以美等人先后离校。他们离校以后，三青团的活动更加嚣张。那时候左右两派经常在校园内的壁报上激烈论战，三青团的人竟然公开撕毁左派的壁报。

琳琅满目的墙报也是联大的一个特色，其中很大一部分是进步组织的进步刊物。当时云南在地方势力控制之下，与蒋介石政府有矛盾，所以民主势力有活动的余地。联大被称为大后方的一个民主堡垒，政治斗争也非常激烈，是学生运动的一个重要策源地。校园内进步势力占主导地位，进步书籍可以自由传阅，不用忌讳。

大学期间对我来讲，课外活动比课内活动还多些。我在大学时代经常在昆明《朝报》上发一些几百字的小品文。一篇能挣几块钱，我就拿这些稿费和朋友去喝酒、吃饭。现在我还记得有一篇文章是观看电影《彼得大帝》后写的影评。我在昆明时看电影比较多，那时大多是美国电影，比如《出水芙蓉》等，主要是歌舞剧。昆明成为抗战大后方以后，新盖了好几家电影院，周末我经常和同学们一起去看电影。此外我还在联大学生会主办的刊物《联大半月刊》和群社主办的刊物《群声》上发表过一些文学作品。工作以后，我的精力就转向写学术文章了，虽然也写过一些诗歌和散文，但大多数没有在报刊上发表。

那几年昆明的话剧活动十分兴旺，例如曹禺的著名话剧《雷雨》、《日出》、《原野》等，都在昆明演出过，轰动一时。我对话剧比较感兴趣，而且这些话剧演出都有联大同学参与，所以不论哪出戏总是力争去看。联大校园内有联大剧团、青年剧团等组织，由于政治上的原因，内部斗争十分激烈。1940 年在地下党的直接领导下，成立了以进步力量为主导的联大戏剧研究社，决定公开演出田汉改编的《阿 Q 正传》，并把全部票款捐助给联大清贫的同学。

《阿 Q 正传》由联大郑婴[①]教授任导演，黄辉实担任主角，扮演阿 Q。

---

① 郑婴，昆明西南联大师范学院国文系教授，曾经参与编辑《国文月刊》。

我的同学李炳泉在剧中扮演手拿着长竹竿痛打阿 Q 的赵秀才。这个角色虽然台词不多，但却也是剧中一个不可缺少的人物。在公演前，我每天晚上都陪李炳泉到昆华南院看他们排练，经常要排演到深夜才能回宿舍。当时因为剧团中需要一个担任效果的人，特别是配合赵秀才用竹竿打阿 Q 的声响，就临时拉我去担任效果。不料在正式公演前两天，李炳泉可能由于过度疲劳突然病倒，无法登台演出了。因此临时拉差，拉我上台替他演赵秀才一角。好在这个角色台词不多，我又经常观看他们排练，于是临时抱佛脚，也勉强敷衍过去了。我虽爱好话剧，但并不善于演戏，这是我生平第一次正式登台演戏。《阿 Q 正传》的演出，一共动员了 200 多个同学，其中演员就达 60 多人，在国民党省党部礼堂连演 15 场，场场爆满，获得空前成功，政治影响和社会影响都很大。

当时联大地学系是进步同学比较集中的一个系，在理学院也是最活跃的一个系。同学中如李炳泉、马杏垣、刘庄、赵德华、顾知微、李璞、池际尚、郝诒纯、沈语、陈琏、刘以美、竹淑贞等人都很活跃，其中李炳泉在同学中具有较高的威信。后来我才慢慢知道，这些同学大多是地下党员或群社的积极分子，所以进步力量在全系占据着主导地位。

除了看电影、写文章，我在西南联大时还经常参加学生运动、抗日宣传。我有一次参加抗日宣传去了大板桥，大板桥离昆明有几十里路。在坐火车回昆明的路上，我写了一首诗《在火车上》。这首诗很长，主要讲昆明学生参加农村宣传时的心情。我把这首诗寄到了重庆的一个报刊投稿，那个刊物的主编就是我小学的老师常任侠，他是地下党员，也是我三哥陈梦家的好朋友。他不但帮我修改，还给我写了一封信。他前几年刚去世，他生前我们还经常来往。

1940 年 8 月在大板桥举办的兵役宣传，是我参加的历次抗日宣传活动中规模最大，效果也是最好的一次。宣传队一共有 80 多人参加，我们分成几个小队分头开展活动，同时还开展农民调查与兵役调查。尤其值得一提的是化学系的著名学者曾昭抡教授也参加了这次宣传活动。在出发前我同李炳泉就参加了街头剧的排练，而且一共排演了几出戏，戏名大多已经记不清了，其中有一出是“活报剧”。从 21 日到 24 日我们一共在大板桥忙碌了四五天，离开的前一天晚上我们召开了大会，话剧的演出受到当地群众的热烈欢迎。到会群众不下一千人，一时间会场拥挤不堪，甚至连秩序都难以维持了。大会开到夜里十一点半才结束，但我们仍然感到余兴未尽，又继续举行联欢会直到深夜。

回到昆明的当天晚上，部分队员又聚集在翠湖边再次联欢，庆祝从大板桥胜利归来。那是一个明亮的月夜，大家在草地上围坐成一圈，欢快地谈笑唱歌。兴之所至，李炳泉提议做一个联句游戏，按顺序每人即兴随口说一句，要连成一首新诗。他自动担任记录，把每句话记在一个旧信封的背面，每句后面还注明了姓名中的一个字，最后当众朗读全诗，引来阵阵掌声。我到现在还清晰地记得当时李炳泉说的一句话：“今天，我们刚从一个严肃的场所归来。”他把大板桥的宣传活动，当作一个严肃的战场。后来他把这个旧信封随手交给我，我就一直保存着。虽然他的字迹比较潦草，但上面的内容仍然清晰可辨。后来我把这个信封送交西南联大校友会保存了。

我后来还专门写文章记述这件事情。我给这首十分珍贵的诗稿题名为“在翠湖的一个月夜”。这是一首天真、朴实而又美丽动人的诗歌。它让我想起了一群爱国青年在翠湖边的那个晚上，是我们这群热血青年内心世界的真实写照。根据记录上的姓名，那晚到会的同学有毕庆昌、陈家麟、赵泽华、李炳泉、刘椋、马杏垣、刘庄、沈镒、陈纯英、许京骐、梁淑敏、吴济昌、周锦钧（原改名为周天行）、陈锡荣、刘光兴、刘谋佶和我，还有一些人我已经不记得他们的名字了。

在翠湖的一个月夜

星光下的月夜是多么美丽啊，
有十几个活泼的青年聚集在一起，
低声唱着歌，夹杂着一阵阵的欢笑，活泼而又严肃。
青春的热力弥漫在翠湖的湖面上，
周围静悄悄地，间或有蟋蟀的鸣声，更显得有些诗意。
翠湖让我们想起后湖，也使我们想起北海；
我们是一群从四面八方聚集来的、失掉了家的孩子。
我们的心必须合而为一，但我们忘不了破碎的家。
唉！我们并不是陶醉，
仅仅回忆是没有用的，我们要面对着现实，勇敢的向前走去。
今天，我们刚从一个严肃的场所归来，轻轻的呼一口气，
我们不是怠工而是休息，而这休息是有伟大意义的。
不会休息的人就不会工作。
工作、工作，只有工作，才能使我们团结在一起！

上大学以后我就养成了每天晚上睡觉前记日记的习惯，那时候学校的活动丰富多彩，我为了查阅方便，比如哪天开了什么会了，就记下来，否则就查不到了。我记日记的习惯一直保持到现在，这些日记我基本上都还保存着。后来我就是根据这些日记回忆起很多大学时代的往事，并在学校

校刊发表过一些联大学生运动的材料。

专业学习

昆明是个学习地质学的好地方。昆明附近的西山以及整个滇池，不仅景色秀丽，而且还是一个天然的地质博物馆。从元古界的昆阳群、震旦系，一直到古生界和中、新生界地层，几乎完整无缺，地质构造也是多种多样，美不胜收。从全省范围来看，个旧的锡矿、易门的铁矿、东川的铜矿、一平浪的煤矿等，都是全国闻名，矿产资源十分丰富。洱海旁的点苍山，滇西的横断山脉，更是地质宝库，丰富多彩，为野外实习创造了优越的条件。

联大地学系不仅重视课堂讲课与实验室实习，也特别重视野外实习。

1939 年于昆明西南联大与哥哥陈梦家等人合影。后排左起：陈梦士，陈梦熊；前排左起：赵萝蕤，陈梦家

尽管经费十分困难，但学校总是想方设法争取给学生提供更多的野外实习机会。记得我们第一次野外实习，是到昆明郊外的筇竹寺。那里是一处名胜古迹，山清水秀，风景优美。附近山坡上出露着寒武纪地层，在下寒武纪的黑色页岩内，三叶虫化石非常丰富，引起大家的极大兴趣。1940 年，我们由王恒升、米士（Peter Misch，1909—1987）等老师率领，又先后到西山和可保村实习。1941—1942 年，还曾先后到杨林和安宁王家滩铁矿实习。在禄丰发现了白垩纪恐龙化石后，张席禔老师就带领我们到瓦窑村看禄丰恐龙化石，这也是我们第一次看恐龙化石骨架。

1941 年的暑假，冯景兰、王恒升和米士教授还带领我们进行了一次规模较大的环滇池的地质旅行。教授们带领大家攀高山、采化石、讲解各种地质现象，认真检查每个学生画的剖面图，随时纠正错误。我们一边看地质，一边饱览壮观的风景。野外实习十分有趣，休息的时候我们还可以泡温泉浴，到阳宗海绿波中游泳……晚上畅饮之余，除了展开学术讨论外，还经常有文娱活动，师生同乐。王恒升、米士教授经常主动参加精彩表演，在欢声笑语中同学们忘记了一天的野外疲劳。

野外实习不仅使我们学会了野外工作方法，练好了基本功，认识了各种岩石、地层与构造特征，更重要的是培养了我们对地质工作的兴趣，树立了为地质事业献身的信心。

除了重视野外实习，地质地理气象系的另一大特点是学术空气浓厚。昆明不但有中国地质学会的分会，而且原来的北大地质系有个地质学会的组织，清华地学系也有个地学会组织，但是到了昆明以后，这两个学术团体就没再开展过活动。我就和李炳泉、马杏垣、刘庄等人多次商议，想成立一个统一的联大地质学会。这一想法得到系主任孙云铸教授的大力支持。

经过一段时间的酝酿，成立了一个五人筹委会，我同李炳泉都是筹委，一同起草会章，开展各项筹备工作。1940 年 9 月联大地质学会正式成立，成立大会上选出了九人组成的干事会，我担任了第一届干事会主席。学会成员中包括李炳泉、池际尚、郝诒纯、赵德华、胡伦积、谷德振、胡崇尧、朱之杰等人。联大地质学会正式成立之后，组织举办过全系的联欢会、迎新会、学术报告会，还出版壁报，甚至组织开展球类比赛等各种体育活动，成为校内最活跃的学生团体之一。1941 年元月我们曾经组织过一次全系联欢晚会，也包括了地理、气象专业方面的师生。全系教授都到会并作了发言，至今给我留下难忘的印象。

学会也经常邀请专家学者做报告。国内著名的地质学家，只要到了昆明，就一定会被邀请到西南联大来做学术报告，本校的教授也经常做学术

1940 年西南联大地质学会第一次迎新大会签名录

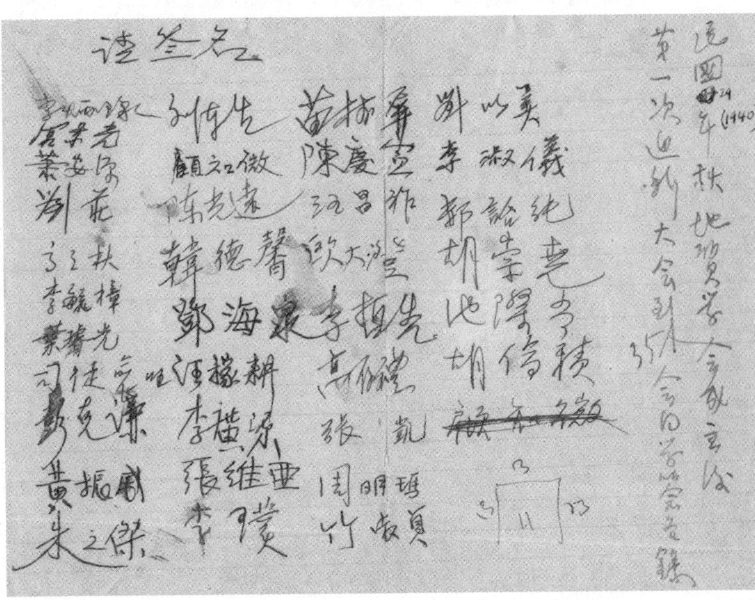

报告。例如谢家荣做过中国锡矿床的报告，朱庭祜做过关于中国西南盐矿的报告，王宠佑曾做过中国钨锑矿的报告，杨钟健做过周口店洞穴层与北京猿人的报告，王竹泉做过中国煤田地质的报告等。这样不仅使我们大开眼界，学习到课堂上学不到的东西，而且这种活动也为同学们提供了与当时国内著名地质学家见面和交流的机会。

系里的教授做的学术报告更多。孙云铸做过“中国地层”、“中外地质文献”和“欧美各大学地质系概况”等报告，王烈做过“中国地质教育史”的报告，冯景兰做过“西康地质考察”和“康东铜矿地质”的报告，袁复礼做过“西康构造地质”的报告，米士做过“澄江地质”、“滇西大理及丽江地质”及“喜马拉雅山探险”等报告。给我印象最深的是米士向我们讲述的，在 1934 年参加德国组织的喜马拉雅山探险队的经历。考察队共有 8 名队员，攀登到海拔 7 000 多米处的时候不幸遇到了风暴，队长和两位队员遇难牺牲了，结果探险队没能登上珠穆朗玛峰。

我从 1938 年入校，到 1942 年毕业，在这个时期内，先后有 7 个班次，即 1940、1941、1942、1943、1944、1945、1946 年毕业的班次，我们都是先后同学。根据我概略的统计，学生人数总计在 160 人左右，而地质组的教师人数大约为 20 位。所以教师与学生的比例大约是 1∶8，也就是说一位教师平均只带 8 名学生，这和新中国成立后地质学院的师生比例，恐怕是天壤之别。这也是联大时代教学质量较高的重要原因之一。

地质专业绝大多数毕业生毕业离校后都从事地质工作，如今有的成为著名教授，有的成为专家，这些专家分布在地质学的各个领域，如生物学、地层学、构造地质学、第四纪地质学、岩石学、矿物学、矿床学、石油地质学、煤田地质学、地震地质学、工程地质学，以及水文地质学等，他们为推动中国地质事业的发展作出了重要贡献。其中当选为中国科学院院士的就有很多，像张炳熹、董申保、涂光炽、郝诒纯、池际尚、陈庆宣、关士聪、杨起、贾福海、顾知微、马杏垣、刘东生、黄绍显、谷德振、穆恩之和我，还有当时已经担任教师的卢衍豪、郭文魁[①]、王鸿祯、宋叔和等人。在地质地理气象系中的地理组与气象组，也同样培养了不少杰出的人才。

西南联大的特点是学术空气浓厚，继承了北大、清华、南开的校风。我们地质专业的学生不仅仅学习地质科学领域的知识，对社会科学也很重视。比如我还听过陈岱孙老师的经济学课程。陈老师很会讲课，记得第一堂课他讲什么是经济学时说，经济学包括两个方面的内容，一个是demand，一个是supply。我还选修过雷海宗老师的中国通史，他的课也讲得十分精彩，从开始上课一直到下课，课堂气氛都很活跃。

西南联大从1938年在昆明正式建校，到抗日战争胜利后1946年各校分别迁回原址，前后仅有8年的时间。当时正处于战乱时期，昆明经常遭受敌机空袭的威胁，生活条件和学习条件都十分困难，更谈不上有什么高精的仪器设备。但是在这样的困难条件下，为什么西南联大能培养出一大批卓有成就的地质人才呢？我想这是与当时特殊的历史背景分不开的。

北大、清华与南开，在当时都是国内第一流的大学，西南联大集三校之精华，将全国知名学者汇集一堂，所以在师资方面，具有特殊的优越条件。地学系也不例外，有其强大的师资阵容，所有教授不但学识渊博，各有专长，而且风格各异，百花齐放，自由发挥，不求统一。学生的水平一般也比较高，人数相对较少，所以教学质量与教学效率都比较高。不仅专

---

① 郭文魁（1915—1999），地质学家，矿床学家。河南安阳人，中国科学院院士。1937年毕业于北京大学地质系。1949年以后在地质部工作。从事过全国地质矿产调查与科研的组织、管理工作，并对矿床学理论有重大建树，取得了开创性的成果。

业课程打下了扎实的理论基础，而且一、二年级所学的基础课程，如物理学等自然科学，以及经济学、中国通史等社会科学与语文、外文等，都是由第一流的教授进行授课，使我们开阔了眼界，为将来从事学术事业奠定了广阔而牢固的根基。昆明附近以及整个云南，拥有特殊而优越的自然环境，这为野外地质实习创造了不可多得的理想条件。地学系非常重视野外实习，不仅大大提高了学生的业务能力，而且培养了他们热爱地质事业、为地质事业努力奋斗的献身精神！

北大、清华、南开都有各自的优良校风，西南联大继承了三校的优良传统。通过四年的大学生活，我们在浓厚的学术气氛与民主精神的熏陶下，追求进步，热爱科学，富有独立思考能力。而坚持正义，勇于攀登高峰，是联大同学在各个领域取得重大成就的内在动力。现在我们这些人都已进入古稀之年，不少校友已经先后去世了。

几位同学

我在大学期间的同学中，有些经常交往并对我影响很大。在去昆明的路上，我认识了去西南联大哲学系读书的莫家鼎。这是我认识的第一个联大同学。他在路上总是唱苏联歌曲。我们从越南进入国境后，他就大唱《祖国进行曲》。我当时就猜测他是地下党员。到了西南联大以后，我们还时常有来往，后来听同学们讲，他就是地下党员，而且还是个组织者。

我看他经常和群社的同学在一起，但又不大参加群社组织的公开活动。大学第二年他来找我，说是想要组织一个浙江同乡会。我听了有些奇怪，因为从来都没听说过他是浙江人，而且他说了一口的北方话。我猜想他是想要搞一个共产党的外围组织。后来我帮助找了几个浙江籍的同学，大家一起组织起了联大浙江同乡会，但参加的人不多，开了一两次会这个组织就流产了。

顾知微在联大时与我同系、同班。他负责群社读书会方面的工作，由于我们来往比较多，我也经常参加读书会的活动。他毕业以后先是去了湖南工作，抗战胜利后，顾知微也来到了地质调查所。我们在南京期间，就经常一起参加地质界的各种活动，有的时候也一起组织西南联大校友间的活动。建国初期，地质计划指导委员会成立了，为了体制改革的问题，我们还一起发起搞一元化运动。1953 年我调到北京地质部，他去了南京中国科学院古生物研究所，因为专业差距比较大，新中国成立后我们的来往就少了。

刘东生在联大时与我同系、同班、同宿舍。大学毕业后他参加了美军翻译官的工作。抗战胜利以后，在我的帮助下他又重返本行，到地质调查所工作了。在南京的时候。我们同住一间宿舍达三年之久，1946 年又一起到三峡考察。新中国成立后地质机构调整，他去了中国科学院地质研究所。他本来在地质调查所搞古生物研究，新中国成立后参加了黄河中下游水土保持考察，从此开始搞第四纪地质研究了。由于业务相近，我们一直有来往。

我与谷德振虽然是同系同班同学，但在学校时我们来往不多，并不熟悉。毕业以后我们曾经一同到重庆报到，他去了四川省地质调查所。那时候在重庆的同班校友不多，所以我每次进城都会去看他。从那以后我们来往多了起来。抗战胜利后他去了中央研究院地质研究所，我们都在南京，那时地质学界的人员也不多，我们经常在一起参加各种活动。新中国成立以后我们又同在地质部水文地质工程地质局工作，所以他成了我们班同学中我交往时间最长的一位。

在西南联大同学中，我接触最多、印象最深，在思想上对我影响也是最大的同学，莫过于李炳泉了。早在 1938 年将近年终的时候，西南联大正式宣布开学，我们都刚从外地不远千里聚集到昆明，而且正好都准备要进地质地理气象学系。那年系里一年级的学生大约只有二十多人，我们成为同年、同系、同班、同宿舍的同学，在交往中彼此相处关系比较融洽，自然而然成为好朋友了。

在我的印象中，李炳泉身材略显瘦长，但并不瘦弱，他那时经常穿一件布长衫，带一副近视眼镜，风度翩翩，颇有书生气息。日常言谈坦率风趣而又比较严谨，对人热情温和，平易近人。处事深思熟虑，认真负责。他目光敏锐，才华洋溢，但又谦虚谨慎。他不读死书，但聪慧过人，常常考试前临时抱佛脚，却成绩优异，经常在全班名列前茅。他积极参与学生运动，善于团结群众，曾经担任群社的副社长。

李炳泉生活充满活力，又显得十分潇洒。他多才多艺，兴趣广泛，能拉一手好京胡，经常在课余约上三五戏友，唱上几段京戏。他写的文章流畅通达，而且思路敏捷。除了经常阅读进步书籍外，他也爱看各种小说或其他文艺作品，而且喜爱戏剧。

1939 年我们从昆华南院搬进公路北面的新校舍。新校舍分为东西两区，东区主要是教室，西区主要是学生宿舍，一共有 34 间寝室。我同李炳泉正好一同分配在最靠南面的第 34 号寝室，距新校舍的大门比较近。每栋寝室实际上是由茅草覆盖和泥墙构成的干打垒，十分简陋。室内两边大约各排列 10 个双层木床，所以如果全住满一共可住 40 个人。在两个木床中间有一个木板长桌，可放书籍文具。同寝室的人可能还有地质系的刘庄、马杏垣等，经常在一起活动。群社另一位领导人周锦钧，也住在这间寝室，经常一起聊天或玩牌，所以 34 号寝室无形中成了校园内部分进步同学的一个活动中心。

我同李炳泉是相邻的两个木床，面对面共用一个长桌，所以朝夕相处。经常一同上教室听课，一同上食堂进餐，一同上图书馆占座位，一同上后山逃警报，一同去凤翥街泡茶馆，一同进城到南屏看电影，还一同参加群社的各种活动……除此之外，我们还经常一同参加校内或校外举办的邀请社会名流主讲的时事报告会或学术讨论会。我们也常参加群社主办的读书会，可能他一度负责读书会的工作，有很多次是他亲自主持的，其中有一次他还做了一个题为“我的人生观”的报告，并邀请我也在读书会做过一次关于“国内外形势分析”的报告。

抗战以前我一直在南京上学，受当时政治环境的限制，很少有机会接触到进步思想或进步书籍。在我的头脑中只有单纯的爱国主义思想，自从搬入了34号寝室后，我从李炳泉那里看到许多以前很难看到的书，像《社会发展史》、《大众哲学》、《政治经济学》以及《联共党史》等，这些书对我来说都非常新鲜而且有吸引力。他经常把书随意放在桌子上或床铺上，所以我在课余就随手取来当消遣，有时候看到问题我们还一同随意谈论。

我后来还看到了毛泽东写的《新民主主义论》等著作的小册子，更是一气看完，感到这些著作对我自己很有说服力。此外我还从李炳泉那看到过国内外许多进步小说，以及斯诺的《西行漫记》，范长江的《塞上行》等进步书籍，更是爱不释手。这些书都对我的思想影响很大。

1940年将近年终的时候，正逢联大学生自治会第三届换届改选。学生会是三青团与进步力量必争的一块重要阵地，前两届的学生会基本上被三青团所把持，只有少数地下党员在干事会中获得一席之地，难以发挥作用。由于群社在校内的影响日益强大，这次改选双方短兵相接，争夺十分激烈。那时课余我就经常同李炳泉一起谈论学生会竞选的事，后来我听说三青团尽管玩弄花样，采用舞弊欺骗等非法手段，但几乎全军覆没，进步力量取得全面胜利，在代表大会和干事会中，都占绝对优势。为了更好地团结广大群众，群社领导人之一的周锦钧曾向我表示，希望我能在学生会发挥作用。后来竞选结果，郝诒纯当选为第三届学生会主席，邢福津（后来改名邢方群）当选干事会主席，我同李佩珍在群社的支持下，当选干事会副主席。

1941 年风云突变，刚过新年不久，震惊中外的皖南事变发生，西南联大校园也笼罩着白色恐怖的气氛。国民党特务头子康泽两次到昆明，并亲临西南联大发表讲话。政治形势日趋险恶，后来还传出要逮捕和迫害进步学生的消息。为了安全起见，校内部分地下党员与进步同学，在二三月间分别撤出学校，分散到云南各地隐蔽起来。李炳泉也是在那时不辞而别，离开了学校。地学系同时离校的同学，还有刘庄、赵德华、刘以美、沈语、陈琏等。李炳泉有个姐姐住在昆明，我曾经同李炳泉去过他姐姐家。李炳泉离校以后，我去看过他姐姐，连她也不知道李炳泉的下落。

有一次我在系里听说有人在滇西看到李炳泉，打算前往缅甸。这条消息可能是从三青团那边传出来的，后来我知道，李炳泉没有去过滇西，而是在滇东一个叫罗平的小县城以教书为掩护，继续从事地下工作。

1942 年夏天我毕业后，考入重庆中央地质调查所。我正准备启程前往重庆的时候，却意外地在昆明遇到了李炳泉。他告诉我也打算去重庆，我们匆匆告别，约好重庆再见。我到重庆后住在北碚，不久又去贵州出差，一直到 1943 年我才同李炳泉在重庆联系上了。尽管我们两人住处相距较远，但仍然经常见面，一起参加各种活动，比如我们曾经一起到中苏友协看版画展。这年 4 月我被调往兰州工作，他当时在重庆教书，他告诉我可能要去复旦大学复学。我去兰州以后，我们又再度失去联系。

1945年抗战胜利，我在那年冬天从兰州回到重庆北碚。复旦大学正好就在北碚嘉陵江对岸的黄果树，两地一江之隔。我在复旦有不少老同学，很快就找到了李炳泉，他正在复旦的外语系上学，久别重逢，我们都特别高兴。从那以后，我们又有机会经常见面，叙述往事，憧憬未来。我们无所不谈，从联大生活谈到昆明"一二·一"学生运动，从罢课学潮谈到国家前途……

1946年5月，国内交通条件逐渐恢复，我决定选择从公路搭汽车由重庆去宝鸡，再转陇海线回南京。在离开重庆之前，我同李炳泉在复旦又相聚了两三次，我告诉他决定在5月份复员回南京，他说打算暑假学期结束回北平。这次分手不久由于内战爆发，我们后来没再联系，但我知道他那时在北平《益世报》当记者。一直到全国解放，我才从报纸上看到他在新华社国际部工作，并担任中国新闻记者协会书记处书记的消息。同时也听到有关他回北平以后，在平津地区从事地下活动的一些情况，以及北平和平解放前夕，积极参与同傅作义的和平谈判，为北平的和平解放作出过重要贡献。

1952年我从南京调到北京地质部。有一天我们一家三口去颐和园游玩，在长廊附近意外地遇到了李炳泉一家。老朋友久别重逢，自然格外高兴。那天我也是第一次见到他的夫人，他们也带着一个孩子，玩得很愉快。因为那天公园游人很多，我们没能细聊，而且想着来日方长，我们就匆匆道别了。

万万没有想到，这次告别不幸竟成了永诀，以后我们再没见过面。从那以后政治运动接连不断，人人心有余悸，销声匿迹，甚至亲朋好友都互不往来了。我后来听说，1970年5月2日，李炳泉因为无端受到残酷迫害，自杀而死，那年他才53岁。

李炳泉从学生时代就献身革命，1940 年参加地下党，历经艰辛，经受住了革命的考验，没想到却在“文革”中含冤而死。1978 年 10 月 10 日，新华社为李炳泉正式平反昭雪，在八宝山烈士公墓举行悼念仪式，相信他在九泉之下，或可有所宽慰。

启蒙恩师

西南联大地质地理气象系的教师，是由北大地质系、清华地学系的教师与南开部分教师共同组成的，集中了三个学校师资力量的精华，形成了前所未有的强大的教师阵容，是当时地学界著名学者、教授的一次大联合。我能在那学习，真是千载难逢的好机会。地质地理气象系按照专业分成三个组，在教学上有分有合，是一个统一的整体，由孙云铸任系主任。有时候地质组也习惯性地叫地质系，地理组或气象组也称地理系或气象系。严格地讲三个专业应该称“组”，只是后来为了叙述方便起见，有时候也就“系”、“组”不分了。

当时地质组的教授有北大的孙云铸、王烈、王恒升、张寿常，清华的袁复礼、冯景兰、张席禔，还有一位是从中山大学来的德国教授米士；地理组有清华的张印堂、林超，南开的鲍觉民、洪绂；气象组有清华的李宪之、赵九章，还有一位刚从德国留学回来，担任测量课的陈永龄。三校之间不分彼此，形成一个统一的集体，不存在任何界线。在如此多的名师教诲下，我不仅巩固了基础理论知识，而且也受到了他们道德风尚的熏陶，所谓“名师出高徒”，是言之有理的。新中国成立以后，西南联合大学时期的毕业学生中，当选为中国科学院院士的多达 10 余人，看来绝非偶然。

我们系教师人数多，是各领域的权威；而学生资质高，人数却少。老师和学生的比例适当，指教和督导适时到位，又有自由、宽泛的学术氛围。这是联大时代教学质量较高的重要原因之一。在任教的各位教授中，对我影响较大的有袁复礼、米士和孙云铸。

孙云铸老师在西南联大时代，自始至终担任着系主任职务。他是国际知名的古生物学家，特别以研究三叶虫闻名。孙云铸主要研究三叶虫化石，这种化石在宜良很多。地球上五亿年前很少有生物，到了寒武纪突然出现了很多生物，其中就有三叶虫。在宜良我们采集最多的是雷氏三叶虫化石，位于寒武纪地层中最下面的一层。

孙老师到过许多国家，参加过许多次国际会议，讲课时经常介绍欧美国家那些他所见过或有交往的同行专家。孙老师每学期上课第一二节都会拿来一大堆书推荐给我们看，有些就是国外学者送给他的。他讲课挥洒自如，富有幽默感，虽然看似松散，有点杂乱无章，但却能抓住重点，疏而不漏。他写的字体自成一格，非常潦草，恐怕除了他的学生外，别人很难辨认清楚。他讲授古生物学，列举的许多标准化石，我至今印象深刻、牢记不忘。他在古生物学和下古生界地层研究方面，论著很多。孙老师上课对我们要求很严格，但考试时却以鼓励为主，他的课我都能考到 80 分以上。

孙老师一生从事地质教育事业，国内许多著名地质学家都是他的学生。孙老师是我的毕业论文导师。毕业论文最初由导师考虑，孙老师专门研究下古生代，宜良的下古生代在全国具有代表性。他就建议我们写《云南宜良地区下古生代地层》的毕业论文。我和郝诒纯分成一组，大学时代的毕业论文很重要。他对我和郝诒纯比较器重。当时班里有 20 多个人，分成五六个小组分头写论文。正好我和郝诒纯也是搞学生运动熟悉的。那时候学生会分为代表大会和干事会，郝诒纯是代表大会的主席，我是干事会的副主席。郝诒纯那时已经在谈恋爱了，她的男朋友姓黄，后来是水利工程勘察院的院长。有几次她的男朋友也跟着我们一起到野外去考察了。

我们毕业找工作的时候孙老师也帮了很大的忙。他和地质学界各方面都有交往，他总会全盘考虑学生的出路，找学生一个一个谈话。他和我谈话时，就建议我去中央地质调查所。

教我们地文学和地质测量学的袁复礼老师对我的影响也很大。袁老师不仅是地貌学家，也是构造地质、考古、地理、古脊椎动物和第四纪地质学家。袁老师面貌慈祥，戴着一副眼镜，笑容可掬，和蔼可亲。他经常与同学打成一片，谈笑风生，平易近人。同学们都十分爱听他的课，因为他学识渊博，讲起课来，天南地北，从容不迫，想到什么就讲什么。他没有严格的讲课提纲，随兴所至，海阔天空，但内容丰富多彩，循循善诱，学生们能够从他的一言一语中学到许多东西。他最爱讲的，也是大家最爱听的，是关于 1927 年到 1932 年，他与斯文赫定等人参加西北科学考察团，在新疆、蒙古等地的考察经历。他有讲不完的故事，忽而谈到蒙古大草原怎样发现古生物，忽而又讲准噶尔地区怎样发掘出大恐龙和汉唐时代留下的断墙残垣，故事新奇，令人入神，百听不厌。

袁老师不仅诲人不倦，而且不断钻研。例如米士教授来西南联大授课，他也经常去旁听。他在地文学课中介绍美国戴维斯的侵蚀旋回理论，也给我留下深刻的印象。后来我在甘肃研究黄河阶地与古夷平面，就是受到他的影响。

1940 年 3 月，当我刚二年级的时候，袁老师和郭文魁老师率领我们到昆明以北的二村实习。他教我们怎样用罗盘测路线图，我们边走边测，学会测图的方法。过去他在新疆考察时，主要也是用这种方法来绘制路线地质图。我离开学校以后到甘肃担任区域地质测量工作，由于那时没有准确的地形图，完全依靠测路线来绘地质图，因此总忘不了这一次实习的收获。这次实习，不仅让我们看到了古生界大部分地层，而且采集到许多化石，除了三叶虫、笔石、蚌壳类化石外，还采集到了鱼化石，真是一次大丰收。在离开二村前的一个晚上，大家聚集在旅店里，兴致勃勃地讨论见到的地层与构造。讨论完后，大家余兴未尽，一致要求袁先生讲蒙新考察的见闻。他的生动而又饶有趣味的讲述，引人入胜，使大家忘却了几天来野外奔波的疲劳，一直听到深夜。由于他的启发，我对西北发生了浓厚的兴趣，所以离校后长期在西北工作，一直到新中国成立后仍经常去西北。

王烈教授教矿物学，那时他就已经是地质学界老一辈的地质学家了。他教了很多年的矿物学，所以他讲课用的那本笔记本，早已背得滚瓜烂熟，不用看也能背出来。当时我们用丹纳①所著的那本《矿物学系统》作为主要教科书。他还教光性矿物学。当时他称得上是矿物学的老权威。

王恒升教授教岩石学，还开设一门岩石发生史。那时他刚从瑞士留学回国，是岩石学大师尼格里的门徒，所以关于尼格里的岩石分类法，是他讲课的主要内容之一，特别是他所介绍的 Niggli value，至今仍给我留下深刻的印象。他教课要求很严格，考试出题很难，总有少数人不及格，据说这是继承尼格里的传统。虽然他教课很严，但待人接物却和蔼可亲，性格开朗，谈笑风生，学生都很喜欢他。王恒升讲岩石发生史，上课也很严格，我考试就总是不及格。

教我们构造地质学课的教授是张寿常。他教我们的时候刚从德国留学

① 丹纳（James D. Dana，1813—1895），美国博物学家、地质学家、火山学家、矿物学家。他于1837 年发表的专著《矿物学系统》百余年来一直被推崇为矿物学的经典著作，流传很广，并被译成多种文字。

归来，所以是老师中比较年轻的一位。虽然年轻，但他在德国专门学习小构造，所以他的学术功底很好，而且又很了解国际上构造地质研究的最新进展。所以我们也很爱听他的课。

冯景兰教授教经济地质学，也就是矿床地质学。他在国内有很高声望，上课比较严肃。他讲课的特点是提纲挈领，条理分明，一丝不乱。他调查过许多矿山，有丰富的实际工作经验，所以讲课时能联系国内外许多生动的实例。

冯景兰老师代表清华，孙云铸老师代表北大，那时叫作分校不分系。在一起时间长了，自然会有些摩擦。后来两位老师就开始闹矛盾了，冯老师觉得不得志，提出要走，转往云南大学任教。我们学生当然希望两位老师都不要走，后来我和池际尚、李炳泉多次前去拜访冯老师，表示我们非常希望他能留下任教。我们用了地质地理气象系联大地质学会的名义去做的工作，我是这个学会的主席。记得我们去过冯老师家好几趟，后来冯老师终于被我们说服，同意继续留校教书，就这样一场风波得到圆满解决。我想如果我们学生不出面，冯老师可能就走了。

张席禔老师主要讲授地史学。因为他在德国留学时曾经学习古脊椎动物学，所以还为我们开设了一门古脊椎动物学。张老师教课认真而又有热情，对学生要求也十分严格。最有意思的是他讲课时常掺杂些英语单词，给我印象最为深刻的就是，当他讲到恐龙时声调变得铿锵有力，特别是念到“dinosaurs”一词，声调突然加高。那时系里的老师少，但我们学的课程多，所以老师们除了自己擅长的专业外，还要讲授一些基础课程。我们在一年级学习的普通地质学课程，也是张老师教的。

大学四年级时我们的重点是写论文，但是有些课还要上。因为这些课程不是每年都开设，二、三年级时没有开设的课程，只好到四年级时再选修，其中就包括了米士教授的区域变质学课程。

米士教授是德籍犹太人，个儿不高，但精力充沛，富有活力。1936年他为了逃避希特勒对犹太人的迫害，应邀来中国讲学。他先是在广州中山大学地质系讲授构造地质学，并在那里同时兼任两广地质调查所的研究员。1940年以后，他来到西南联大教书，并同时在中央研究院地质研究所兼职。

米士教授的构造地质与区域变质学在当时是一门新课程，涉及许多构造理论、地壳变形以及花岗岩与混合岩化等问题。在当时来说，这些都是一些比较新的理论。虽然这门课只是一门选修课，但同学们还是报以极大的兴趣，选修的人很多。后来我在甘肃工作的时候，就是受到了米士教授的影响，做过一点变质岩系的研究。米士教授对滇西变质岩系有比较深入的研究，发表过不少论文。

因为米士讲的内容完全是新东西，那时国内还没有这方面的参考书，于是他就自编讲义。这个讲义我现在还保存着。米士的老师是国际有名的构造地质专家Wilhelm Hans Stille（1876—1966）。Stille就是第一个得到地质学界最高奖——利奥普德·冯·布什奖章的人。后来德国地质学会还设立了以他的名字命名的施蒂勒奖。米士就是他的得意门生。利奥普德·冯·布什奖章的奖励规则后来改了，不再颁发给德国人，只颁发给外国人了。我在2005年曾经获得过这个奖章。

米士教授培养了一批中国专家：董申宝、池际尚、马杏垣后来一直搞这方面的研究。1941年太平洋战争爆发，他因系德国籍而一度被政府拘留。战后他去了美国，听说在一所大学里任教。

米士教授多次带领我们去野外实习，他为人诙谐风趣，给我留下了深刻的印象。当时在昆明西南联大地质系，教授、助教经常率领学生们到野外实习。有一次，米士教授带领我们到抚仙湖畔的澄江县实习。那天天气晴朗，风和日丽，抚仙湖畔，青山绿水，碧波荡漾。我们爬完一座石灰岩形成的小山，在湖畔休息。米士教授突然说：“我有一个问题要考一考诸位。请大家注意，那边近岸湖水中的一块灰色‘露头’是什么岩石?”“露头”是我们常用的地质学术语，就是指露出地表的岩石。有一位同学立即随口回答说：“Limestone!”就是石灰岩，我们当时多数都是用英文记忆地质学术语。米士教授又说：“我看不像石灰岩，请再仔细观察一下，会不会看错呢?”“绝不会错，肯定是石灰岩!”那位同学还是坚定地说。有些同学也跟着他附和说是石灰岩。米士教授接着就建议：“为了使大家信服，还是请你到那边露头上，亲自打块标本，给大家看一看，到底是不是石灰岩。”那位同学就拿着地质锤，充满信心地走向那块“石灰岩露头”。

当他快要接近露头时，那块“岩石”却出人意料地忽然摆动起来。等他再走近一看，原来是躺在水里的一条大水牛，同学们看后不禁哈哈大笑。米士教授最后笑着说：“做地质工作，光用眼睛在远处看是不够的，必须到跟前，用铁锤亲自打下岩石标本，仔细观察后，才能做出正确结论。”听完这番话，大家感到深受教育。从那以后，我们都牢记了这次的教训，在野外调查时，对每一个露头，都养成了先打标本、再仔细观察的好习惯。

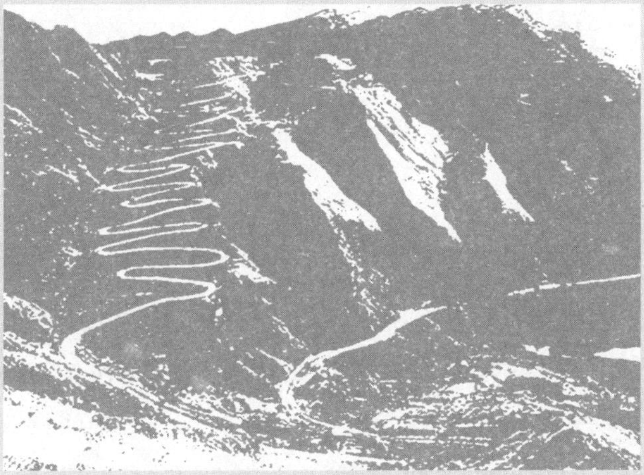

在普安和晴隆之间，有个地方叫作“二十四拐”，那里不但道路崎岖，也是土匪经常出没的地方。1944年地质调查所的许德佑、陈康和马以思三个人，就是在这个地方考察时被土匪杀害的。

第3章

西北行（1943—1946）

大学教育只是获得了基础理论知识，对从事地质工作来说，还必须具备丰富的野外实践经验。进入地质调查所以后，我的大部分时间都是在野外从事地质矿产调查，而且度过了将近 10 年的“学徒”生涯。所谓学徒生涯，就是长期充当老一代地质学家的助手，这也是地质调查所培养青年人的传统做法，实际也是向老一辈地质学家学习的最好机会。

我还记得第一次出差，是随古生物学家王钰调查研究黔北的下古生代地层，以后我到西北又先后追随路兆洽、徐铁良、王曰伦等著名地质学家进行区域地质和煤田地质调查。抗日战争胜利以后，我追随黄汲清先生参加中国地质图的编图工作，掌握了一套编图制图的技术方法，从此我就与“图”结下了不解之缘。新中国成立前后，我还跟随侯德封、谢家荣等老一辈地质学家，先后到三峡和抚顺煤田从事工程地质工作。20 世纪 50 年代初期，李捷和朱庭祜两位先生负责地质部水文地质和工程地质工作，我和他们在一个办公室工作。李、朱两人是我们中国人自己培养的第一批地质学者。朱庭祜先生从 30 年代就开始关注城市用水、地下水和发展农村灌溉的问题了，对水利与地质的关系很有研究。我从他们那里学到不少东西。所以我在离开学校以后，仍然有很长的一段时间，在工作实践中追随老一辈地质学家进行野外工作。这一切都为我后来长期从事地质事业奠定了坚实的基础。

美丽的北碚

到了大学四年级的时候，我们就开始考虑找工作的事情了。我们这一届地质专业的同学有 20 人左右，当时的出路大致有几种。第一条路是留校当助教或者继续读研究生。功课比较好的同学都愿意选择这条路。比如郝诒纯就留校继续读研究生了，李璞则留校任教了。我在大学时代比较贪玩，又热衷于参加各种社会活动，在学习上不太用功，成绩在班上算不上优等，所以留校或读研究生比较困难。

第二条路是去地质调查研究机构。我毕业的时候，全国已经有一些地质学机构了。全国性的机构有中央地质调查所、中央研究院地质研究所和资源委员会矿产测勘处；省立的地质调查机构也有不少，比如两广地质调查所、湖南地质调查所、河南地质调查所、江西地质调查所、四川地质调查所、福建地质土壤调查所、西康地质调查所、云南地质矿产调查所等。这其中最好的就是中央地质调查所，是当时国内比较权威的研究机构。这个机构的工资比较低，而且地质调查所入所考试十分严格，很多要用英文答卷，所以有些地质系的学生就不愿意去这个机构了。但是这个机构聚集了很多著名的地质学家，进入这个机构业务上的进步会比较快。

第三条路是去矿业部门，这些部门收入高、待遇好。尤其是石油部门，福利待遇比较高，就业机会也比较多。但是矿业部门大多地处偏远地区，并不是同学们的最好选择。我们班的贾福海就到贵州汞矿管理局去工作了。

第四条路是去企业，那时候各省都有企业局，其中有些部门需要地质人才，这类部门福利好，又多在大城市，所以进入这类部门的机会比较多，同学们也愿意去。

第五条路是到中学教书。这种情况只是那些实在没有出路的同学才会选择。因为中学没有地质学课程，所以到了中学只能改行，去教英文或者史地等课程，学校里学的地质学专业知识大多用不上。

矿业部门虽然机会比较多，但我不想去。那时候有一股风，学经济专业的出路最好，光银行就招了一大批人。地质学专业的毕业生也愿意干跟经济沾边的工作。当时谢家荣先生主持的资源委员会矿产测勘处也需要人，我也可以去那，但是我更想去地质调查所。我们班我和段国璋两个人考取了地质调查所，段国璋在学校时曾经是三青团的头头，他就在学校积极活动，后来也留校当了助教。

中央地质调查所

中央地质调查所

中央地质调查所的前身，是1912年1月成立的南京临时政府实业部矿务司地质科。1912年4月民国政府迁至北京，实业部分为工商部和农林部。矿务司地质科隶属于工商部。1913年工商部地质科改名为“工商部地质调查所”。为了培养人才，在地质调查所成立的同时，又成立了一个培养地质人才的机构“地质研究所”。由于时局动荡，地质调查所的隶属关系不断变更。1914年工商部与农林部合并为农商部，地质调查所改隶农商部。1916年1月农商部地质调查所改名为“地质调查局”。是年10月，地质调查局又改为“农商部地质调查所”。1920年地质调查所由农商部矿政司划归农商部直辖，此后该所成为部直属机关。40年代，一些省立地质调查所建立起来。为了便于区别、也为了避免名称频繁更替的麻烦，该所更名为中央地质调查所。

我去的前一年，也就是1941年，地质调查所就改名为“中央地质调查所”了。地质调查所最初建在北京。1935年冬天因为日本对华北的侵略日益急迫，为了避免战争的影响，地质调查所由北平搬到了南京，并把留在北平的部分改为分所。1937年抗日战争爆发后南京也不安全了，地质调查所又迁到了长沙。但是没过多久，因为战局的变化这个所又从长沙迁到重庆去了。而且一度在桂林、昆明设立了两个办事处。我毕业的时候，地质调查所已经在重庆北碚了。

地质调查所的工资比较低，每月比别的机关要少20~30元。那时在大学里任助教，一个月的工资大概有80元，所以这个差距在当时不算小。而且在地质调查所工作十分辛苦，要经常跑野外。地质调查所的要求还十分严格，要完成所里的任务、要做研究、要发表论文……但这个所的学术氛围非常好，图书资料丰富、仪器设备很先进、著名学者也很多。当时中国地质界把地质调查所看作这个领域的权威机关，考入地质调查所的人也常以科班出身自居，是在地质学界向上爬的重要阶梯。所以这个机构虽然工资待遇低，还是有不少青年人争着去。

从昆明到北碚

毕业的时候我们班同学中有三个人要去重庆：我去了中央地质调查所，谷德振和何绍勋考到了位于重庆的四川省地质调查所。所以我们三个人结伴，打算一起从昆明出发赴重庆报到。那时候我们都是刚刚毕业的大学生，很穷。因为没有足够的路费，我们打算搭乘中国石油公司运送汽油桶的大卡车。那辆卡车的汽油桶摞得很高，我们就坐在汽油桶的最上面。这一路道路十分崎岖，汽车经常要走盘山路，我们坐在车上面非常害怕。要是胆小一点的，还真不敢坐。

因为路况条件太差，汽车一天也就能走 100 多公里。我们走了很多天。第一天从昆明到了曲靖，再往前就不好走了。在普安和晴隆之间，有个地方叫作“二十四拐”，那里不但道路崎岖，也是土匪经常出没的地方。1944 年地质调查所的许德佑、陈康和马以思三个人，就是在这个地方考察时被土匪杀害的。

二十四拐

二十四拐是黔滇公路的必经之路。那里本是一处蜿蜒的古驿道，20 世纪 30 年代中期由贵州省西南公路局修建成公路。修建后的公路路况极差，时常发生土崩，机动车通行困难，车祸频繁，被人们喻为“鬼门关”。抗战期间，二十四拐成了中缅印战区交通大动脉。1942 年，美国公路工程部队工兵营进驻贵州修筑滇黔公路，对二十四拐进行维修，保证了运输畅通。

那时候我们每人都带着箱子和一个行李卷。因为战争的影响，我们总是搬家，很多东西在搬运的过程中都丢了。比如我高中毕业去北平考大学的时候，带去的东西我就留在北平了。那时候我天真地认为，反正以后还会再去，谁知道这一走就是几十年。所以我现在手里保存最早的资料，就是我在大学时代的笔记本。这些东西能够保存到现在，确实很不容易。

二十四拐

还是回来说我们的旅途。我记得汽车到了安顺时天已经黑了，一路的颠簸大家都累得不得了。我们的行李不算多，都放在汽油桶上面。因为车子很高，晚上住店的时候发现行李不好搬下来，跑了一天我们已经很累了，大家想就放在车子顶上也没多大关系。结果第二天早上起来，谷德振发现他的行李全都不见了。这件事给我印象很深，也让我第一次体会到了那一带社会治安的混乱。离开安顺、经过遵义以后，我们又经过了著名的七十二弯。经过一路颠簸，最后终于抵达重庆。

到了重庆以后，我们三人就分手了。他们两人去了沙坪坝，我独自一人坐着小火轮逆嘉陵江而上，到了北碚。地质调查所不在北碚镇上，我沿着一条去北温泉的公路往前走，途中经过一个数十米的黑洞洞的隧道。走出隧道，我的眼前一亮，看见在一个小洼地的对面有一座两层的小楼。我沿着洼地东侧的小路走过去，看见楼门左侧挂着地质调查所的牌子。

地质调查所的工作条件不错，比我原先的想象好了很多。一楼东侧是所长和行政人员的办公室，还有会议室；西侧是地震研究室，李善邦和秦馨菱先生就在那里工作。原来的地震观测仪器留在北平了，他们就自制简单的观测仪器进行观察。地震室对面是资料室，其中有很多是还没有正式发表的野外考察报告。所里的办公室大多在二楼，每间办公室都挺大。从办公室窗子望出去就是北温泉，嘉陵江上的号子我们也听得见。复旦大学就在江的对面，与我们隔江相望。二楼最东面是测绘室，西面还有一些房间用作没有固定床位的单身宿舍，周赞衡①先生就住着其中的一小间。

我到了以后先见到了李星学，他毕业于重庆大学地质系，和我同时入所。因为他就在重庆读书，先我到所，所以负责招待我。我到地质调查所的时候，那里已经新盖了一栋宿舍楼。单身的职工大多住在那里，条件还不错。我在北碚期间就和李星学还有陈康住在同一间宿舍，我们的关系非常好。所里有家的职工住得就比较分散了，有些人租住民房。

我在北碚的时候，正赶上物价飞涨。我们这些单身汉还好过些，家里人口较多的职工生活就受到了比较大的影响。我印象最深的是李善邦先生。他家住在一个山坡上，墙是用竹子编的，里外再用泥涂上，这是当时最简易的住房。那时所里的人都听说过李先生与猫的故事。那时候猫是很贵的宠物，李先生从秦馨菱那借了只猫，猫在他家时又生了几只小猫。他本来打算等小猫断奶以后，就把那些猫还给秦馨菱。可是他家很穷，那阵连青菜都买不起了。他就很难为情地和秦馨菱商量，能否让他卖一只小猫。秦本来也有意把其中的一只送给李先生，就这样李先生才解决了他全家吃菜的问题。

地质调查所办公楼的后面紧临嘉陵江，中间有块不大的空地，那里有几间平房。这几间平房有厨房、单身食堂、地震研究室的加工车间和磨片室。我们就在食堂吃饭。大伙轮流担任“大老板”和“小老板”。大老板

① 周赞衡（1893—1967），字杜臣，1916 年毕业于地质研究所，成为该所第一批地质学家。

管账，任期半年。小老板管每日采购青菜，任期一周。

地质调查所在重庆的办公地点

北碚是重庆外围的一个研究中心，当时很多科研机构都在那里。地质调查所办公楼的东南侧有一栋平房，属于中央研究院动植物研究所。西侧小山上是中国西部科学院的房子，那时候还开设了一个华西博物馆。博物馆的刘鸿允和张大炳也是西南联大地质系的毕业生。那里还有夏希蒙，他是中央大学地质系毕业的，但和我是小学同学，再加上我们有业务上的来往，所以我们也很熟。他们那里的楼房是在抗战前盖好的，花岗岩的石阶，宽大的办公室，比地质调查所的条件要好得多。只是因为战争的原因，很多人都出去另谋生路了，所以整个西部科学院空空荡荡的，反而没有地质调查所的气氛好。

虽然处于战争期间，但我们的生活并不单调。从所里出发步行一个小时就到了北温泉，我们经常去那里游泳、散步。去的时候就走过去，回来再坐船，顺流而下一会儿就到所里了。晚饭后我们这些单身汉还常出去散步，那时候中国地理研究所也在北碚，我们往地理所的方向走，地理所的人往我们这边走，所以我们经常在路上见面。我还记得经常见到冯绳武、孙承烈、史立常、侯子涛、黄秉成等人，他们也都是联大的校友。此外还有陈康的未婚妻陈泗桥也在地理所，我们也常在路上见到。见面后大家就在一起聊天，天南地北的什么话题都聊。当然那时候在打仗，所以聊政治方面的问题比较多。那时候地质调查所的关士聪订了《新华日报》，我想他跟地下党应该有些关系，大概是后来脱党了。

战争期间重庆汇集了很多单位，有些活动是在北碚搞的。从北碚到重庆要翻两座山，因为战争的原因，重庆一下汇聚了这么多人，交通十分拥挤。从重庆到北碚要方便些，可以坐船顺流而下。可是回来的时候就要慢很多了。夏天时天气炎热，在两地之间来回跑十分辛苦。北碚各单位的人员也经常来往，其中地理研究所与我们的交往最多，因为专业相近，地理研究所的同事经常到我们所图书馆看书。所以在北碚时期，我跟地质界、地理界的很多人都熟悉。

西南联大的校友会也设在北碚。我到了以后，西南联大的同学越来越多，我比较爱走动，经常与他们联络。比如重庆来人了，我就约三五好友一起聚会、聊天、聚餐。这就引起了所长李春昱先生的不满，他后来对我提出警告：让我多看书、多工作。我想是有人向他打了小报告，说我在搞宗派活动。

那时候地质调查所内以西南联大、中央大学和重庆大学几所高校毕业的学生最多。我们西南联大的毕业生中有我、宋叔和、米泰恒、李孝芳、关士聪等人。因为我们是从一个学校出来的学生，所以来往比较多，大家经常聚在一起打桥牌，或者出门走走。所以有人觉得我们是在闹帮派。

这个机构是个有近百人的老所，时间长了自然就在所里形成了一些小集团，比如所里有个河南帮，因为所长李春昱先生是河南人，他下面有一帮人围着他，我们大家就称这些人为“河南帮”。那时候我在所里属于少壮派，可能有些做法李春昱所长看不惯，但那都是后来的事情了。

北碚是个美丽的地方，可惜我在那里住的时间不长。1942年9月我到北碚工作，10月就去贵州考察了。1943年2月我从贵州回到北碚不久，所里宣布要开展西北地区的工作，4月我就被派到了兰州。1945年冬天我从兰州回到北碚，1946年的5月就离开那里回到南京。我在北碚居住的时间总共不到10个月。但这短短的北碚生活却十分快乐，令我难忘。

第一次野外出差

我报到以后被分配在区域地质室，黄汲清先生担任室主任。1942年9月初我正式到所工作，10月初就被派到野外参加考察去了。抗战开始以后政府先是往西南方向转移，我刚工作的时候贵州是西南地区的重点。所以贵州成为地质调查所的工作重点。1942年经济部给了地质调查所一笔经费，要所里派人去调查贵州省的地质矿产资源，所里就组织起了一支队伍，有王钰、许德佑、我和陈康。王钰、许德佑负责带队，我和陈康主要当助手。陈康和许德佑去了贵州西南部地区，我和王钰先生去了贵州东北部地区。

王钰先生资格比我老，他1932年毕业于北京大学地质系，1935年就到地质调查所从事古生物学研究了，他是所中资格比较老的学者之一。尽管他脾气很坏，但我们合作得很好。我们10月初离开北碚，先后在贵阳、遵义、湄潭、思南等地区调查地质矿产资源情况，直到1943年2月间我们才又回到了重庆。这次野外调查过程中，我们尤其注意贵州地区的地质地层情况，为后来的研究收集了不少资料。

这次到贵州，我认识了很多在贵州的学界同仁。我们先到了位于遵义的浙江大学，见到了在那里教书的黄秉维。黄秉维卧室里堆满了专业书，人就好像睡在书堆里一样，这给我的印象非常深刻。此外，我们还在那里见到了叶良辅、刘致远等老师。

到贵阳以后我们见到了乐森璕先生，他正在贵州省地质调查所当所长。乐先生是王钰的校友，1924 年就从北京大学地质系毕业了。那时候乐先生刚从国外回来不久，戴个金丝边的眼镜、拿个烟斗。我们到了以后他就请我们喝咖啡。能在贵阳喝咖啡是件不容易的事情，我们在重庆都很难喝到咖啡。在贵州我们还见到了周德中，也是王钰先生的校友，比王先生晚几年毕业。他那时也在贵州工作，并且给了我们很多的帮助。

这次考察，我认识了不少地质、地理学界的同行。除了已经工作的学者外，我在浙大还见到了很多学生，像施雅风、赵松乔、陈述彭等人，都是那次考察途中认识的。

西南地区野外调查十分辛苦。因为没有石油，我们坐的都是烧木炭的车。贵州一带有共产党的军队活动，但我们没有见到过。我们在路上曾听当地的老百姓说共产党的军队刚刚过去，他们张贴的标语还在，标语内容我已经记不清了，但都是北上抗日之类的宣传口号。这次考察最麻烦的是贵州的土匪很多。为了避免麻烦，我们出发前都买了厚礼送给当地的土匪头子。这些土匪见礼眼开，顺手递过来一张名片。那小小的名片就成了我们的“通行证”和“护身符”。在路上遇到土匪，我们就掏出那张名片，确实很管用。贵州一带十分危险，1944 年许德佑、陈康和马以思三人再次去那里考察时，就被当地的土匪杀害了。那时候我已经去了兰州。

从贵州野外考察回来以后，我们就写了个报告。但报告上只有王钰一个人的名字，没有我的名字。我觉得这件事王钰做得不够好。

1940 年前后，国内国际形势都发生了很大变化。1939 年，第二次世界大战正式爆发。世界各地的战况看上去有利于法西斯，所以那时国内也广泛出现了悲观的情绪。1941 年 12 月香港沦陷后，日本军队把战场扩大到英、荷、美在东南亚的势力范围，夺取当地产量丰富的石油、橡胶等战略资源。日本人并不满足于控制东南亚的油气资源，他们注意到滇缅公路对中国战场的意义，转而出兵缅甸，想切断滇缅公路，孤立中国。那时候在国内，日本军队已经从广西打到了桂林，也威胁到了云南。那时连轰炸重庆的飞机都是从越南飞过来的。因为这种局势，国民党政府决定把重点从西南转到西北，于是兰州就成了重要的据点。

这种情况下，地质调查所也开始加强西北各省的地质矿产资源调查。这项工作实际上在我去地质调查所之前的 1941 年就开始了，所里已经派出了一个考察队在兰州工作。我们从贵州野外考察回到所里，就听到所内宣布要开展西北地区的工作，决定在兰州成立西北分所。我就成为建立西北分所时被派过去的第一批人员之一。

建立西北分所

1942 年，甘肃省政府与地质调查所联合组建了西北地质矿产调查队。调查队由王曰伦先生担任队长，地质调查所方面派了王曰伦、路兆洽、李树勋、徐铁良、刘庄等五个人，再加上当地的一些技术人员，调查队大概有十几个人。我们去的时候，他们已经在那里开展工作了。

调查队分为两队：王曰伦、徐铁良、刘庄等三人调查永登、民和、西宁等处煤田、石油、石膏等矿产；路兆洽、李树勋两人调查皋兰、临夏、定西、天水、礼县、岷县、临潭、洮沙、临洮等县的地质矿产。调查队先是借住在兰州的一处空房内办公，后来租用了兰州小梢门外小沟头 49 号的一座小楼办公。

1943 年地质调查所又派毕庆昌、叶连俊①、何春荪和我去了兰州，充实那里的技术力量。我们乘坐资源委员会的卡车经过天水等地，路上用了十几天的时间，一路颠簸，十分辛苦。我们刚到兰州时，调查队在小沟头的一个两层的小楼里办公。后来搬到了萃英门 13 号甘肃机器厂旧址，作为分所所址。

我们一同去的四五个人，在调查所也算是重要的力量了。加上先前去的那些人，可以说地调所的重要力量大多转到了兰州。我们到了以后正式成立了西北分所，由王曰伦担任所长。所长以下设事务、地质矿产、测绘、化验、陈列五个室。但是建立初期，化验室因为抗战时物资缺乏，无法买到必需的化验用品，而且那时经费也很紧张，无法保证仪器药品的及时补充，所以凡是需要化验的标本，都委托给甘肃科学教育馆或中央工业试验所西北分所代为化验。1946 年春天，资源委员会国外贸易事务所化验室结束，就把仪器药品转让给西北分所，化验室才初具规模。西北分所建立之初连个图书室都没有，后来随着西北分所藏书和考察报告逐渐增多，又设置了图书室。

分所建立以后，开始有计划地开展西北地区的地质矿产调查。首先是开展甘肃全省比例尺 1∶20 万的地质填图，测绘地质图。路兆洽和我负责填制靖远、景泰幅；毕庆昌、徐铁良负责华亭、平凉幅；叶连俊、何春荪调查天水、甘谷幅；李树勋填制武威、永登幅；王曰伦、刘庄详测皋兰

① 叶连俊（1913—2007），地质学家，沉积地质学家，沉积矿床学家。山东日照人，中国科学院院士。1937 年毕业于北京大学地质系，后在实业部中央地质调查所工作。1951 年在中国科学院地质研究所创建我国第一个沉积学研究室。是我国沉积地质学和沉积矿床学的奠基人之一。

幅。我们先后完成了多个地区的地质图幅，虽然限于当时的条件，这些图幅没能出版，但是我们的工作为建国初期编制出版全国 1∶300 万地质图和 1∶100 万分幅地质图，提供了基础资料。

我们到那以后就准备跑野外了。1943 年四五月间，我们就开始看资料。那时候何春荪是资料馆馆长。在兰州我们的目的主要是搞区调，当时以甘肃为重点。我和路兆洽负责兰州景泰地区的地质矿产和区域地质调查。在野外工作时，我们主要参考陆军测量局绘制的地图，大多是 1∶10 万的地图。那些图错误很多，有的地方本来在南边，在图上画到北边去了。所以我们基本上是从头开始做。

在绘制地质图的同时，我们还进行了矿产资源的调查。路兆洽和我进行了靖远、景泰地区的煤田调查，那时靖远有几个煤田，我们调查了喜集水煤田、磁窑煤田，但没能去看位于龙凤山的煤田。调查结束以后我们写了报告，发表在《地质汇报》上。①② 毕庆昌、何春荪等人进行了陇东地区的煤田调查；黄绍显、杜恒俭等开展了宁夏地区的地质矿产调查；岳希新、宋叔和、米泰恒、关士聪、马溶之等人，配合新疆地质调查所，开展了新疆天山南北的地质矿产调查。我们每年四五月份开始到野外，11 月前后回到兰州，整理资料、编写报告。工作之余，在分所地质人员间还曾经组织过一个进修社，主要是在业余时间成立外语学习班、歌咏队，以及组织晚会、郊游活动等。

1943—1945 年是西北分所的极盛时代。以后陆续调入分所工作的还有宋叔和、梁文郁、黄绍显、米泰恒、刘乃隆、郭宗山、乔作栻、刘增乾、

① 路兆洽，陈梦熊. 甘肃景泰喜集水及大拉牌一带煤田地质. 地质汇报，1948，第 37 号，中文：89～96；英文：31～34.

② 路兆洽，陈梦熊. 甘肃靖远磁窑区煤田地质. 地质汇报，1948，第 37 号，中文：23～40；英文：7～10.

中央地质调查所西北分所人员（以站在第一台阶为第一排，左起：王曰伦、毕庆昌、李树勋、徐铁良、梁文郁；其余人员为后排，左2起：陈梦熊、路兆洽、何春荪；后排右起：绘图员、技术员、黄绍显、胡敏）

胡敏、杜恒俭、张尔道等人。这些人各有特点，先到那里的刘庄是我在西南联大的同学，我听说他是个地下党员。但我没有在兰州见到他，我去的时候他已经到西安去了。他到西安是为了跟他老婆离婚，但他老婆不肯离婚。他那时正在追求一位姓赵的女士，而那位女士又追求李炳泉，他一时想不开就自杀了。他的后事是我帮助办理的，只可惜他在野外收集的考察材料大多散失了。

分所年纪大一些的学者有毕庆昌、叶连俊、路兆洽等人。毕庆昌的生活习惯和我们不同。他经常是开午饭的时候才起床吃早饭，然后泡杯浓茶，一直喝到吃晚饭，边喝边闭着眼睛思考问题。直到晚饭后，才开始熬夜工作。何春荪、刘乃隆、徐铁良和我的年龄差不多，属于分所的少壮派。但是我们大家在一起，并没有长幼或者上下级的感觉，因为大家天天在一起，聊起天来天南地北的。老人中属毕庆昌能聊，他的老婆是我的小学同学，那时候他夫人正在北碚师范学校当教员，所以我们很熟。

分所无论是老人还是年轻人，基本上在兰州都是单身，所以大家常在一起聊天。学术上聊得最多的是李四光的山字形构造理论和中国东部是否有第四纪冰川遗迹等问题。因为当时大地构造理论有李（四光）派与黄（汲清）派的不同。毕庆昌属于黄派的，认为那些构造不是什么山字形。我们那个圈子里支持黄派、反对李派的人多。但当时大家对李四光先生还是很敬佩的。我是属于中间派，因为我那时候没有做过这方面的研究，经验不多，只是听听，参与争论不多。在每年地质学会的年会上也要争论这些问题，但争论归争论，大家的关系还很好，那时候民主空气好得多。

兰州三部曲

兰州的红、黄、黑

从表面上看，兰州一带的地质情况似乎很简单，地形也非常单调。一眼望过去，也就是红、黄、黑三种颜色：红色是红层、黄色是黄土、黑颜色的是黄河边上的变质岩。但是一深入到野外实际工作当中，就会发现问题的复杂性。比如兰州黄河边上的皋兰山，看上去就是光秃秃的一座山，山上也没有树。兰州海拔 1 600 米，皋兰山山顶海拔 2 200 米，所以那座山大概有六七百米高。因为山太秃了，所以给人感觉很矮。那里的地层虽然就是黄、红、黑三种颜色，但这三方面就够复杂的了。

先说黄土。刘东生著名的研究就是黄土。黄土下面有很厚的砾石层，过去我们只是知道黄土的分层、时代、阶地的结构等，其实黄土可以研究的问题很多。刘东生搞了一辈子，还有很多问题没搞清楚。我们在兰州工作的时候，还没有地质学家专门研究黄土，我当时就做了一点研究。

我在50年代再去兰州的时候，发现黄土下面有很厚的砾石层。一直延伸到地下。新中国成立以前我认为兰州一带黄河下面的冲积层厚度也就一二十米，认为在兰州找地下水没有什么希望。后来我发现兰州东盆地和西盆地的结构不太一样，西盆地下面有几百米厚的砾石层，地下水含量丰富。因为砾石层分布在兰州范家坪一带，在五六十年代我们就给它取了个名字叫“范家坪组”。

再比如红层，西北的石油就贮藏在红层里面。红层早期主要是孙健初带了一批人在那里调查研究，后来田在艺、李德生等人专门研究红层。因为第三纪、白垩纪都有红层，在野外很难区分。红层值得研究的问题很多，但我当时因为工作重点是在找矿和绘图方面，虽然也做过一些调查，但对地层的研究还比较粗浅。以后黄土的研究、红层的研究都跟我们那时候的想象大不一样了。

最后再说说黑色的变质岩。比如像皋兰系①的问题，说起来似乎简单，也就是几块黑色的石头，深入一研究，大家的意见就很不一致了。兰州皋兰系变质岩的研究，也成为地质学方面的一个焦点。

那时候我跟路兆洽、宋叔和的看法就不同。在野外我和路兆洽一组共

① 皋兰系，华北山区地文期中近代的一个堆积。代表近代河谷的堆积时期，因为最早在甘肃皋兰研究而得名。

同考察，但是我们的意见却不一样。我根据米士的理论，认为皋兰系是老的，属于前寒武纪，而宋叔和认为是比较新的。那时候有一种时尚，认为变质岩不一定就老，是火成岩接触变质造成的，所以很多人都认为是古生代的变质作用。后来我发表了一篇文章，路、宋也都发表了文章。当时的学术空气很浓厚，学术也很民主。大家意见虽然不一致，但可以争论。他们都是我的老师辈，我算年轻的，我们三人水平不一样，但我们可以有不同的看法，个人可以坚持自己的意见。并没有因为他们比我高一辈，我就不敢说话了。

“红、黄、黑”三个方面我在当时都做过研究，也都写了文章，这就是事业心的问题。当时我的任务就是做区域地质调查，我在考察中对这些问题感兴趣，就自己做了研究。1943—1944 年，我先后到甘肃北部及渭河上游与洮河流域从事地质调查。我看到兰州河流两岸阶梯地形发育完善，但没有人做过研究。这引起了我对地文现象的注意，所以做了些研究，发表了一篇论文①。

我在《地质论评》上发表过几篇文章，但是比较正规的论文，是发表在《中国地质学会会志》的《甘肃中部皋兰系变质岩之初步观察》。这是一篇英文文章，调查研究是在兰州做的，但文章发表时已经是 1948 年了。这篇论文的英文稿是程裕淇帮助我一字一句地修改的。

地质调查所的学术传统很好。年轻人写了论文会给老先生看，老先生也会认真帮助修改。比如我发表在《地质论评》1947 年第 6 期上的文章《甘肃中部之地文》，就是请杨钟健先生帮助修改的。我后来在三峡考察后写的文章，是请侯德封先生修改的。这就是地质调查所的优越条件。那里

① 陈梦熊．甘肃中部之地文．地质论评，1947，12（6）：545～556.

有很多水平很高的学者，名师出高徒嘛。所以向老科学家学习很重要。

兰州的同事、朋友与业余生活

我在兰州的几年过得非常愉快，业余生活也挺丰富。虽然兰州城外的环境比较荒凉，但是我们在城里的生活条件还是不错的。兰州的蔬菜、瓜果很多，牛羊肉也好吃。兰州有一种梨，好像就叫冻梨，一般是冬天冰冻以后再吃，味道很不错。兰州还有一种醉瓜，特别甜，现在这种瓜反而没有了。我虽然是南方人，但很喜欢吃兰州的羊肉泡馍。那时候大概因为很多内地人迁到了兰州，所以那里的南方餐馆也不少。

冬天我和徐铁良常去溜冰场溜冰。兰州城里有个游乐场叫兰苑，里面有茶楼、电影院、溜冰场，我就在那里学会了溜冰。每次溜完冰，我们就拎着冰鞋走回去，溜冰场离西北分所不远。有时候在路上遇到卖冻梨的，我们就买回去吃。我喜欢看电影，现在还记得在昆明时看的《彼得大帝》和《出水芙蓉》，在南京时看的《夏伯阳》①。我现在还记得电影中的那句台词："我是夏伯阳!"我在兰州也看过一些电影，给我印象最深的是无声电影。

我在兰州看得更多的还是京剧。何春荪对京剧非常内行，他经常带我们去看，并当义务讲解员。那里有几个名票友，我们都称呼她们"王夫人"、"孙夫人"，她们唱得也很好。另外兰州还有本地戏——秦腔，我也看过。

大概是因为战争的关系，当时的兰州挺繁华的，而且熟人也很多。许多研究机构里都有我的同学，比如西北临时大学（后改为西北大学）的地质地理系、地质矿产勘察队、兰州工业合作社等。兰州科学馆也有我的同学，

---

①《夏伯阳》，苏联著名作家富尔曼诺夫的代表作。小说根据国内战争时期的英雄人物、红军指挥员夏伯阳的事迹写成。电影讲述的是 1919 年 1 月至 8 月在苏联东线战场上的战事。穿上军装的农民在夏伯阳的指挥下英勇善战，屡建奇功，可他们的作风却自由散漫。夏伯阳在战争中所向披靡，但政治上不成熟。政委克雷奇科夫到任后，把夏伯阳引上了正确的道路。

像研究黄土的王永炎就在那里工作。我在兰州也认识了很多新朋友，因为有几个部门与我们的业务联系比较多。在兰州的兄弟单位中，我同西北石油勘察处的张维亚、司徒愈旺，以及建设厅的一些工程师也常有来往。

中国工业合作社

中国工业合作社，中文简称“工合”。1938 年 8 月 5 日“中国工业合作组织”正式成立，办公地点设在武汉。国民政府行政院院长孔祥熙任该会理事长，任命艾黎为行政院技术顾问。1938 年 8 月，第一个工业合作社——宝鸡“大华手工铁器合作社”成立。两个星期后，有十几个合作社在西北地区相继建立。兰州事务所是在 1939 年 5 月成立的，由张官廉负责。

中国工合国际委员会（简称“工合国际”）是为促进中国工业合作社运动而建立的国际性民间组织。为了争取海外援助，筹集工合发展资金，保证外来援助的正当使用，1939 年 1 月在香港成立了促进工合国际委员会。宋庆龄任名誉主席，英国主教何明华任主席。1952 年停止工作，1987 年在北京重新恢复活动。工合国际委员会的工作很快赢得同情中国抗战的各国正义人士和爱国华侨的热情支持，美国、英国、菲律宾还专门成立了支援工合的组织。截至 1945 年底，来自美国、英国、加拿大、新西兰、菲律宾、新加坡等国的捐款和物资总计价值上千万美元，许多外国技术人员来华无偿为工合工作。工合国际委员会在促进中国的工业合作事业，支援中国人民抗战和发展中国人民与世界各国人民友谊方面作出了重要贡献。工合努力奉献的精神，在国际上广泛传播，使“工合”成为英语词汇，代表热情和献身。

我们分所有位同事叫梁文郁，他和兰州工业合作社主任张官廉是朋友，梁文郁的夫人跟张官廉的夫人也是好朋友。通过梁文郁的引荐，我认识了张官廉。张官廉毕业于燕京大学，跟我的嫂子是燕京的同学，并一起演过戏，大概是演罗密欧与朱丽叶。我们很快就成为好朋友。那时候张官廉的夫人正在替徐铁良介绍女朋友，我们每周都去他家里玩，打桥牌、吃饭、聊天。他爱人十分活跃，好像在一个妇女团体工作。新中国成立以后，听说张官廉到兰州西北师范学院教书去了，但我离开兰州以后我们已经多年没再来往。

在兰州的时候还有几个新闻记者也和我们来往较多。其中有一位叫袁炜，后改名叫袁尘影，我和他是在张官廉家打桥牌的时候认识的。听他讲，他是从延安逃出来的。早年他曾经投身革命，后来到那里被打成了反革命。我们认识时他正在《民国时报》当文艺副刊的编辑，常写一些文艺评论的文章，他特别对一些翻译小说感兴趣。我那时也爱看翻译小说，所以我们在打桥牌之外常在一起谈论文艺，因为聊得来，来往就比较多。

袁炜也有后台，叫邓宝珊①，是国民党的高级将领，是左派。我离开兰州到重庆后还和袁通过几封信，后来就没再来往。1964 年我突然接到一封由《地质学报》转来的信，那是袁从兰州寄来的。他在信中说在《地质学报》上看到了我的名字，就跟我联系，并问我后来的情况。那年我正好到西北出差路过兰州，就顺便去看他。他告诉我“反右”的时候他被打成了右派，尚未摘帽。临别时他要请我吃饭，可那时我是属于没戴帽的右派，在那种紧张的气氛下人人自危，我就谢绝了他的邀请，以后再也没有

---

① 邓宝珊（1894—1968），甘肃天水人，原名邓瑜。国民党的陆军上将，曾任华北“剿总”副司令。中华人民共和国成立后，受中央派遣回到甘肃工作，先后任甘肃省人民政府主席、省长。“文化大革命”中受冲击自杀，后平反昭雪。

见过他。

此外，我在兰州的业余时间还经常参加基督教青年会的一些活动。兰州有个基督教青年会，它的总干事储培恩和我的大姐夫原来是上海青年会的老同事，所以我们很熟，我有时候去他那里玩，也参加青年会的一些活动。我离开兰州后他也去了南京，当了那里基督教青年会的总干事。我们在南京时仍然有联系，后来听说他去了北京，我们就没再来往。

1944 年春游兰州雁滩摄于桃花林中

我还有一个远房表哥，叫赵廷珍，他是航校第一期的毕业生，那时正在国民党西北空军司令部当参谋长，也在兰州。所以我们也常有来往。当时他们那一期的毕业生大多当了司令，他在那里不太得志，平时总爱发牢骚。我们后来在南京还见过一次面。

漫游在黄土的海洋

我在兰州的三年，一半以上的时间是在野外度过的。我们主要的任务是在区调的基础上绘制 1∶20 万的地质图。这在全国也是最早的、有计划地在大面积区调的基础上绘制的地质图。那时候有些省份也在搞绘制地质图的工作，但是有计划的不多。

我们在野外主要利用的是 1∶10 万的陆军地图，但是那些地图不是实测的，很多地方甚至是推测画出来的，误差很大。我们只好在野外先画 1∶5万的地质图，尽管距离主要依靠目估，但是在野外工作时间长了，就会有经验，很多时候我们还是估得挺准。我们每天或每周走路都是闭合路线，就是围着驻地走一圈，这样误差会比较小。

当时野外工作的设备非常简陋，我们随身带有地质锤、罗盘、放大镜、气压计、望远镜、皮尺、手表。我们依靠这些简陋的仪器，在观察实测的基础上做剖面，测厚度。但是在野外大部分的距离都是靠数步，所以我们工作的时候一边测图、一边嘴里还在念念有词地数步数。我们到祁连山考察时，条件好些了，有了专门的测量队跟我们一块走，就可以用平板仪绘图了。

我现在还保留有一些当时的野外记录本，这些记录有很多都是用英文写的。因为在大学学习时，老师在课堂上讲的地质学术语大多使用英文，我们也就记住了英文。如果当时让我用中文说出那些地质术语，我还真说不出来呢。

兰州黄河铁桥（陈梦熊摄于 1944 年）

当时的工作条件很差，我们在野外完全靠两条腿走。偶尔会雇几个挑夫或雇几头驴。我们在野外带的干粮主要是一种甘

肃的大饼，当地叫“锅盔”，然后就是一麻袋咸菜。当然在野外工作会有补助，一天有两元钱。我那时的工资大概一个月有100多元，在兰州一天的生活费5毛钱就够了。所以野外补助还是比较高的。在野外我们多半住在老乡家里，自己带个铺盖，最要紧的是带上行军床，要不然就没地方睡觉了。但这些还都是小问题，战争年代的野外考察，最危险的还是人身安全得不到保障。地质调查所中就有多名学者在野外遇难。我也遇到过不少的危险。

地质调查所因公死亡人员

地质调查所存在的三十多年中，有十多位学者英年早逝。仅中国地质学会在1949年以前设立的7项奖章和奖金中，就有5项是为了纪念在野外考察中牺牲的学者。正如抗战胜利后这个所撰写的总结中所说：“三十年之艰苦奋斗，固不无微绩，而遭遇损失亦足惊人。（民国）十八年十一月赵亚曾先生在云南遇匪被戕，十九年十一月王恒升先生在黑龙江边界被捕，几遭不测，二十五年一月丁文江先生在湖南调查中毒致死，二十七年二月吴希曾先生于湖南益阳撞车殒命，三十三年四月，许德佑先生、陈康先生及马以思女士在贵州遇匪殉难。此外因积劳成疾死于任所者尚有徐光熙、王绍文、计荣森、张沅恺、刘庄诸先生。职员仅仅数十名，历史短短三十年，而因公死亡达11人之多，其他遇险者尚未计及。为国家为学术，地质工作固仍当迈步前进，决不因此而畏却。然今后人员之补充与增加，与夫社会对于此项工作之爱护，是不能不为努力者也。”①

① 重庆档案馆，经济部中央地质调查所概况，1945年，见《档案史料与研究》，1996年第4期。

1943 年，我们从靖远县出发，往东北方向的一个叫打拉池的地方走。那是个比较大的村庄。到了下午三四点，我们终于到达了目的地，大家已经很累了。正在我们准备休息的时候，就听见机枪的扫射声。我们吓坏了，以为土匪来了，赶紧出门找房主，他叫我们先到地窖里躲起来。大概持续了一两个小时，枪声才逐渐平息。出来以后我们才听说，是国民党的军队发生了兵变。打拉池离解放区很近，有一部分国民党兵跑到解放区去了。

有一次，我同路兆洽一起调查完喜集水煤田、磁窑煤田以后，决定要去调查黑山煤田。我们要调查的煤矿，从靖远到五佛寺的路上要穿过黄河。我们就在靖远县雇了一个由 10 多个羊皮袋扎成的羊皮筏，打算自靖远沿黄河漂流而下，经红山峡、石门峡，到达景泰县的五佛寺。那年正逢黄河大水，小小的羊皮筏在峡谷激流中随波逐流，上下漂浮，随时有被巨浪吞没的危险，我们坐在上面心惊胆战的。

在靖远以下不远的地方，就是红山峡。那个地方两岸都是悬崖峭壁，岩石是红色的块状砾岩，皮筏就像漂流在两道红色城墙间一样。进入红山峡不久，在我们面前突然出现了一块巨大的礁石，立在狭窄的河流中央，非常醒目。水流在乱石中形成许多漩涡，皮筏在湍流中左右旋转，我感觉船夫已经很难控制皮筏了。眼看着我们的羊皮筏快要撞到礁石上了，只见筏手使尽全身力气，把准了舵向，转瞬间擦边而过，终于转危为安，但却把我们吓出了一身冷汗。

据筏手说，那个地方又称“洋人摆手”，是黄河中最危险的地段之一。据说过去曾经有一位外国探险家，从靖远乘皮筏顺流而下，路经此处时，眼看要撞到礁石了，就灵机一动，从皮筏一跃而上。他跳上礁石后，哪知皮筏一个急转弯顺利地绕过礁石，而他跳在礁石上，却孤苦无援，因为其他路过的皮筏在急流中根本无法靠近，两岸又都是陡峻的悬崖，尽管那洋人在礁石上不断摆手呼救，但路过的人却毫无办法，最后那人就饿死在礁石上，所以人们把这地方称为“洋人摆手”。又一次几个筏子运西瓜，在那里被浪冲翻了，结果江面上到处漂着西瓜。

我们在野外的时间不固定，有时候会赶上过节，生活就更不方便了。1943 年，我和路兆洽从靖远到景泰调查煤矿，那时候区调和煤矿调查是结合起来做的，所以我们要做 1∶5 万甚至 1∶2.5 万的地质图。到了景泰县正好是中秋节，很多旅店都关门了，我们一时找不到住的地方。结果我们就雇了一个牲口拉的大板车，晚上就睡在板车上面。1944 年我和徐铁良是在岷县过的端午节。进县城前我们要过一条大河，大概是洮河吧。当时我们两人都骑在马上，马到河流中间走不动了，眼看马要被水冲跑了，我们使劲蹬踹马匹，才逃过此难。

还有一次我们打算去看一个煤矿。从地图上看，翻过山有一个很大的村庄，我们打算晚上就住在那里。但是我们整整走了一天，晚上才到达。到那一看，果然是个很大的村庄，可是村里漆黑一片，找不到一个人。好不容易我们在村子角落发现了一个老太太，想找她要点饭吃。老太太告诉我们，整个村庄就剩下她一个人了，她就靠吃草籽生活。草籽是苦的，我们根本吃不下去。聊天的时候我们偶然发现她养着一只鸡，就买了她的鸡，那顿晚饭我们就是靠吃那只鸡过来的。第二天早晨起床以后我们就商量，本来我们计划是往北走，但听老太太讲那一带正在闹饥荒，一路上都没有人烟。于是我们就决定不去煤矿了，改往西走。

跨越祁连山

1945 年夏天我参加了祁连山综合考察队。这个考察队是行政院为开发西北组织的综合性考察队，由地质、水利、动物、植物、畜牧、森林、测量等单位组成。考察队员总共20多人，再加上几位向导，全队包括汉、回、藏、羌四个民族的成员，可以说是个民族大家庭了。考察队自西宁向北翻越祁连山主脉进入河西走廊，成为我国第一个横跨祁连山的、大规模的综合性考察队。这项考察原计划进行三年，第一年在凉州以南祁连山东段；第二年在甘州以南祁连山中段；第三年在肃州以南祁连山西段。但是第一年调查任务完成后，抗日战争胜利了，考察也就宣告结束了。

考察队队长是西北分所所长王曰伦。分所参加人员还有李树勋、黄绍显、刘增乾和我。由于是行政院组织的考察队，地方政府十分重视。出发前甘肃省政府还专门召开茶会欢送我们。到达西宁以后，我们也受到青海省政府的热情接待。

1945 年 6 月 1 日我们从兰州出发。我参加了考察队地质组的工作。到了青海西宁以后，我们向北经过大通县翻越大坂山进入大通河谷，并以亹源为中心，分组入山调查，又取道俄博，跨过祁连山主脉抵达河西走廊。考察队于 8 月 31 日到达凉州，野外工作宣告结束。

新中国成立以前，西北地区是马家天下。马步芳控制着青海一带地方，他的兄弟马步青控制着柴达木。那时候主要靠马队、牦牛队运输货物，马步芳和马步青就把那一带的贸易控制在手里，从中渔利。青藏之间的贸易主要就控制在马步芳的手里。当时一般进口的东西都从印度过来，通过格尔木、柴达木。比如在西宁，当地人员穿的衣服布料多是咔叽布、藏青哔叽……过去这一带跟英国和印度的关系比较密切。

新中国成立前我们到柴达木考察，用的是行政院的名义，要不然根本就进不去。马步芳是青海的土皇帝，割据一方。由于人民生活很苦，地方治安也不安宁，到处都有土匪出没。为此马步芳派了一个连的士兵，由一名马连长带领，随同考察队出发。名为保护，实际上也是在监视我们。

从大通向北走，我们逐渐进入了深山峡谷，那里山势十分险峻，这就是著名的海拔4 000多米的大坂山。有一天大家跋山涉水，走了一天崎岖难行的山路，沿途还不停地填图、打标本，到傍晚时分每个人都感到十分劳累。我们在一条潺潺流水的山溪旁，选择了一块平坦的草地，支起几个帐篷，饱饱地吃了一顿晚餐后，已经是满天星斗的黑夜了。所有的帐篷都点上了油灯或蜡烛，有的人准备要上床休息，有的人还忙着整理标本、笔记。

那天晚上深山里一片漆黑，只有我们几个人所住的帐篷，灯火还在闪闪发亮，帐篷外除了流水的潺潺声和松枝摇摆的沙沙声外，一片寂静。突然间我们听到有人高声喊："匪抢啦！匪抢啦!"接着又是"砰、砰"几声尖锐的枪声。大家一听是马连长在喊，更加害怕了，我们想一定是碰上土匪来抢劫啦。于是立刻吹灭灯火，跑出帐篷，想找一个安全的地方躲起来。当时有些人已经脱掉衣服，准备上床睡觉了。他们也顾不上穿衣服了，慌乱地逃出帐篷，钻进旁边的丛林里。有的人尽管摔伤或划伤了，也吓得不敢出声。可是等了五六分钟，却没见有什么动静。大家不免疑惑起来，就三三两两慢慢地回到了帐篷。胆大的人重新点上灯火，就去找马连长问："刚才的枪声，究竟是怎么回事?"马连长却坦然回答说："我不是已经通知大家，要试枪了吗？有什么值得大惊小怪的。"原来因为青海人不会读"sh"的音，把"试"或"水"都读成"fei"，大家因此就把"试枪啦"误听成"匪抢啦"，造成一场虚惊。

因为考察沿途经过很多少数民族的聚居区，比如藏族、回族的聚居区，交通不便，这些地方内地人很难有机会经过。我沿途除了勘测地质、关注各地的地形地貌外，还十分注意不同民族的生活习俗和分布、寺院组织，以及农业畜牧森林等概况。我那时天天记日记，把我的所见所闻都详细地记录下来了。

祁连山考察日记

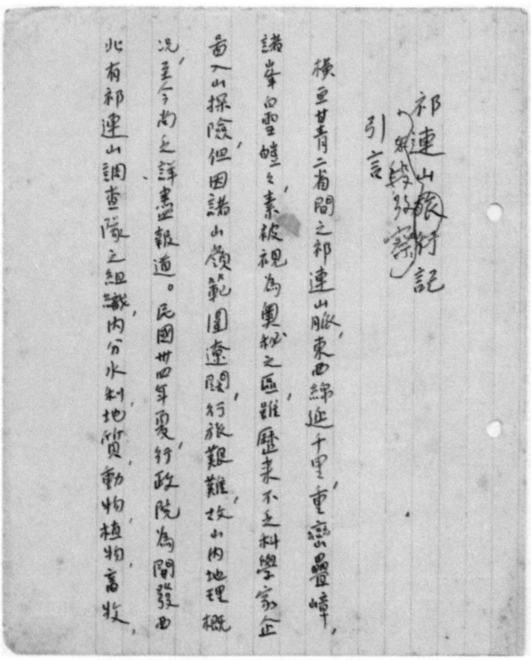
祁連山東段考察記

引言

橫亘甘青二省間之祁連山脈，東西綿延千里，重巒疊嶂，諸峯白雪皚皚，素被視為奧秘之區，雖歷來不乏科學家企圖入山探險，但因諸山嶺範圍遼闊，行旅艱難，故山內地理概況，至今尚乏詳盡報道。民國卅四年夏行政院為開發西北有祁連山調查隊之組織，內分水利，地質，動物，植物，畜牧，

《祁连山东段考察记》手稿

六月廿一日　晴　兰州至享堂

七时许全队于翠英门集合，计队长二人，地质组三人，水利测量各二人，动物植物森林畜牧及总务各一人，此外工役五人，共一行廿人。八时许搭专车出发，中午于河口休息，附近河阶地形清晰可数。午后即循湟水西行，渡大通河入青海境，晚宿民和县属之享堂镇，青省设关卡于此。享堂附近有变质岩类露出，形成峡谷，甘肃著名之窑街煤田，即在享堂以北约十五里。今日沿途所见平缓之甘肃系红层，但河口以上，白垩纪红层甚为发达，可见剧烈之褶皱。湟水河谷内麦浪千里，与两旁红层相辉映，至为壮丽。

六月廿二日　晴　享堂至西宁　清晨仍循湟水西行，河流蜿蜒于红色盆地内，偶遇变质岩露头，即成峡谷。十时许抵乐都县午餐，附近红层内产石膏甚丰。午后续行，惟黄土渐形稀少，午后三时许安抵西宁，宿昆仑旅社。城内以回民居多，又是一番新的景象。街道颇整洁，但无规模较大之店铺，无人力车。傍晚大雨，转凉，可穿皮大衣。

六月廿八日　晴　游塔尔寺　搭木轮马车二辆沿南川向西南行约五十里抵鲁尔莎，街上午餐后即登山游塔尔寺。该寺建于明洪武六年，为黄教始祖宗喀巴诞生地。梵宇僧舍，鳞次栉比，寺院之大，甲于青海，喇嘛达数千名，庙宇建筑宏伟，尤以大金瓦殿及小金瓦殿最负盛名，金瓦红墙，辉煌富丽，经堂可容五千人。藏民还不远千里前来朝拜，其拜佛五体投地，与佛教跪拜殊异。寺内每岁举行五次大会，尤以正月十五上元日观灯大会最热烈，游人商贾蜂屯蚁集，极一时之盛。寺前有白塔八座，为雍正年间年羹尧平番乱所杀八喇嘛之墓，藏人至今恨年氏入骨。年方八龄之班禅活佛现居寺内，状甚聪慧，系前岁在兰州发现，去年元宵节方行坐床大典，因受藏政局影响，至今不能入藏。晋谒时先赠“哈达”（一种绸巾）以示敬意，由通译传话，但通译系经大喇嘛间接转述，此小活佛实亦标准之傀儡尔。

六月廿九日　晴　鲁尔莎返西宁　鲁尔莎为一小市镇，因与塔尔寺接近，每逢节期，藏民云集，商业十分发达。市上商贾仍以回民及汉人为主，各种藏中名产，如藏香红花、藏桃、鹿茸、麝香以及藏民所膜拜之佛像经典等无不齐全。此外印度之布匹（咔叽布与哔叽）及英国纸烟等亦为主要货物。商人以银元交易，纸币虽流通，但藏民素不采用。西宁县政府现设于此，方在兴建新屋。此处较西宁高出五百公尺，天气甚寒。镇南拉基山高耸入云，积雪犹未消。遥望祁连山为庞然大物，白雪皑然。拉基山主要为绿色板岩片岩所组成，附近居民常采作建筑材料。十时许搭原车返城，购小番刀一把留作纪念。

七月一日　晴　西宁至后子河（四十五里）　清晨全队分乘大车五辆

出发，沿北大川北行，河谷宽坦，两旁则为红层低山，黄土渐少。河谷内渠道纵横，村舍四布，仍以回民为多，汉人次之。测量组开始作五万分之一地形图。

七月二日　晴　后子河至香山镇（四十里）　仍于河谷内沿公路北行，所见景物无多大差异。中午于新城休息，新城之北五里即抵香山，又称东峡口。附近老爷山有石灰岩露出，山上林木茂密，河滩中绿草如茵，有江南景色，为大通县之风景区。街上以回民为主，无猪肉铺。今日适逢集期，途中乡民络绎不绝，交易从食粮土布及杂货为大宗。回民似多诡诈，任意索价，给人印象不佳。

七月三日　晴　香山镇至大通县（四十里）　清晨出发，仍沿北大川向西北行，地质组先赴香山西北约七里之公平煤窑参观，煤系红层盖覆，露头不佳，时代难以确定。煤质属无烟煤，矿场有直井十，水井二。井深约卅丈，近新开一平窿，工程颇巨。该矿现由省政府经营，共分四厂，每日产煤约三十二万斤。西宁用煤，全依赖此，惟因产量少，供不应求。老爷山之石灰岩已开采烧石灰，设有公平石灰厂，同时煤系内产磁土，亦由省政府设香山磁厂经营，产量甚佳，优胜甘肃之安口窑。青海境内一切工矿业均属公营，统制甚严。大通途中，风景至佳，河谷内遍植树苗，惟人烟稀少，近年来青省提倡植树颇力，今已略具成绩。

七月四日　晴　大通　大通又称毛伯胜，回汉参半，县城甚小，商业似尚不及香山。所宿客店为“土人”所开，其妇女背垂二长辫，着旗袍，带满式帽。男子则已汉化，按土人系由土司管辖，传即本地土著。湟水流域散布颇广，惟土人来源不一，一部分为突厥族后裔，传系后唐李克用之后；一部分则为缠回或蒙古族所蜕变。本地土人其方言与蒙语相似，最初或为蒙人之一族。大通海拔二四五零公尺，庄稼以青稞为主，今年全省奇旱，又遭雹灾，农产受害惨重。城内有天主教堂，由德籍神父主持，在地方上颇有势力。当地无中学，仅有省立蒙藏简易师范一所，学生不多。每周除习汉文外，并授藏文二小时。

七月五日　雨　大通回香山　每日喝牛奶吃抓羊肉（大块的白煮羊肉），但牛奶不宜多喝，易致腹泻。原定分两队出发，一队回香山经广惠寺越中大坂至亹源，一队自大通向北翻上大坂山至亹源。后者仅九十里，但因地方不靖，全队仍回香山。

七月六日　晴　香山经广惠寺至柳水口（四十五里）　出香山峡口，顺河谷向东北行约三十五里抵衙门庄。沿途河谷宽坦，有庄稼，以青稞为主，兼种蚕豆豌豆。回民渐少，而汉人渐多，藏民亦散居其间，惟均趋汉化。藏民妇女喜着红色长衣长裤，衣上饰珠环银器，二辫置发套内，挽于胸前，其翻边牦帽饰金色花边，赤足，室内或穿绣花长靴，装束颇与土人相似，但后者喜着蓝色旗袍，辫长而垂于后。衙门庄以北约二里抵广惠寺，番民称过忙寺，有喇嘛三百人，建筑亦称壮丽，附近各县寺院均归其管辖。雍正年间该寺因与罗布藏丹津谋叛，为年羹尧所焚毁，喇嘛惨遭杀戮，至今仍怀恨不已。广惠寺海拔两千五百公尺，附近林木渐多，惟被破坏甚烈，有全山代平者。沿途河谷两旁均为红层低山，高出河面约二百公尺左右，衙门庄至柳水口间，红层均成粗砾岩，河谷成U字形，颇似冰川地形。柳水口有居民数十户，附近仍有耕地，且因河滩水草极佳，居民兼营畜牧。夜甚寒。

七月七日　晴　柳水口至大坂山麓　自柳水口以上即无村落，仅路经三角城时有二三人户，河谷内毛（牦）牛甚多，牧草丰盛。三角城从北，老岩层逐渐露出，组成大坂山麓之低山。遥望大坂山，五峰耸立，名五峰山。形如举掌，闻山肋有清泉，又具林壑之美，称湟中名胜。按大坂山脉为祁连山系中之一支，介于湟水与大通河之间，又称青石山、大寒山或元朔山。张其昀氏曾建议定名为湟水山脉。昔西人于酒泉从南曾划分为祁连山为五条平行之山脉，称李希霍芬山、托赖山、亚历山大山、修斯山及李德尔山，故广义之祁连山系实包括走廊从南与青海湖及柴达木盆地以北广大区域，狭义之祁连山仅指走廊以南之李希霍芬山而言，或称南山。自地面上看，大坂山脉似为亚历山大山之延续。傍晚全队扎营于大坂山麓之峡口，此为出发来第一次露宿。附近一片草原，牧童三五点缀其间，溪中流水潺潺，景色绝美。全队共支帐篷九，共宿卅六人，计队员十五人，测工五人，省府随员二人，厨伕二人，小工二人，卫兵一人，及脚伕等九人。夜间灯火荧荧，万籁俱寂，月色下望山景，又是一番无穷趣味。此处海拔已近两千九百公尺，气温仅十五摄氏度，夜间更寒，恐不足十度。

七月八日　雨　翻越大坂山至卡子沟　晨挂面锅块，收拾帐篷，继续出发。全队计四套（马）铁轮大车三辆，木轮车四辆，分别沿新筑公路登山。如山后即落雨，冒雨攀登，山险路滑，至午后始达中大坂垭口，或称雪大坂，海拔三千八百公尺。山间云雾弥漫，测量工作为之停顿。大坂山主要乃石英岩、板岩等组成，并有花岗岩侵入体，构造颇称复杂。北坡盘旋而下，又入红色地层，四时许至卡子沟，已是大通河畔矣。今日沿途未见住户，亦无番民。五时许大队到达，始悉铁轮车及木轮车各一辆于登最高峰时不慎倾覆，车全毁，队员二人受伤。

七月十日　转晴　卡子沟休息（海拔二五四六公尺）　村内共有数十户，均系回民。今日购白羊一头，不到卅斤，索价白洋五元。逆旅中读长江所著《中国的西北角》，当年长江亦取此道越祁连山至甘州。村外回顾大坂山，崖壁陡峻，削锋刃脊，显受冰蚀作用所形成，举凡冰斗U谷，尚清晰可辨。午后在附近河谷拟觅冰碛石，无所获。大通河谷为一宽坦之大草原，黄昏河畔闲步，正当夕阳西下，金光四射，蔚为奇景。河北之高山称大雪山或明山，四季积雪不消，今岁奇旱，天气亦较往年为热，峰顶尤盖残雪，昨夜雨后，积雪复增。

七月十一日　晴　卡子沟至亹源（四十里，海拔二六八零公尺）　清晨沿大通河西北行，约五里许至渡口，连日大雨，水流急湍，大木板船缘铁索渡至彼岸，费时甚久。渡口聚集百姓甚多，因传马主席送出征军队将经此，拟候主席来请求赐发赏金。沿途有村落，但甚稀疏，回汉参半，闻光绪年间回乱以后，回民集中河南，汉人集居河北，目前河北亦有回民。庄稼以青稞为主，兼种燕麦。盖地窝气寒，不宜于农，终年霜期甚长，仅旧历四月至七月无霜，其他粮食不能种。卡子沟从上河谷逐渐宽展，一望无际，为一广大之草原，往日乃番民之大牧场，现番民多被逐望八宝寺（祁连设治局）一带，牧地无人利用，至为可惜。（西北汉人通称藏人为番子，虽有轻侮之意，但历久已成习惯，藏人亦每自称为番子。）四时许抵亹源县城，城长里许，居户零落，景况甚凄凉。城北高山称冷龙岭，主峰在县城东北，白雪皑然。冷龙岭向东延展至先蜜峡（卡子沟以下约廿里）即与大坂山相会合，大通河亦进入峡谷。

七月十三日　阵雨　亹源　渡河至县城南煤窑沟看煤矿。大渡河连日暴涨，必须先涉水跨过二三小河，水深及膝，寒冷如冰，乘牛皮筏渡过主流，巨浪滚滚，惊险异常。下皮筏再骑马渡一支流始达彼岸。沿沟南偏东行约十余里抵煤矿废址，无露头可见，似属侏罗白垩纪煤系，现已无人开采。此小河谷亦颇宽坦，有三五住户，散布其间，皆系回民，耕种青稞菜籽。河谷两侧为平坦之缓坡，绿草如茵，居民兼营畜牧。沟口有照壁山，林木青翠，为本县风景区之一。归来渡河时，忽降冰雹，全身尽湿。北山则大雪纷飞，高峰均染白色。城内有回教中心学校一所，学生可数百余人，课程中有阿拉伯文。际此盛暑，而此间学童尚穿老羊皮听课，实为外人可置信也。晚间甚寒，就寝后盖棉被加皮大衣。

七月十三日　阴　亹源　全队拟分成三组，一组在县城附近调查；一组往大通河下游先蜜峡朱古寺一带调查；一组自永安营转老虎口越祁连山至皇城调查。后一组所采路线之主要目的，在详勘大通河之水位，以推测是否可能引大通河水入河西平原。盖大通河水量极大，但因上游高寒，下游复蜿蜒于峡谷之间内，无灌溉之利，如能设法导引入河西，获益非可数计。此一问题乃此次调查重大任务之一，西北人士莫不寄以极大希望。

七月十三日　晴，阵雨　亹源至孔家庄（四十里）　今日出发往朱古寺工作，同行队员三人，卫兵、厨役、技工及力伕等共一行十人，分骑骏马十四，沿大通河北岸东行，约四十里至孔家庄。沿途测路线图。冷龙岭与大坂山雄峙两侧，河谷旁则为红层低山。按大通河谷原为藏民牧区，近年政府奖励开垦，大半已成耕地。庄稼除青稞菜籽外，兼有小麦。晚宿王姓宅，汉人，出发来多投宿回民客店，但回汉间不无隔阂，此次宿于汉人住宅，宾客倍感亲切。

七月十八日　晴，阵雨　孔家庄至先蜜寺（四十里）　自孔家庄续向东行约十里许至先蜜峡，南山系变质岩开始出现。入峡后即无人户，再行约十里转入干沟，复沿卡龙沟翻卡龙垭壑入洮拉沟，先蜜寺即居洮赖河之西。该河向南约六里自先蜜口流入大通河，如沿沟北行，翻乏驴大坂，沿宁蝉河经西营儿约四五日可抵武威。自先蜜峡以下，凡诸山北坡俱为林木，以云杉为主，桦树次之，河谷内则多杨树，每日有木商前来向寺院采购，自大通河运往兰州，为数颇巨。先蜜寺规模巨大，原有喇嘛数百人，现仅留六七十人，盖清代对边疆行勒縻政策，喇嘛均可获得俸禄，民国以来，不但俸禄取消，有时对寺院尚课以捐税，故一般寺院均已日趋败落。

先蜜寺有佛爷四人，大佛爷阿钦佛，年已六十，曾出游陕甘川等地，颇为健谈。其住处在寺外一小花园内，亭阁楼台，布置幽丽，园中绿草似毡，百花芬芳，且正当芍药盛放，奇草异花，不胜枚举，恍若世外桃源。住宅中有汽灯、电铃及挂钟，布置亦为雅致。晚宿寺院中之客堂，甚为舒适。喇嘛取留声机以娱乐宾客，在荒山中有此享受，殊非意料可及。今日自先蜜峡以下，所行均为山地，高山深谷，渺无人烟。干沟北有煤矿，已发，所传克图沟煤矿即指此。附近均为绿色砂岩，或属西大沟系。

七月十九日　晴　先蜜寺　早起吃牛奶酥油及锅块，并喝酥油茶。寺院附近林壑幽深，溪水潺潺，风景绝佳。际此炎夏，而此间早晚尚生火取暖，诚避暑胜地。寺属亹源第三区，区长为本寺喇嘛。但第三区仅有一乡，乡长高姓，夏河回人，招待颇勤。山上林木均为寺院所有，此外并畜羊数千头，牦牛马匹甚多，寺产颇富。今日沿洮赖河南行约十一二里至先蜜口，重临大通河畔。此区崇山峻岭，但河流率作南北或南偏东向，自祁连山主脉流下，汇于大通河。但大通河仍成峡谷，蜿蜒于群山之中。先蜜河谷中仅见二三番户，人烟寥落，但河滩上旱獭甚多，肥硕有趣。此类旱獭在青海称为“哈拉”，其肉鲜美可食，含油尤丰，皮毛可制衣帽。“哈拉”多在草地或河滩营穴而居，食草，形状与兔略相似，清晨即出洞晒太阳，猎户以绳圈置于洞口，俟其回洞时即套捕之。

七月廿日　晴　先蜜寺至哈利窪（廿里）　清晨出发，向南行转入毛钦沟，翻越毛钦垭壑（海拔三千四百公尺），下山即抵达哈利窪沟。中午抵纳龙沟口梅姓宅，即在梅户休息。梅为汉人，业铁匠。按此区全为番民牧地，渺无人烟，不料在此荒山中竟尚有汉人居住，可见汉人无空不入。今日又加小工两名，引路一名，牲口两匹，全队包括汉回藏羌四族，浩浩荡荡，颇为热闹。哈利窪沟自纳龙沟口向南约十里许流入大通河峡谷，沿沟两山有番民散居，此处属三区三保，保长王姓，藏人，据称该保约百余户，五六百人，皆系藏民，内分五族，称哈尔代、百门贾克、宛剌谷斯、松阿及云库，该保为千户之弟，哈尔代人。番民服式颇似满装，已趋汉化，男女均带尖顶圆边帽（类似清代官吏所带），留长辫，内着衣裤，足蹬长靴。今岁羊群流行肺病，死亡甚多，殊为严重。本地以产马著，马匹精干，善于山路，称先蜜马。按甘肃卓尼所产南番马及河西之皇城马以强大著，永登之龙昌马以善走著。

七月廿一日　晴，傍晚大雨　哈利窪至楚麻沟（四十里）　自纳龙沟向东北行登奔伯干垭壑，海拔四千公尺，奔伯干山峰约在四千二百公尺以上，草木不生，为附近诸山之最高峰，自亹源县城即可遥遥望见。植物组在垭口山坡发现雪莲，为一种产于高山之珍贵药材。按先蜜峡以下，藏民分为先蜜及朱古两大族，两族即以此山为界。下山入楚麻沟，由此往古浪之龙沟铺约一日可达。楚麻沟以产金著，为青海主要金矿之一，沟宽二百公尺左右，形成两级台地，上级高出河面约十余公尺，低级约六七公尺，均产砂金甚丰，因前者常宽至四五十公尺，故以开采上级台地者为多。自万卓沟口至黑蚁沟口为主要矿区，共矿工卅余户，约二三百人，多半均回民，而以楚麻塬姜姓最大。现开采仍取土法，在高级台地者常筑渠引河水将粗大砾石冲去，然后取砂淘洗。低级台地则沿底板开平窿，亦有自台面开直井者。晚宿帐篷，大雨。

七月廿二日　晴　楚麻沟至朱古寺（四十里）　沿楚麻沟南行，一路均有采金者，约十里许转入爪卡沟，登爪卡垭壑，下山再行十余里，即抵朱古寺。此区均高山深谷，一般山峰皆海拔四千公尺左右，河谷亦在两千六七百公尺以上。河谷内可偶见藏民所筑土屋，为冬季避寒时所居，夏季则迁往高山。朱古寺以北林壑幽深，且以柏树为主，至可珍贵。朱古寺属广惠寺管辖（按先蜜寺系独立者），有喇嘛四十人，活佛三人，其中两喇嘛现任第三区副乡长。该寺原有喇嘛四百人，年来因青海差事过重，年需科金数百万元，喇嘛四散，多半迁往甘肃，如永登之天堂寺至今尚有喇嘛三百人。

七月廿三日　晴　朱古寺　自寺院沿朱古寺沟向南行约十一二里至大通河边，沿途林木丰蔚，除雪杉、桦树、柏树以外，复产油松。柏树多生南坡，雪杉多生北坡，桦树则南北坡俱有。油松每生长于坡度较陡，土壤甚薄处之岩裂缝内。附近均为南山系坚硬异常之石英岩，大通河仍蜿蜒于峡谷内，自此经天堂寺至连城方成宽谷，复于享堂峡流入湟水。沟口有一番户，在大通河湾折处之小平原上种庄稼，其住屋全部以木材砌成，此处海拔约二千六百公尺，除青稞外可种小麦，番民汉化已深，仅女子仍着番装，发细辫，且多半均通汉语。山上多熊，常吃人。

七月廿四日　晴　朱古寺　早晨向北行至鱼路沟看南山系中之石灰岩，惜石灰岩内未寻获化石。此石灰岩愈向东厚度愈大，似与永登西北之马牙山相连接（马牙山为石灰岩组成）。中午在一番户黑毛帐房内休息，帐内陈设简单，以柴草铺地成床，上覆毛毡并供有佛座，炉火均设帐内，其主要食物除青稞外为酥油牛奶及羊肉，故帐中腥臭触鼻。番民日食三餐，上午为酥油“炒面”，按“炒面”系以青稞磨成之细粉，炒熟后随时和水捏成圆团即可就食，番人称为“藏粑”。中午饮酥油茶或酸奶，晚面食。平时不论男女均爱吸鼻烟，亦喜饮酒。此区番民已渐趋汉化，婚姻常由家长做主，但一般说来，性的关系仍极自由，且重女轻男，形成女多男少之女权社会，家庭中一切均由妇女操作，男子生活则甚悠闲。惟男子娶妻必须相当之牛羊马匹作为聘礼，故贫者殊不易结婚，而富者一人数妻亦为常事。此外男子为赘婿者也甚普遍。实际上番女多半不愿结婚，而甘愿做“银独格嘛”，汉人称为“天头”，可任意与男子姘居，生活既自由，且可继承遗产，亦可养育子女。男子因需相当财富始能娶妻，故亦愿为鳏夫，藏语称“蜜西姜”，专与“天头”併合，但“天头”可随时予以摈弃。因此子女往往只知其母，不知其父。藏人仅有名而无姓氏亦系此故。藏民生活于山野之中，体皆健壮，皮肤黝黑，男子仍蓄辫，亦有留发者，但因性的关系较自由，梅毒流行，同时因生活不求改进，人口有日渐减少之趋势。

七月廿五日　晴　朱古寺　朱古寺除阿拉俟（活佛）外，有格协二人，格楞八九人，格协为讲解经典者，地位较高，格楞为识字能诵者，余皆称为格楚，即普通之僧侣。僧侣彼此以“阿卡”相称呼。格楞虽能诵经，但对经义亦不甚解，其中能诵经后复能书写者更寥寥。寺院管事称老爷，本寺有老爷三人，其三老爷即为本乡副乡长。喇嘛整日除诵经外，生活悠闲，对世事一无所知。前清满人提倡黄教，喇嘛每年可获口粮，生活尤为优越，现不但口粮取消，且寺院亦须摊交公款，故虽有寺产，日久亦趋败落。附近藏民均属朱古族，该族又分为五小族，称（1）留楚亚，（2）朱古也他，（3）恩加利本，（4）挖扎加多，（5）魏寿楚亚。现番户亦开始行保甲组织，朱古族共约五十户，属先蜜乡，有保长一人，此外每小族各设甲长一人。普通一番户须年纳公款五六万元。藏民对官吏仍怀畏惧，如寺中喇嘛对吾辈卑恭万状，厥状可悯，而心中实有恨意。

七月廿七日　午后大雨　朱古寺至楚麻沟　清晨循旧道再越爪卡垭壑至楚麻沟，入沟后即大雨，冒雨行至奔伯干沟口南，即于一番户帐房旁扎营住下。该番户有二子二女，二子均已娶媳，二女则在家为天头。爪卡垭壑旁之山尖设有一祭台，藏人称为“俄博”，凡番区较高山巅均有俄博，此一俄博为朱古寺附近最大者，每年四、七及十一月各祭一次，往祭者每人必须携松枝一支或数支置于祭台，由喇嘛祭祀。祭台系由碎石砌成，上插松枝，远处即可望见此松枝称为“龙享”。往年七月初六尚有赛马，现因山败马少，赛马已停。藏人死后行火葬，但贫者往往置尸体于山野，任禽兽啮食。

七月廿八日　晴　楚麻沟至先蜜寺　雨后初晴，格外凉爽。十时许再登奔伯干垭壑，遥望朱古寺以东诸山，均已积雪。下山后改自金大垭壑入哈利窪沟，复越拉龙垭壑返抵先蜜寺。

七月卅日　晴　经克图沟及孔家庄原道返回亹源县城。

我们在南京时的生活丰富多彩。南京学术界有个风气，经常在周末搞聚会活动。有时我们周末也会在家里搞个小型宴会。也很简单，打个电话饭店就用挑子把饭菜挑来了。所以中央大学的很多教授我都认识。我们在南京时，只要是北京来了老同学都要聚会。每次大概有十来个好友，一两周聚会一次。大家在一起说说学术上的问题、吃吃茶点、谈谈时局、交换消息。这些志同道合的学者为自己创造了一个健康的小天地。

第4章 南京时代

抗战胜利以后，开发大西北的热潮也算告一段落。1945 年，我们离开兰州又回到了重庆。当时地质调查所大部分人员都从野外回来了，主要从事室内编图工作。这项工作一直持续到 1946 年五六月间，后来因为地质调查所要搬回南京，这项工作就处于半停顿状态。那时候地质调查所里不少人是坐船沿江而下的，因为他们的东西很多，觉得坐船方便一些，但有的人运送的行李就不幸遇到了翻船事故，结果家当和辛辛苦苦收集的野外资料全都丢了。我那时候还是单身，到地质调查所的时间也不长，所以行李不算多。而且我想和复旦大学的几位朋友一同搭伴走，所以就取道宝鸡，坐火车回到了南京。

几个学术团体

进入地质学界以后，我参加过不少学术团体组织的活动，也成了一些学术团体的会员。新中国成立以前学术团体的作用挺大，那时候地质学界的人也不多，每年学术团体组织的会议，就成为这个领域同行们的一次盛大聚会。

中国地质学会

1942 年我在北碚期间正式成为中国地质学会的会员。实际上早在 1940 年我们成立联大地质学会时，学会成员就集体加入了中国地质学会，成了会友，当时称为预备会员。到了地质调查所以后，我算是正式进入了地质学研究领域，所以就以个人的名义加入了中国地质学会。1944 年国币贬值，我一次缴纳了 200 元会费，成为地质学会的永久会员，这样就不用每年去交会费了。作为会员，我们可以免费得到《会讯》一类的刊物，但是中国地质学会正式出版的《地质论评》和《中国地质学会会志》是需要交钱购买的。新中国成立以后就不再承认原来的永久会员了。

1944 年交纳永久会员费的收据

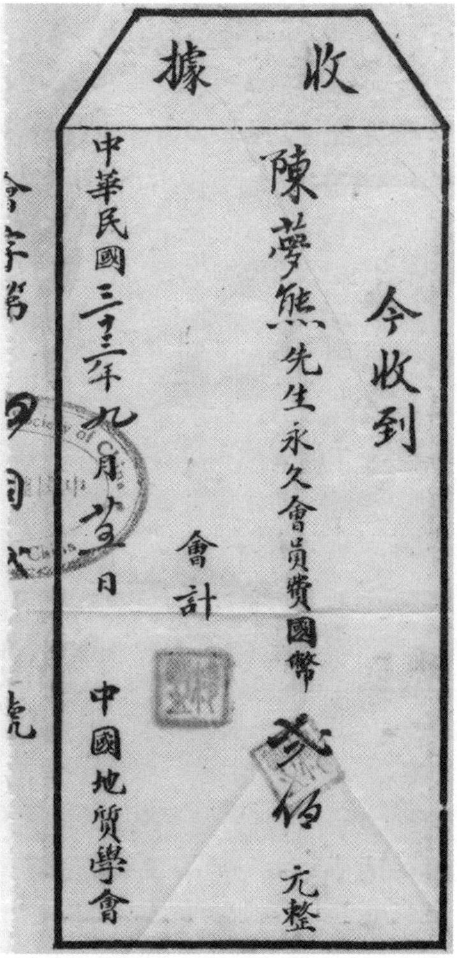
收據
今收到
陳夢熊先生永久會員費國幣叁佰元整
會計
中華民國三十三年九月廿五日
中國地質學會

中国地质学会是地质学界最大的学术团体，也是当时科学界较为活跃的一个学术组织，基本上每年都开年会。不但有学术交流、地质旅行，会议期间还有接二连三的宴会，可以大饱口福。

1943 年 3 月我刚从贵州野外考察回到北碚，就赶上地质学会在重庆大学举办年会。那已经是地质学会的第 19 届年会了，也是我第一次参加地质学会的年会。因为前一次召开年会的同时曾经举办过地质展览会，向社会开放，据说“观众达数万人，盛况空前”。所以第 19 次年会也举办了地质学展览会，展出了各地质机构收藏的地质标本和地质图，受到了社会的广泛欢迎。会议是在中央大学召开的。当时正是皖南事变后不久，国共矛盾日趋激烈，各大学学潮此起彼伏。中大校长顾孟馀被迫下台，蒋介石就亲自兼任校长。有一天散会后我们走过校园，正好迎面遇到蒋介石带着一批随从在校园内视察。为了避免麻烦，我们就转到另外一条路上去了。我那时刚刚工作，没有提交论文，但是参加了会后组织的去南川一带的地质旅行。

地质学会的第 20、21 届年会，因为我在兰州都没有参加。但我在第 21 届年会上提交了一篇论文①。第 22 届年会是 1946 年 10 月在南京召开的，那时候地质机构纷纷从重庆复员回到南京，大家也没机会去野外，多在做室内工作，所以参加会议的人就特别多。这也是新中国成立前地质学会历史上参会人数比较多的一次。我记得会议是由尹赞勋先生主持的，他在开幕式上致辞说：破坏已经过去，应立即开始建设。他还提出要在 10 年之内造就 2 000 名以上的地质人才。那时候全国的地质学家不过二三百人，这个目标在当时来看是相当高的，我们都觉得很难达到。但是新中国成立以后，我们国家地质人才增长的速度远远超过了尹先生的设想。

第 23 届年会是 1947 年 11 月在台北举行的。这次会议我印象最深刻。大陆地质学家大约有 40 多人参加了会议，地质调查所去了很多人。我们

---

① 陈梦熊．渭河上游之地质（中国地质学会第 21 次年会论文节要）．地质论评，1945，10（3～4）：147～180.

先在上海集合，然后乘中兴号海轮到达基隆，再坐汽车到台北，路上大概走了两天一夜。这次会议是在台湾大学地质学系举行的，我们住在北投美华阁宾馆。美华阁是一个日本式的旅馆，我们进出时女服务员都在走廊排列跪地迎送，这给我的印象比较深。北投以温泉著称，是台北郊区的一个旅游胜地。所有旅馆都能享受温泉浴。因为这次年会正值地质学会成立25周年，会议收到了100多篇论文。地方政府也非常重视这次会议，台湾省政府的人员亲自招待了我们。会议几乎天天有宴会，每次都有一大群招待在左右服侍，差不多每一个人后面都有一个女招待。

会议开了一个礼拜，台湾大学的马廷英代表大学参加了会议，他是会议上最活跃的一位。那时候还有一些日本地质学家留在台湾，但很多日本人都不敢出来，只有个别日本学者参加了会议。台湾省地质调查所也在北投，台湾所的毕庆昌、何春荪、徐铁良等人都是我在兰州分所的老同事。本来所里也让我到台湾接收这个机构的，但我因不愿离开在南京的姐姐、妹妹就没有去。我们这一次能在台湾相聚，大家都十分高兴。

会后我们还进行了环岛考察，参观访问了金瓜石等矿区，游览了日月潭。金瓜石金矿是台湾、也是亚洲最大的金矿。我跟南延宗在金矿合照了一张相，我手上拿着一块金砖。这个矿靠近台中，过去是日本人经营的，后来收归国有。我回来以后写过一篇《台湾的矿产资源》，这篇文章还在南京电台广播了。台湾给我的感觉就像公园，植物茂密，而且矿产资源十分丰富，有金、铜、煤炭、石油……全岛几乎全部是海相第三纪地层，这在大陆地区是看不到的。

新中国成立前地质学界会作诗的人不少，我们这一代中南延宗、朱夏、关士聪、徐铁良等人的诗就写得很好，比我们老一代的地质学家大多会写诗。记得许德佑在野外被土匪杀害以后，徐铁良随手就写了几副挽联，写得很好。我也写过一些，只是大多没有保存。地质学会开会的时候，大家一高兴就写一首诗。所以一年一度的地质学会也是大家聚会的日子，各种活动很多，吟诗就是其中一项重要的内容。这次在台湾开会更是这样，很多人都作诗了，其中南延宗写的一首诗，生动地描述了当时的盛况：

一阵蝗虫过海东，
吃罢台北又台中。
香蕉橘子菠萝蜜，
鱼翅海参蚧壳红。
日月潭边充驸马，
金瓜石上磨洋工。
思量最是迷人事，
奈审服侍处处同。

其中“日月潭边充驸马”是指台中日月潭南岩有一个村落，当时还是酋长制。酋长有两个女儿在那里陪游客照相，当然是要收一定费用的。因为这两个女儿称为大小公主，与她们合影的人就自称是“驸马”。“磨洋工”是说我们在参观金瓜石矿的时候，在考察研究那里的地质情况，流连忘返的情形。

从那以后的地质学会年会我都参加了。1949—1950 年的两次年会因为人员众多，分成了北京、南京、广州、杭州等多个会区。1951 年是地质学会成立 30 周年，这次年会地质学会进行改组，我被选为助理书记。那时还沿用过去的习惯，称为会长、书记，以后就改称理事长和秘书长了。

1952 年因为国内地质学家调动频繁，工作紧张，所以这一年没开年会。这在地质学会的历史上还是很少见的。1953 年在北京召开的第 28 届地质学会年会盛况空前，有200多人参加会议，会议只好分两处举行。我在这一次会上才免去了助理书记一职。

其他学术团体

1945年在兰州的时候，我成了中国矿冶工程学会的会员，并参加了当年在兰州举办的年会。会上我们西北分所的几个同事联合提交并宣读了一篇论文：《西北的矿产资源及其开发前景》。但后来我没再参加这个学会的活动。

中国矿冶工程学会

中国矿冶工程学会于1927年在北京西城兵马司胡同九号地质调查所图书馆成立。该学会聚集了大批中国矿业法研究、矿山地质勘探、采矿冶金界的学者和矿政官员。学会不但为有关领域的学者开辟了学术园地，而且上至参与政府矿政法规的制订，下到矿山建设、地质调查和工程技术引进的信息传播都有所涉及。1945年矿冶工程学会迁到兰州，1945年以后，矿冶工程学会的工作逐步陷于停顿。直到1951年才在台湾复会。

因为地质学和地理学关系密切，两个领域的人交流很多。1934年，由翁文灏、丁文江、李四光、竺可桢等人在南京发起成立了中国地理学会。新中国成立以后，这个学会与张相文于1909年在天津成立的中国地学会合并了，称为中国地理学会。1947年我在南京也加入中国地理学会，成为会员。但是我只参加过一两次年会或学术讨论会。新中国成立以后地质学界和地理学界规模不断扩大，分支学科越来越多，我们与地理学界的交流就逐渐减少了。

中国科学工作者协会是新中国成立前的一个进步科学团体。1947—1948年我曾经参与组织过南京分会的活动，并成为会员。新中国成立初期我曾经参加过科协的活动，并和中央研究院地质研究所的吴磊伯一起担任了科协主办的《新华日报》副刊《科学与建设》的编辑工作。这是一个科普性的专栏，我们办了两三年。我在上面发表了一些科普宣传性的小文章，这些文章的题目大多我已记不得了，只记着其中有一篇题目是《论打井》。

中国科学工作者协会

中国科学工作者协会（简称“中国科协”），于1945年7月1日在重庆正式成立。1946年迁到南京，在各地建立分会。中国科协是以英国进步科学家贝尔纳等人组织的英国科学工作者协会为模式。协会声明不是“学会”那样单纯的学术团体，要求会员积极参加社会进步活动，促进科学技术的正确发展，并以集体的力量保障科学工作者自己的利益。中国科协成立以后，和英、法、美、加拿大等国科协共同发起成立世界科协，选举法国著名原子能科学家、法国共产党员约里奥－居里为会长，英国贝尔纳为秘书长，涂长望当选为远东区理事。1950年8月，在北京召开的“中华全国科学工作者代表会议”上成立了“中华自然科学专门学会联合会”（简称“科联”）和“中华全国科学技术普及协会”（简称“科普”），中国科协随即宣告解散。

1948年，我曾经参加过科协筹组南京分会的活动。有一次会议是在地质调查所召开的，由涂长望先生主持，到会的有很多地质学界的学者，像尹赞勋、吴磊伯、顾知微等，以及其他单位的人员。当时大概是为了讨论分会的章程问题。新中国成立初期，科协的活动全面开展，我还是南京分会地质组的负责人之一呢。

地质调查所的元老

中国地质学界的几位元老多出自地质调查所，像章鸿钊、丁文江、翁文灏、黄汲清、杨钟健、尹赞勋、李春昱……听说李四光先生也曾经在地质调查所工作过。这些老先生中，除了丁文江先生 1936 年在野外考察时不幸去世，我没有见过以外，其他先生我都或多或少地接触过。

章鸿钊先生是地质调查所的开创者之一。地质调查所搬回到南京以后，我和章先生的办公室只有一门只隔，而且是通着的。他自己一屋，我和曾鼎乾在一个办公室。那时候他已经快 70 岁了，又是所中的元老，但他很谦虚，为人也十分客气，是典型的中国老夫子的风度。他不太善于交际，只是喜欢长时间在办公室里看一些古书，给我们的感觉就是他总是研究古代的东西。他是地质调查所真正的元老，但所里面开会，他一般是不参加的。

我去地质调查所的时候，翁文灏先生已经担任行政院院长了。他有时候也会到地质调查所来看看，但我多半是地质学会开年会时才见到他。翁先生在地质调查所的威信很高，他离开所里担任高官以后，也总是想方设法帮助这个所的发展，可以说地质调查所是他的大本营。我们这些从地质调查所出来的人，后来都被认为是翁派，也有人说是“公羽”（就是“翁”字）牌儿的。我最后一次见到他是新中国成立前夕在南京的时候，那次恐怕也是他最后一次到地质调查所里来。我的办公室在二楼，有一天我看见一辆汽车开进院子里来了。所里平常很少有汽车进来，我想肯定有大人物来了。果然汽车门一开，出来一个矮个子，就是翁文灏。他到地质调查所来看章鸿钊先生，是来辞行的。当时他已经是共产党通缉的战犯了，无法留在大陆。我在隔壁听见他和章鸿钊先生聊天，他谈话很随便的。我听见他跟章先生说，国民党不行了，他要走了。

周赞衡先生是第一批入所的地质学家。那时候国内地质学界人员流动比较大，但周先生却一直留在所里工作。他本来是学古生物的，但后来地质调查所所长变动频繁，所里很多事务性的工作就都由他负责了，后来他当了副所长。他就像地质调查所的大管家：财务经费、出版印刷等方方面面的工作都由他负责。他尤其在地质图和报告的出版方面管得多。黄汲清先生出国以后，地图的出版印刷工作就全部交给我了。我那时报销都要找周先生签字。他工作非常忙。周先生家在上海，而我们编的地质图也要在上海的中联印刷公司印刷。所以我在上海跑印刷公司的时候，如果他也在上海，我就会直接到他家里向他请示。

南京解放的时候，我正在上海处理印刷的工作。所里就有人造我的谣言，说我跑到台湾去了。其实我要想去台湾早在1946年就走了，那时候为了不去台湾，我还和所长李春昱闹了点别扭。我们还在重庆的时候李所长就提出，台湾光复了，需要人去接收那里的地质调查所。他和我谈，可我不愿意去。后来到了南京，李所长又跟我说让我去台湾的事情。那时我姐姐、妹妹都在南京，我姐姐一家还需要人照顾，我就更不愿意去了。他就说我不听从分配。

李所长是地质调查所的最后一任所长，他组织能力很强，也很得翁文灏的赏识。他手下也聚集了一大批人，我们称为“河南帮”。那时候李春昱、李善邦、高振西是地质调查所中的国民党特别党员，地质人员里也有一帮人拥护他。地质调查所里一个共产党员都没有，只有关士聪思想比较进步，经常看一些解放区那边的材料，还订过一份《新华日报》。

新中国成立以后很长一段时间，地质调查所的归属问题是模糊的，没有明确归哪个部门。有一度中国科学院曾经打算接管。那时候李所长是反对地质机构重新改组、搞联合的，而我们年轻人对李所长的专制统治不太满意，就积极支持大联合。我那时属于少壮派，就和翁礼巽等人联合多数年轻学者写信，倡议中国地质学界的大统一。

跟随黄汲清编图

地质调查所的元老里，对我影响最大的还是黄汲清先生。我到地质调查所以后就被分在了区域地质室，黄先生是那个室的主任。但是我真正跟随他工作，是1945年从兰州回到重庆的时候开始的。那时候因为忙着抗战胜利后的复员搬迁工作，地质调查所的野外工作基本停

1947年在南京办公室

顿了，大家都回到所内，开始整理这些年收集的野外资料。地质调查所的工作重点，就是在过去区域地质调查的基础上编制地质图。

编制地质图的计划最初开始于抗战之前的 1936 年。那时候地质调查所就制定了在全国开展区域地质普查和绘制地质图的计划，但是很快因为抗日战争的爆发和缺少足够人员的支持，这个计划没能执行。我到地质调查所工作的时候，这项计划才在局部地方展开，这也是我们在兰州的任务之一。直到 1945 年，在黄汲清先生的领导下，地质调查所抽调一部分学者长期参加编图，这项工作才有了新的进展。参加工作的人员早期有朱夏、王超翔、秦鼐，我从兰州回到重庆以后，也参加了。经过几年的努力，到 1948 年夏天终于完成了一套 17 幅一百万分之一的地质图稿和一幅三百万分之一的中国地质图①。

我最初是负责西北部分中国地质图的编制工作，从此开始跟随黄先生工作。他非常重视对年轻人野外地质调查基本功的训练。测绘地质剖面时，从选择剖面、测量厚度和走向、描述岩性、采集标本到画素描图，逐一讲解，还要检查年轻人的工作记录本。黄先生对工作要求非常严格，对地层划分和地层界线更是十分认真。黄先生有时发现重大错误，就毫不留情地在图面上画一个大叉，严厉地说一声“重画”，有时让人面红耳赤，下不来台。所以每当他来检查工作的时候，我们都不免提心吊胆，十分紧张。

绘制地质图时困难重重。首先资料基础十分薄弱。那时候我们国家连一百万分之一的地形底图都没有。局部地形图的资料也非常缺乏，而且图上错误也比较多，有些地形图连方位都是错的。就以我参加绘制的天水幅地图为例，这个地区只有五分之二的地方有详测的地形图。所以除了利用

---

① 黄汲清．一百万分之一中国地质图出版了．科学通报，1951（5），482～486.

我们在野外考察时实测的路线图以外，当时绘图主要依靠经纬度投影网和天文点的资料。因为抗战期间美国驻华盟军在我国测了许多天文点，这些资料对我们的编图工作是很有用处的。

另外一个问题是我们利用的野外绘制的地质图，是所中同人分头测绘的。不同的人制图方法不同，详略差异也很大，所以在室内拼接的时候就大感困难。还有，当时我国地质学界对地层的划分、不同构造之间的关系、变质岩的研究等都是刚刚起步，还缺乏深入细致的研究。比如多数地区都缺乏详细的地层划分，而且变质岩系的岩性很类似，当时又缺乏化石，所以野外工作难免会发生错误。这也为我们最后划分界线带来了困难。

我们把不同作者的野外绘图拼接在一起的时候，甚至会出现同一走向的岩层在两个不同的考察路线图上绘制截然相反的情况。是他们野外工作时观察的错误，还是岩层走向真的在那里发生了改变？这些问题让我们在室内很难判断。可以说我们每天都会遇到一些新问题。针对这些问题，我们采取了一些措施。对于那些资料缺乏，又没有经过我们实测，或者还存在异议的地区，我们就留下空白，或者用虚线绘制。通过这样的方法，可以保证我们绘制地质图的真实性。

编制地质图的过程中会有一些新的发现，也利于我更好地梳理资料，考虑一些理论问题。比如在此期间我就写过一些文章，其中有一篇发表在《大公报》上①。因为在那之前，南京的《中央日报》先后发表了几篇关于黄河是否流经四川问题的消息，引起了争论。黄河是否流经四川不仅仅是地理上的一个问题，而且涉及各省疆界的划分问题，所以引起了社会各界的广泛关注。我国的省界划分既不是简单地依据经纬度做绝对人为的划

① 陈梦熊．从黄河是否经川谈到疆界问题．上海大公报，1947－7－29.

分，也不完全按照自然区域划分，而是考虑到了历史上的民族、文化等传统关系，所以比较复杂。而这个地区的蒙藏民族一直过着传统的游牧生活，时常迁移，他们也不与地方政府来往，从来没有省界的概念。我因为正在参加编制全国地质图的工作，正好收集到这个地区的地形图件，于是就这个问题写了一篇文章。我还借此机会强调了绘制地图的重要性，批评政府不重视这项工作。

1949年由于解放战争节节胜利，货币一日数跌，正是国民党政府面临崩溃前夕，地质调查所内的工作也陷于停顿了。当时中国地质图编图工作基本结束，在上海中联印刷厂制版付印，由我负责监印和校核工作，所以那段时间我经常出差去上海。1949年4月解放军渡过长江，不久南京解放了。南京解放时我正在上海，没有参加护所运动。上海于5月间解放，大约6月初沪宁线的交通就恢复了，我才重新回到了南京。

三峡工程

1946年，所里安排我跟随侯德封先生参加长江三峡的坝址勘察工作。10月考察队出发了。侯先生为队长，刘东生、姜达权[①]和我是考察队的成员，我们在三峡考察了三个月。

我们四人从南京出发，乘轮船沿江而上。一路上轮船开开停停，我们在汉口还换了一次轮船，所以用了12天才到达宜昌。我在“江新”号轮船上写了一首诗：

---

① 姜达权（1918—1987），工程地质学家，江西鄱阳县人，1943年从中央大学地质系毕业，1946年任中央地质询查所技士。参见：《姜达权（1918—1987）》，《中国地质》，1991年第6期。

马当难锁燎原火，
大别山麓流民多；
十载离徒烟云梦，
依轮凭吊万顷波。

这首诗是我在船上有感而发，那时候是战乱岁月，每次看到祖国的大好河山我就不免生出几分惆怅，几分茫然。我在三峡写过好几首诗，这些诗侯先生还帮助我修改过，可惜多数已经找不到了。

因为三峡地区风景优美、地质构造复杂，地质学家都愿意到那里去考察。20 世纪 20 年代，李四光、赵亚曾等人就曾经进入三峡进行地质考察。他们在三峡地区经过详细调查，建立了峡区的地层层序，现在仍然被采用作为峡区地层划分的依据。但是我们的考察并不是只为学术兴趣而去的，我们的任务是去宜昌为三峡大坝建设做初步的坝线地质调查。

我们的考察工作，是美国水利坝工专家萨凡奇提出的 YVA 计划的一部分，YVA 是“Yangtze Valley Administration”的简写。萨凡奇毕业于威斯康星大学工程系，毕业后一直在美国内务部垦务局工作，在世界各地设计过 60 多座水坝。抗战胜利前，他应资源委员会主任翁文灏的邀请，到三峡考察。考察后他写了《扬子江三峡计划初步报告》。报告提出要在三峡地区建立相对高度为 200 米或 150 米的拦江高坝，主要用于发电，同时具有蓄洪、航运等功能。

国民党政府采纳了他的意见，决定进行为大坝设计所需要的前期准备工作。为此，1944 年国民党政府资源委员会成立了由委员会副主任钱昌照牵头的“三峡水利发电计划研究委员会”，为抗战胜利后建设三峡工程做准备。这是一个相当庞大的计划，包括三峡地区的航运、灌溉、库区淹没、人口迁移、肥料制造、库区测量等问题。全国水力发电工程总处于

1945年7月在四川长寿县正式成立，负责全国水力资源开发的规划、设计与施工。总处下面先后成立了2个工程处、4个勘测处、5个勘测队。三峡勘测队于同年成立，第二年扩编为勘测处。

萨凡奇在1944年和1946年曾经两次来中国，亲自考察三峡地区的水坝建设问题。听说他在三峡考察时，竟然找不到宜昌辖区的详细地形图，最后是从日本俘虏那里得到了一张军用地图作为参考。

我们最初就住在“扬子江三峡水电勘测处”的宿舍。那时在勘测处的水利专家有主任张昌龄、总工程师黄育贤和副总工程师张光斗。他们非常支持我们，因为水利工程选择坝址主要依据地形地貌，考虑地质构造基础。可以说我们的勘测是头一关，我们的任务就是对萨凡奇选择的坝址进行地质论证。工程地质学在当时还是一门新学科。20世纪40年代，加拿大人撰写的一本《工程地质学》在国际上十分有名，这本书成为我们在三峡野外考察时经常使用的参考手册。

到宜昌的第二天我们就去野外了。为了工作方便，我们很快搬到了南津关口一处用木板钉成的小平房里。那时天气已经渐渐冷了，晚上小平房相当寒冷。白天我们或是攀登悬崖，或是乘木船沿江勘察，或是钻到溶洞中测量。夜晚，我们就守在昏暗的油灯下整理笔记和岩样，分析在野外绘制的地质图和地质剖面图，对地层进行了详细的划分。我们对萨凡奇提出的每一处岩样都进行了认真的地质测绘。

尽管三峡景色优美，但在那里从事野外工作十分艰苦。我那时也写过一首诗反映野外工作的辛苦：

巨砾成悬崖，大江“石门”封，三峡万重险，惟吾首其冲。

三峡风光好，峭壁山峰高，急流浪涛凶，白帆点点飘。

西陵峡中险，削壁一线天，焉知悬崖上，袅袅起炊烟。

山上有草木，刺人入肌肤，其名曰“王八”，布阵心何苦。

“王八”是一种草针，扎进皮肉非常疼痛。其实，“王八”的威胁只是有惊无险，攀登悬崖才是艰险异常。河谷分成好几级阶地。我们从一级阶地登上上一级阶地大约有 80 ~ 100 米的高度，坡很陡。那里是石灰岩地区，石灰岩质的陡坡十分光滑，为了增加摩擦力，我们就常常脱掉鞋子挂在脖子上，手脚并用，像壁虎一样爬上爬下。有一次我们正在陡崖上攀爬，一阵江风把侯德封先生戴的帽子吹到江里了。侯先生那时已经 50 来岁了，脑袋已经秃得有些发亮，搞得十分狼狈。我们有时候还要钻到岩洞里面，成千上万的蝙蝠要以“粪弹”发起攻击，让我们非常狼狈。我从三峡回南京的路上，照相时还把牙摔掉了。

尽管含辛茹苦，野外工作也给我们带来很多的乐趣。有一次我们钻到岩洞里，一时兴起，就把各自的名字用地质锤敲刻在岩洞石壁上了。这些名字保留了很长时间，后来那个岩洞中刻着姜达权名字的地方，还被命名为“达权坡”。

我们在野外工作了两个多月。当时考察主要侧重两个方面：一是水库的淹没损失，为此我们调查了被淹没地区的矿产资源；二是水库坝基问题，为此我们调查了地层、构造、岩石、地震等问题。通过 1946 年冬季的地质勘测，我们提出了三峡坝段地区的岩溶问题。萨凡奇选择工程的坝址，主要依据地形地貌，考虑怎样利用水力。他只注意到了岩溶地区坚硬的石灰岩利于坝基的稳定，但却忽略了那里严重的渗漏问题。而我们在考察中更重视地质结构，考虑坝址的基础是否牢固。通过这次考察，我们指出了岩溶地区的核心是渗漏问题。新中国成立以后三峡工程勘测的重点之一，就放在了研究岩溶问题方面。

1947 年美国地质人员与勘探人员大批到达中国，所内派我再次参加考察队，陪同美国工程师前往三峡。那时候我正负责编制地质图，而且毕业以后长期在野外跑，有些疲倦了，所以没同意参加。内战爆发以后，国家的经济情况日趋恶化。1947 年 4 月，国民政府批准暂停三峡工程国内外的一切工作。

雷诺事件

从抗战胜利到新中国成立，中国地质学界有几件大事。这几件大事差不多当时的报纸上都有报道：第一件是编绘地质图；第二件是三峡工程；第三件是在台北召开的中国地质学会的年会，这件事报纸上宣传得不多，但是地质学界的刊物上都有报道；第四件是雷诺事件。前三件事情我已经谈过了，我想再专门谈谈雷诺事件，以及这件事和我国地质学界的关系。

这件事还得从原子弹说起。1945 年 8 月，美国人在日本投下了两枚威力巨大的原子弹，加速了日本人的投降进程。抗战胜利以后，社会上就经常谈论原子弹和原子等问题。当时大多数人没有原子结构和核能的知识，所以原子弹就显得很神秘。商人总是最敏感的，他们很快就发现了其中的商机，一时间许多商品纷纷戴上了“原子”的帽子，仿佛这样就意味着最新潮、最先进。

1945 年前后，圆珠笔开始投入市场。此时，一位叫雷诺的美国人买了生产圆珠笔的专利，并且靠着生产圆珠笔而成为百万富翁。雷诺原来是个在南美洲做生意的商人，后来到了美国。那时候大家经常谈论原子弹，这个商人就动脑筋了，决定把圆珠笔的名字改为原子笔。这个名字听起来很新鲜，雷诺也很会投机，他花本钱跟美国空军勾结，给美国空军中的每个人送了一支原子笔，慢慢地军队里就开始买他的原子笔了，然后他又逐渐把原子笔推向市场。但因为原子笔很贵，在美国买得起的人不多，于是他决定到中国试试运气。

雷诺带着原子笔首先到了上海。中国人多，也有不少有钱人。他也肯下功夫做宣传，我记得那时候报纸上甚至还刊登过一幅“第一夫人”宋美龄手持原子笔的宣传照片。那时候社会上的传说就很多了，说这种笔是用“原子材料”制成的，可以永远用不完。其实原子笔用久了还是需要更换笔芯，并没有什么可以永远用不完的“原子材料”。那时原子笔只在高档商店才能见到，价格也很贵，一支原子笔的价格大概相当于现在几百元，甚至上千元吧。后来价格稍微便宜了一些，但一般市民还是买不起。我们家是买不起，好像我们也没对这种笔产生过兴趣。

雷诺在上海大赚了一笔。看到销路还不错，就回到美国又带来大量产品。他第二次来中国的时候名气就大了，有的报纸还在头版刊登他下飞机的照片。他看上去身材很高大，有点胖，也有些秃顶，还戴了一副黑色宽边的大眼镜。有的报纸还给他加上了“原子大王”的头衔。

看到原子笔在中国流行，雷诺突然对中国产生了兴趣，于是就想来中国“探险”。他看了一些资料，对青海、甘肃交接的地方感兴趣。19 世纪末期，奥地利地质学家洛采（Ludwig von Loczy）、俄国人奥勃洛契夫（V. A. Obrutchev）、德国人福特来（K. Futterer）等人先后到那里考察。我国地质学家袁复礼、谢家荣、侯德封、孙健初、王曰伦等人也到这个地区考察过。不过当时这一带的地质、地理资料还是很少，更缺乏精确的地形图。

西方人关于这个地区山系分布、山脉的命名也很混乱。外国人大多用西方各国著名地理学家的名字确定山名，像亚历山大山、李希霍芬山、洪堡山、李特尔山等。在青海省东南部有一座山，外国人叫阿尼玛卿山，也就是我们常说的积石山。有的外国人说这座山比珠穆朗玛峰还要高，说那是世界第一高峰。雷诺觉得这是很好的宣传广告。于是他提出愿意单独出资协助组织探险队去发现和勘测这座高峰。器材设备、人员开支全由他负担。只有一个条件：这座“世界第一”的高峰要命名为“雷诺峰”，并在峰顶树立一座原子笔的纪念模型。

雷诺的倡议引起了中国社会的轰动。因为那个时候开发西北的热情很高，也出版了大量与西北有关的游记、开发报告等著作。记得有位中国的摄影师叫庄施恭，他到过阿尼玛卿山摄影。后来还在南京搞了一个摄影展览，影响比较大。他还专门邀请我和黄汲清先生去参观过。

国民党政府也当即表示同意。大概在 1948 年初，雷诺带了几位美国科学家来到中国。经过和有关方面磋商后，决定将原定的“积石山探险队”改名为“中美积石山探险队”，由中美双方科学家共同组建。报纸宣传他要到西北考察，主要是地质考察。这件事国民党政府责成中央研究院具体办理。

我当时正在参与编制三百万分之一地质图，青海地区的资料最为缺乏。地质调查所掌握的这个地区的图很多，在世界上恐怕也是少有的。我就参照这些资料进行分析，看来看去也看不出这个地区会有 7 000 米以上的高峰，所以我的结论就是这里不会有高于珠穆朗玛峰的山峰。我们在南京开会时，我就提出来这种可能性很小。这座山现在叫阿尼玛卿山，新中国成立后实测主峰高度 6 282 米，还不如四川贡嘎山高呢。但是即使这里没有世界最高峰，到这个地区探险考察的学术价值还是很大的。

美国方面拟定了一个考察计划，这个计划也交到了中央研究院。因为以前我国曾经有过和外国人合作组织考察队的先例，比如与斯文赫定组建的中瑞西北科学考察团，与法国雪铁龙汽车队组建的中法科学考察团，以及后来与美国中亚远征队联合组建的中美科学考察团等。其中有些合作中就存在着采集品所有权的分歧问题，所以中国人对雷诺的这次活动就特别关注，要不要与雷诺合作就成为焦点。

中央研究院为此开过很多次会，包括地质、地理、气象、考古、历史等各方面的专家都有人参加。地质调查所参加开会的有黄汲清、李春昱、裴文中、程裕淇、杨钟健等人，其他的我知道陈宗器、郝景盛、李承三、曹四英、张印堂等人也参加过会议。这些会议我没有参加，但因为所里让我负责收集整理青海地区的资料，所以这些记录我都看过。

中央研究院召集专家开会，重点讨论是否接待、是否参加。大家一致认为，首先应该了解他们考察队都有哪些人参加，是真考察还是假考察，因为我们有以前的经验教训。后来我们提出要美国方面把考察队员的名单、职务提交给我们。从他们发给我们的名单来看，他们的考察团团长叫华锡朋博士，这个人连我都知道是美国有名的地质学专家，是美国国家自然博物馆馆长。[①] 所以中国方面认为此举将是对我国西北地域一次重大的科技开发，也就表示热情支持，并愿意在各自的领域作必要的贡献。

中国方面拟定选派几位学者，其中有地质调查所的程裕淇、地理研究所的李承三、中央大学地质系的张更。这些学者都是具有丰富野外工作经验和很高研究水平的学者。原来计划是在 1947 年底，由美国方面派出一架专用飞机，运送有关设备和人员到中国，与中国学者会合后去兰州探险。但是这个计划从一开始就不顺利。直到 1948 年初，雷诺和美国科学家才从美国驾“探险号”飞机飞到上海。可一到上海雷诺就说这架飞机出

① Henry Fairfield Osborn（1875—1935），又译为奥斯本，美国古生物学家。1910 年开始任美国古脊椎动物博物馆名誉馆长。1900—1924 年以古脊椎动物学家和高级地质学家身份任职于美国地质调查所。1926 年当选为英国皇家学会会员，1927 年当选为法国外籍科学院院士。1918 年获达尔文奖章。他的主要贡献是对古脊椎动物的研究，特别是根据进化论的观点，对动物臼齿进行研究。

了毛病，需要回美国去修。所以雷诺把带来的原子笔卸下以后就飞回美国去了。可一回到美国雷诺却又说飞机根本没出毛病，是在上海时加错了油。于是又装上一批原子笔重新飞回上海。这样他就多运来一批货物。

但是后来总是说飞机出了这样或那样的问题，大概他们到兰州飞过一次。那时他们就听说了，这个山的高度超过珠穆朗玛峰的希望很小。一听到这个消息，雷诺这个商人就说飞机坏了。结果雷诺就带着华锡朋等人飞回上海，直到 4 月 1 日，天津《大公报》转引路透社消息说，雷诺宣布："因飞机坏了须长期修理，科学家不便久候，不能不放弃考察积石山的计划。"

雷诺把参加探险队的美国人和中国人都扔在上海，连旅馆费都没人出了。听说华锡朋最后身上就剩下 3 美元了。所以这个事情美国人也很丢脸，探险也以失败告终。因为当时正是解放战争时期，是个混乱的时代，这件事也就很快被中国人淡忘了。否则是要打官司的，因为中国政府是与雷诺签过协议的。好像只有《大公报》曾刊登过两篇文章，进行了揭露和抗议。

结婚

我们搞地质工作的人结婚都晚。地质调查所里与我年龄差不多的李星学、关士聪等人，都是很晚才结婚。我们离开学校以后，一年中大部分时间都在野外跑。每年春天出去，一直到秋天才回来。我从 1942 年参加工作以后，接连五六年的时间大部分都在野外，对野外工作开始有点厌倦。所以从 1947 年到 1949 年的两三年时间里，我没有再参加野外工作，大部分时间都用在编图方面。我利用这段生活上比较安定的时间，写了好几篇有关西北地质问题的论文，先后发表在《地质论评》、《中国地质学会会志》等刊物上。另一方面，由于大部分同学都已经结婚了，我也想着利用这段时间解决婚姻问题。

1947 年，经我的中学同学蔡壬侯介绍，我认识了沙频之，并于 1948 年 9 月结婚。所以在这一两年内，我的业余时间有很大一部分消耗在恋爱问题上了。我结婚的时候已经 30 多岁，那个时候就算是很晚了。

我在北碚的时候就比较喜欢交往，经常参加联大校友会、中大实验学校校友会的活动。那时候有两个女同学和我的关系都不错，一位姓邵，是邵力子的女儿；一位姓王，是北碚幼儿园的老师。她们都是我小学的同学，我们经常交往。但是抗战胜利以后我就回南京了，我到南京以后就和她们分开了，我们的关系也没有再进一步发展。

我在南京的时候认识了沙频之。那时她刚刚从中央大学物理系毕业。频之学习成绩优异，她们物理系同班同学刚开始有十多个人，后来很多人陆续离开了学校。这个班坚持读完四年毕业的只有频之、赵文桐和冯端①。她的两位同学都很优秀，冯端后来成为著名物理学家，并当了院士。赵文桐一直在新乡师范大学任教。频之要不是因为后来受到各种政治运动的冲击，压力太大导致精神失常，最后含冤死去，我想她也会成为一位优秀的物理学家。

频之小我 5 岁。1942 年她从重庆沙坪坝的南开中学毕业以后，考入了

① 冯端（1923—），原籍绍兴，生于苏州。1946 年 7 月毕业于中央大学理学院物理系，获学士学位并留校任教。1949 年该校更名为南京大学后，历任物理系副教授、教授及固体物理研究所所长，系博士生导师。其间，1984—1988 年任南京大学研究生院院长，1985 年起任固体微结构物理国家重点实验室主任兼学术委员会主任。1980 年当选为中国科学院学部委员，1993 年当选为第三世界科学院院士。

也在沙坪坝的国立中央大学理学院物理系。虽然当时学生都享受公费待遇，学杂费和伙食费都能全免，但那时候重庆物价飞涨，他父亲又患肺病在石壁山休养，家庭经济非常困难。所以她不得不向学校申请保留学籍一年，先到妇女运动委员会工作了一段时间。1943 年，她在经济上有了一些积蓄，又恢复了学籍，重新进入国立中央大学理学院物理系读书。频之在大学读书的时候，同学中就有人追求她。她人长得漂亮，又比较活跃，所以在中央大学也很有名。

1947 年频之毕业以后，先到南京的教育部编译馆工作，后来又担任了中央大学物理系的助教。那时候南京的学术圈子很小。频之的同事蔡壬侯是中大理学院院长蔡堡①的儿子，也是我的同学，蔡壬侯的父亲和我的姐夫也是同事。蔡壬侯的父亲原来是中央大学生物系主任，他父亲之后由我姐夫担任主任，所以我和蔡壬侯来往比较多。我和频之第一次见面，就是在蔡壬侯的家里。

那是 1947 年，当时蔡有意介绍我们认识，所以约我们到他家一起打桥牌。我们也算是很有缘分，频之的父母都是宁波人，我们也算是老乡，都会说宁波话，所以很谈得来。我那时候住的地方离她也很近。我住在珠江路地质调查所宿舍，她住在编译馆宿舍，所以从那以后我们经常一起看电影、打桥牌，有时候还约上中学校友一起在玄武湖划船。1947 年的秋天，我们约在玄武湖边上的台城去玩，大概那次就准备订婚了。

---

① 蔡堡（1897—1986），1923 年毕业于北大地质系，同年，去美国耶鲁大学和哥伦比亚大学研究院专攻动物学，获硕士学位。1926 年回国，先后担任复旦大学生物系教授、中央大学生物系教授兼主任、医预科主任、理学院院长，并兼任中华教育文化基金董事会动物学讲座生物系主任。1933 年再度赴美进修，任美国耶鲁大学名誉研究员。1934 年归国，任浙江大学生物系教授兼主任、文理学院院长。1937 年兼任中国蚕桑研究所所长。1947 年又兼任湖州高级蚕丝职业学校校长。1949 年任浙江医学院教授。

那次约会以后我就去了她家。频之和她的家庭关系不好，除了因为她的母亲是继母以外，重要的原因是她从重庆南开中学毕业后想上大学，但她的父母反对她上学，硬要替她找一份工作。她因此一度和她的家庭断绝了关系。我们结婚以前频之一直住在宿舍里，很少回家。在我和她认识的那一两年里，她也很少带我到她家里去，只是在决定订婚和结婚的时候才到她家去了几次，征求她家长的意见。

频之的父亲沙孟海[①]长期在国民党政府中服务，曾经在国民政府教育部、中英庚款委员会以及中山大学等机构担任重要职务，并长期与国民党重要人物朱家骅有较密切的关系。她家的兄弟姊妹也挺多，有一个姐姐、一个妹妹、一个哥哥和三个弟弟。她的姐姐和我们来往比较多，因为她姐夫张令杭在浙江大学工作，和我们的关系不错。

频之的几个叔叔都是共产党员，早年参加革命，其中有大叔在广州起义时牺牲了。她的二叔沙文汉新中国成立前在上海搞地下工作，新中国成立后曾经担任浙江省省长，1957 年“反右”中被划为党内的最大右派。她的三叔沙重叔（史永）新中国成立前在南京搞地下工作。那时她和三叔的关系比较好，她有事总是找她三叔商量，而很少去找她的父母。新中国成立前中大的政治斗争很激烈，她的兄弟沙茂世参加了学生运动，国民党要抓他，频之就设法把她兄弟隐藏起来。她的一个同学陈德惠被捕，她多次去监狱送东西，当时这样做是有一定危险的。在学生运动方面，频之是站在进步学生一边的。听说有一次庆祝三八妇女节时，国民党特务破坏了会场，她是支持左派同学的，并在抗议书上签了名。

---

① 沙孟海（1900—1992），著名书法家。历任浙江省文物管理委员会常务委员、浙江省博物馆名誉馆长、中国书法家协会副主席、浙江省书法家协会主席、西泠印社社长、西泠书画院院长、浙江考古学会名誉会长等职。擅篆、隶、行、草、楷诸书，于语言文字、文史、考古、书法、篆刻等均有深入研究。

我和频之是在1948年4月18日订婚的。我记得订婚是在鼓楼下面的一家上海咖啡店，具体的名字忘记了，只记得那家咖啡店的经理是我大嫂的亲戚。订婚的时候我家上海的亲戚都来了。除了双方的亲戚外，还有地质调查所的同事，我在联大时的同学，频之的同事、同学等。当时来宾的签名我还留着，是一块红绸布，我记得上面还有黄汲清先生的签名。

大概是在1948年9月，我们结婚了。本来我们准备在教堂结婚，但后来改在了南京鼓楼附近的华侨招待所，那里属于比较高档的地方。那个时候南京比较高档的酒店有两个，一个是华侨招待所，属于民间办的；还有一个酒店属于励志社，那个地方好像跟军队有些关系。但我们都可以去，只要有钱就行。我们订婚和结婚仪式是我大哥和频之家出的钱。记得我们结婚的时候到了100多位嘉宾，本来我们准备请大家吃饭，因为到的人太多，就改为茶点。晚上的宴会都是亲属，主要是两家的兄弟姐妹。

1948年夫妻二人于珠江路700号宿舍前

我和频之结婚时的主要问题是房子，珠江路 700 号地质调查所有一排平房宿舍。我的同事路兆洽在兰州就结婚了，我们结婚时他家正准备搬到一个好点的地方，就腾出了两间房子。那两间房子很小，一间也就十几平方米，两间并排，中间有个门。我们结婚时就先住在那里，但没住多久频之就怀孕了。因为房间太小，我就在吉昌里租了间大点的房子。那房子的租金虽然有些贵，但面积大了很多，而且就在中央大学大门的对面。我们在那里住的时间也不长，大概有半年左右。后来地质调查所把原来的房子翻盖成一栋两层的宿舍楼，住宿条件好多了，我们就又搬回地质调查所，住在二楼。在南京的时候我家里还有一辆女式脚踏车，那时候脚踏车很贵，频之生老大的时候，我骑车到鼓楼医院去看她，结果车被偷走了。

1950 年地质计划指导委员会组建了很多野外队，有到东北的，有到华中的，有到南方的……我去了新成立的天（水）成（都）队。那次去野外我离开的时候孩子还不到一岁，家里就靠频之和保姆桃妈带孩子。那

1950 年摄于南京

时候通信联络也不方便，频之写给我的信先寄到天水，等我们 5 月初到天水后才能看到她的信。我们一般以驻地为中心进行封闭式考察，平均一个月走一个圈。我们离开天水后，频之又把信寄到了我们下一站宝鸡。等我回到南京，看到孩子长高了不少，而且还长了一头的湿疹。

我们在南京时的生活丰富多彩。南京学术界有个风气，经常在周末搞聚会活动。有时我们周末也会在家里搞个小型宴会。也很简单，打个电话饭店就用挑子把饭菜挑来了。所以中央大学的很多教授我都认识。我们在南京时，只要是北京来了老同学都要聚会。每次大概有十来个好友，一两周聚会一次。大家在一起说说学术上的问题、吃吃茶点、谈谈时局、交换消息。这些志同道合的学者为自己创造了一个健康的小天地。但是新中国成立以后这样的活动就逐渐少了。“反右”以后基本上就没有了，那时人人自危，谁还有心思搞聚会。

谢洛敏切夫个子很高，是个典型的俄国人，经常和我们一起去野外。他到的时候铁路勘测的初步设计已经完成了，铁道部组织了一个专家顾问团，大概有五六个专家去检查全线的工作。这个专家组的组长是巴斯库金，施工方面的专家是奥弗恰洛夫，站场方面的专家是沙布里，线路方面的专家是吉普卡洛，工程地质方面的专家就是谢洛敏切夫。那个时候中国人对苏联专家特别尊敬，无论他们走到哪里都是前呼后拥的。

第5章 动荡的五六十年代（1950—1965）

1949 年 4 月，解放军进驻南京。但那时我不在南京，我在 3 月份就去了上海。因为我正在负责 1∶300 万中国地质图的印刷工作。我离开南京以前，就听说国民党政府要从南京迁到广州去，并且要求地质调查所随同前往。那时候是走还是留，成为所里人员议论的话题。所里还为此召开过几次紧急会议，专门讨论这个问题。那时我已经去上海了，但我知道所里多数人都不愿意跟国民党政府南下。除了个别人员，所里的人员基本上留在了南京。

迎接解放

因为战争的原因，我被困在了上海，直到 5 月份才返回南京。所里就有传言，说我跑到台湾去了。其实要想去台湾，我早就去了。抗战胜利以后，地质调查所负责从日本人那里接收台湾的地质调查所。当时所长李春昱就让我过去负责接收工作。但我那时因为兄弟姐妹都在南京或上海，所以没答应。

南京解放以后，我们的生活变化很大。南京刚刚解放，各种庆祝活动、文艺联欢、体育比赛都很多。那时也成立了很多的新组织，比如党、团、工会等组织，这些组织成立以后各种会议自然多了起来，市内举办的政治报告会也特别多。我们这些青年人对此都抱以极大的热情，经常骑着自行车往返于各单位之间参加活动。

那时候的生活可以说是“热气腾腾”。大家的感觉就是三多：听报告多、开小组会多、填表多。当时各种调查表很多，个人简历表差不多隔一段时间就要填写一张。我们对新的政府充满了希望，新中国成立后不久所里就有几位年轻人加入了共产党，还成立了党小组，新民主主义青年团团员也有十几名，全部职工也都加入了工会组织。1951 年 1 月，地质调查所正式由地委会接管了。

新中国成立以后地质工作发展也很快。1950 年 4 月，地质调查所的一些人员就参加了“东北地质矿产调查队”。他们在东北地区工作了半年多，调查了东北 10 多个煤、铁、有色金属及非金属矿区，采集矿石标本 3 万余件，绘制地质图 300 余幅。他们撰写的论文和工作报告，直到 90 年代初期“仍然是东北工矿企业重要的参考文献”①。这年 8 月，中国地质工作计划指导委员会也成立起来了。委员会成立以后，很快组织了 80 多个考察大队，到全国各地去调查和勘测地质情况②。我那时没有参加这些野外工作。我的工作重点是负责地质图的出版工作，所以我仍然经常跑上海，负责联系地质图的出版工作并校对样图。那时候机构变化也很大，为我们印制地质图的中联印刷公司表面上是民营企业，实际上在新中国成立

① 武衡．科技战线五十年．科学技术文献出版社，1992，66．

② 见《科学通报》1951 年第 10 期简讯第 1 121 页。

后已经属于政府了。到了 1951 年 5 月，中联印刷公司就移交给了海军海道测量局，但它的业务还在继续，仍然为我们印刷地质图。

新中国成立以后我们的生活也发生了比较大的变化。1951 年初，我的薪金由 140 单位增至 165 单位。新中国成立初期那两年，地质学界有几项活动我印象比较深。比如 1949 年 12 月，我参加了十科学团体新中国成立后的首次年会。还有像 1950 年 4 月，李四光先生刚刚回国，就在南京大学大礼堂做了“今后科学的趋向”的演讲，介绍了西欧科学界战后的情况和他对新中国科学界的期望。李先生的报告是由我担任记录，所以我印象比较深刻。那次报告会南京科技界大概有上千人参加。后来南京地质界举行欢迎李四光先生的茶会，我也参加了。

1950 年 12 月 24 至 26 日，中国地质学会第 26 届年会南京区年会及中国古生物学会第三届年会开会，会议在鸡鸣寺科学院礼堂举行。大概到了 100 多人。会议主要进行了学术交流，尤其是新中国成立初期组织了多次野外工作，大家从野外回来，自然有很多新的发现。比如当时到东北及山东地区从事野外考察的学者较多，这次会议大概有一半以上的论文是讨论这些地区的地质构造、土壤、古生物、矿物岩石等方面的问题。这次会议争论比较激烈的问题仍然是大地构造问题。最后一天下午张文佑先生报告了山字形构造及其与矿床的关系。他讲完以后引起了热烈的讨论。大家一直争论到下午 6 点半也没有形成一致的意见，因为时间太晚了，会议只好宣布结束。

新中国成立以前，地质学会开会除了报告会务情况外，主要是宣读讨论学术论文。新中国成立以后地质学会的会议内容有所变化，会上还要讨论地质工作与国家建设的关系，地质工作计划等。1951 年开会时，大会还起草发表了抗美援朝宣言。当时各个学会召开的年会好像都有这项内容。地质学会能一年一年地坚持办年会，这是其他学会所没有的。

地质机构大调整

1949 年，全国共有十几个地质调查研究机构，国家级的地质学研究机构就有三个：地质调查所创立于 1916 年，是由老一代地质学家章鸿钊、丁文江、翁文灏等人一手创办的，这个所历史比较悠久，机构组织和图书设备比较完善；由李四光创立的地质研究所成立于 1928 年，这个所注重理论研究，创立和发展了地质力学理论，建立了中国的大地构造体系，并在第四纪冰川研究方面卓有成就；以谢家荣为代表的矿产测勘处成立于 1940 年，虽然历史比较短，但这个机构以讲究实际应用为特色，目的任务十分明确，即以找矿探矿作为主要目标。这三个机构当时都在南京，全国地质人员绝大多数也集中在这三个机构当中。

三个机构隶属于不同的部门，地质调查所属于经济部，是政府部门的机构；中央研究院地质研究所属于科研部门；矿产测勘处则属于生产企业部门，所以在工作性质上或研究方向上，也各有差异。由于三个机构形成的历史背景不同，在学术问题上存在不同观点，再加上政治上和人际关系上等复杂因素，彼此间不免有些隔阂。新中国成立以后国家要进行机构调整，对于地质机构应该如何调整，当时地质学界有两派思想，一派主张多元化，一派主张一元化。年纪比较大的少数派，像李春昱、谢家荣等先生主张还是保持三个单位。而年轻人，尤其是我们这些 40 年代参加工作的学者，受门户之见或派系关系的影响比较小，主张全部统一。1949 年三个机构全部由南京军管会和文教委员会进行接管。1950 年 5 月，李四光先生从国外辗转回到北京，当年 8 月经中央人民政府政务院批准，成立了中国地质工作计划指导委员会，统一领导全国地质工作，并任命李四光为主任委员，尹赞勋、谢家荣等人为副主任委员。

在李先生回国前后，南京地质界已经开始讨论机构调整的问题了。1951 年 1 月，地委会在南京召开了第一次地质机构全体会议，尹赞勋、谢家荣两位副主任委员，代表地委会到南京正式接管了三大地质机构，并首次召开在宁全体地质科技人员大会，宣布成立一局两所，即地质勘探局与地质研究所和古生物所。由于尹赞勋先生的报告对机构等问题不明确，在会上受到了张文佑等人的责问。会议决定为了集思广益，先由各单位对新体制分别组织讨论。

在讨论过程中，南京地质界的同仁基本上拥护成立一个领导全国地质工作的权威机构，一致认为只有实行统一领导、统一规划，全面改变原有的组织体制，才能更好地促进新中国地质事业的发展。因此如何建立新体制并协调好三大机构之间的关系，成为广大地质人员议论的热门话题。很多人希望破除三大机构间界限，实行大一统。完全改变旧的三大机构的格局，进行彻底改革，提出实行全国一元化的主张，受到绝大多数地质科技人员的赞同。

2 月 12 日，三大机构的代表共 21 人开会，交流各单位讨论的情况。会议由吴磊伯担任主席，他说为了地质界的团结合作，在过渡时期内，如何建立一个新体制，更好地适应国民经济建设的需要，是当时的首要问题。业治铮、杨庆如和我分别代表地质研究所、矿产测勘处和地质调查所汇报了讨论的结果。

从汇报的情况看，各机构讨论的意见比较接近，绝大多数人在原则上主张实行一元化，但存在两种不同意见。第一种主张暂时不成立局所，先打破三大机构之间的界限，实行大一统，在地委会统一领导下，合署办公。第二种意见，考虑到当时的实际情况，名义上可建立局所，挂上三个牌子，但有名无实，除少数领导成员外，所有科技人员具有双重资格或双重名义。室内工作由所统一领导，野外工作由局统一领导。

经过热烈讨论，大家认为两种意见在精神上和实质上都是一致的，都是为了实现地质机构的一元化。但在实施上第一种意见具体困难比较多，而第二种意见虽然也存在困难，但基本上是可以行得通的，今后可听其自然发展。因此大家一致同意采取第二种意见。

会议决定起草一个报告，并推选出 6 位起草人。这 6 人是地质研究所的业治铮、陈庆宣，矿产测勘处的杨庆如、杨开庆，地质调查所则由我和翁礼巽负责。我们共同草拟一份正式文件《致中国地质工作计划指导委员会倡议书》，表明南京全体地质人员对建立新机构和实行一元化的基本立场和有关主张。2 月 16 日全文完稿经签名后，报送到了李四光先生和地委会及有关部门。在这一文件上，共有 70 多位地质工作者签名，基本上代表了当时地质界的主要骨干力量。

1951 年 5 月，一局两所在南京宣告成立，并在珠江路的地质调查所举行庆祝大会。原来的三大机构的地质人员开始合署办公，并统一筹备野外工作。在地委会的统一部署下，组织了 80 多个地质队在我国开展野外调查。1952 年 8 月，中央人民政府正式宣布成立地质部，任命李四光为部长，何长工、刘杰、宋应为副部长。中国地质工作计划指导委员会随即相应撤销。地委会从 1950 年 8 月成立到 1952 年 8 月撤销，仅仅存在了两年的时间，这比原先设想需要 3 至 5 年的过渡时期缩短了一半。

地质部在北京正式成立后，南京原来的三大机构的科技人员，根据工作需要，开始全面实行分流。原地质调查所的多数科技人员进入了地质部，部分从事古生物研究的地质人员进入了中科院的古生物所，还有一部分进入了中科院地质研究所。原来地质研究所的部分人员转入中科院的地质研究所，部分人员进入地质部，还有部分从事古生物研究的科技人员，进入了古生物研究所。矿产测勘处的大部分地质人员调到了地质部。

在上述的机构调整中，地质调查所因为人多、机构分散，情况比较复杂。这里我还想专门谈谈新中国成立以后地质调查所的合并经过。1950 年，南京的地质调查所本部就由新成立的地委会接管了。而北平分所改为北京地质调查所，则由华北人民政府经济委员会领导。在兰州的西北分所，是由军管会企业处（后改甘肃省工业厅）接收，改称西北地质调查所。

现在很多人都认为地质调查所的历史是到 1950 年截止的。实际上，新中国成立初期这个机构的名称没有改变，地质调查所门前“经济部中央地质调查所”的牌子一直挂到了 1951 年 1 月①。1952 年，有关人员还在与中国科学院副院长李四光、竺可桢等人商议地质调查所中相关部门的移交问题。1953 年地质部召开地质部第一次全国地质工作会议，宣布原有地质机构的人员分流到新的单位，地质调查所才真正解体。

在新政权接管地质调查所的时候，所里不少的学者希望能够进入新成立的中国科学院。所里有 21 名学者曾经联名向中科院递交了《对于中国地质工作调整与改进之意见》，指出中国地质学界一直存在着行政不统一，各机关均各自为政的状况，建议统一地质机构、统一领导、统一研究地质调查计划，集中人力物力使调查与研究结合起来。地质学家们希望国家能够设立两个中央性的地质机构，一个着重于纯学理的研究，应该由科学院

---

① 潘江．前地质调查所地质矿产陈列馆概况．见：程裕淇，陈梦熊主编．前地质调查所的历史回顾．地质出版社，1996.

领导。另一个则注重于应用性的地质工作。

地质调查所的接收工作并不是一帆风顺的。政府一度想把地质调查所归属于华东区，但遭到了所里学者的强烈反对。杨钟健先生在军代表召开的全所大会上表示："地调所一向是中央机构，现在改属地方，将来势必再回到中央。这不等于脱了裤子放屁，多此一举！"政府十分重视学者的意见，取消了归属华东区的计划。地质调查所的学者们希望把该所作为一个学术机构，改由科学院领导。实际上，科学院曾经准备接管这个机构，但在地委会成立以后，这个情况发生了改变。

飞来横祸

新中国成立以后我受到的大的冲击有两次，一次是"三反"、"五反"，另外一次是"反右"。我这个人爱管闲事，除了学术研究以外，我还参与了一些行政性事务。比如新中国成立初期我被选为地质调查所野外工作筹备组的组长。新中国成立以前野外工作规模小，野外筹备工作不多。但是新中国成立以后三个机构联合来了，野外装备的配置工作就多了。那时一些基本的野外设备，像背包、记录本、野外服装、皮鞋等都是我亲自去联系、购买。还有那时也开始大规模筹备实验室了，因为我经常去上海出差，所以到上海购买实验室仪器设备的工作就由我承担了。另外，我过去一直在管三百万分之一地质图、一百万分之一地质图的出版、印刷、校对等工作，这些事情都是我一个人在做，我还同时管理着十几个绘图员。这些事情都涉及钱的问题。结果到"三反"、"五反"的时候，我就成了最大的嫌疑犯。

开始还好，只是文斗，后来变成了武斗。那时说我贪污，但根本就是没影的事，让我承认很难很难。当时人的思想都混乱了，按照当时的逻辑，你必须相信党，相信组织。党说你贪污你就贪污了，你不承认就是不相信党。当时我是接受不了的。除了被冤枉的问题以外，很多过去的老同事、好朋友突然变脸了，也让我没有丝毫的思想准备。比如我刚到地质调查所就跟随王钰去野外出差，我们也算在一起共事很多年了，但在“三反”、“五反”的斗争中，他却成了斗争我的主力。

“三反”期间真的是把人的思想给搞糊涂了，很多事情已经分不出真假了。比如在我挨斗之前，南京地质学界揪出的最大的“老虎”就是殷维翰[①]。我们刚开始都不相信，但是一次在南京大学最大的礼堂开斗争大会，他的同事、领导，甚至亲戚都出来揭发他，而且当场还拿出了证据，所以不相信也得相信。记得当时就把殷维翰戴上手铐抓走了。

批斗殷维翰

1952 年 3 月 12 日，南京《新华日报》在头版二条发表了一则消息：“本市大专学校文化科学机关联合举行反贪污斗争大会。”消息说：“殷维翰贪污、盗窃数字甚大，情节严重，拒不坦白，当场宣布予以逮捕法办。”消息还说：“大会在进行过程中，群众对贪污犯表示了无比的愤怒，当贪污犯殷维翰顽固狡赖之际，他的妻妹王定文带着贪污犯殷维翰的一大包赃物，走上台去检举殷维翰。她说，在‘三反’期内，贪污犯殷维翰企图遮掩人民的耳目，把一贯贪污来的赃物的一部分，拿到

① 殷维翰，1933 年毕业于中央大学地质系。1949 年以前先后在中央大学、云南一平浪矿务局、云南矿业局、昆明炼铜厂、矿产测勘处等机构工作。

她家里去隐藏。她当场把一大包赃物打开，一件件地拿起来给群众看，其中有美钞、银元、金块、金戒指、金链子……她指着贪污犯的鼻子说：‘你这个贪污犯还狡赖得过去吗?’王定文的检举，揭露了大贪污犯殷维翰的丑恶面目，全场群众高呼要求政府严办大贪污犯殷维翰。”

30 年后，这位叫王定文的妻妹给殷维翰写了一封长信，并请他当作她迟到的证词转给殷维翰的上级部门。这是一封字字带血声声含悲的信，它揭露的不仅仅是当年的打虎队对她的逼供，强拉她上台诬告自己的姐夫的种种卑劣，而且还有她自己的悔恨。30 年来，她没有一天轻松过，她在毁灭姐夫的同时也毁灭了她自己……①

“三反”、“五反”运动很快扩大到了地质部。地质部抓出了一批“老虎”，当然我是其中最主要的，是第一批。因为运动一来就怀疑上我了，问我印了那么多地质图，花了那么多钱，到底从中贪污了多少。我认真地回忆了一遍。我记得在上海中联印刷厂印制地质图的时候，我和出版社的经理一直谈到了中午吃饭的时间，经理就请我在绿杨春酒家吃了顿饭，这件事是我自己交代的。还有一件事，那时印刷厂有个姓郑的工程师专门管印刷，我经常去就和他成了朋友。他有一盒绘图仪用不上，我看我们需要，就和他说了。他说可以便宜卖给我们。我离开上海时身上没带多少钱，按照当时的币值，那盒仪器按照 100 万元卖给我们，当时我大概缺 50 万元，我说先欠着，将来请别人代还。事后怎么处理的，我早已经忘记了。这件事也成了我的罪行。好在代还欠款的人后来写了封信证明此事，我把这封信交到组织上，才算把这件事情说清楚了。

① 文乐然. 沉重的崇高——两代院士的人生格局. http://bbs.geonet.cn/thread-42925-1-1.html.

因为我接触的部门太多，有些账我也不能都记得清楚。那时我天天被斗，在小组交代，在野外队交代，写检查报告，“三反”办公室的人也不断找我谈话。到后来我实在没办法了，干脆人家说什么我就都承认，结果就成了“大老虎”。既然承认了，就得退还“赃款”，我一时也拿不出那么多钱，只好向我哥哥借了一部分。

“三反”、“五反”快结束的时候，我看气氛比较缓和了，就想“翻案”。结果我没有看准形势，一翻案就不得了了，把我由贪污分子升级为抗拒分子。从那以后人家看见我都退避三舍，谁也不理我。我被关了好几个月，我和频之一般见不到，只在斗争大会上她才能见到我。她也搞不清是真是假，那个环境把人的脑子都搞糊涂了。后来在一次全体大会上结了案，可我的问题还是按照悬案处理。所以后来我多次提出“三反”没了结，要求给个说法，但最后只是把所谓的“赃款”还给我算了事。我受了那么多苦，最后连个道歉也没听到。

家庭生活

新中国成立以后，我又开始跑野外了，我在宝成线参加铁路选址考察整整搞了四年。1952 年地质部成立以后，地质调查所的人员就彻底分流了。我被分配到地质部，所以我们全家也随着我搬到了北京。我调到地质部后先去北京联系工作，也顺便为频之调动工作。那时正好要在北京建立地质学院。宋应的夫人肖琪负责筹备处人事司的工作，我就亲自去找了肖琪。她安排频之在北京地质学院物理教研组教书。

我们在南京的日子过得比较安静，生活也比较简单。但是到了北京以后，就一直处于动荡之中。一方面由于各种原因，我们频繁地搬家；另一方面，也因为政治运动的影响，我受到了冲击，频之也因此受到了影响。那时候我还经常跑野外，她一个人在家带着两个孩子，生活不稳定，又没人说话，生活和精神压力都很大。

到北京以后我们一家先住在丰盛胡同。那时候因为工作的关系我经常到北京，有一次我在北京遇到了我在金陵中学读书时的同学郭太炎。他比我先到了北京。他父亲在农民银行，他也在银行工作，他们家就在丰盛胡同买了一个很大的四合院。我见到郭太炎时，他正和他的夫人闹离婚，我就从中调解，最后也没调解成功。那时我的单位在兵马司胡同，负责人是高平和一个刚刚从大学毕业的地下党员，叫邓林。因为丰盛胡同离兵马司比较近，我就租了郭太炎家的两间房子。这就是我们在北京最早的住处。

我们从南京往北京搬家的时候，我又到野外去了。那时候一声令下，说走就走。我们家就靠频之一个人搬的家。因为我不在家，频之也不知道我的东西哪些是非常重要的。而且那个时候孩子又小，我想她一定很不容易。我家的很多东西就是在那次搬家中丢掉的，其中有些很重要的资料，像我的毕业证书也丢了。

我们在丰盛胡同住了一年左右。后来频之的关系从南京调到了北京，当时她工作的地质学院还在筹备阶段，办公地点就在祖家街。于是我们就在祖家街要了一间地质学院的房子，那间房子挺大。记得 1953 年 4 月，频之的父亲沙孟海来北京开会，还到祖家街看过我们，我们一起去西四同和居饭店吃的午饭。

我们在祖家街住的时间也不长，大概有一年左右。20 世纪 50 年代中期地质学院新盖了宿舍大楼，我们就搬到地质学院的宿舍去住了。因为那里离频之工作的地方近，比较方便，而且宿舍楼有三间房，条件也很好。

我们在那里大概住了三四年，其间有两件事给我的印象特别深刻。一件事是关于我们的邻居杨遵仪先生。那时我跟杨遵仪是邻居，两家住在一个小单元里。杨太太琴弹得非常好，她的几个孩子也都会弹琴。我们在隔壁经常听到她们的琴声。杨太太有个弟弟在清华大学念书，周末就到她家去住。有一天她和兄弟从清华大学回来，正巧我也在家。我忽然听到隔壁有打架的声音，后来就听有人喊救命。当时杨遵仪不在家，我就推门进去了，正看到杨太太的弟弟拿着菜刀要砍她，我赶紧过去拦。幸亏我挡了一下，杨太太虽然受伤了，但不是重伤。我又赶紧找到王鸿祯，他的夫人是学医的，也过来帮助包扎。后来我们才知道，杨太太的弟弟是从香港回来的。那时候清华大学的学习水平比较高，他可能一时跟不上，大概也受了一些政治运动的冲击，所以就精神分裂了。

另外一件事发生在 1955 年。频之一个人带着孩子，非常辛苦。而且那几年年年搞政治运动，“肃反”、“镇反”，经常抓人，我们单位的姜达权也被抓起来了。我在“三反”中也受到了冲击，这些事情给频之造成了很大的精神压力。那段时间我基本上都在野外，经常是频之一个人在家。她晚上回家也没人说话，感到很害怕，精神总是处于过度紧张的状态。其实那时候我们每个人的精神都很紧张。好在我经常去野外，野外的生活虽然艰苦，但精神上放松了不少。记得在青海野外考察时，有一天我突然接到电报，说频之住进医院了。由于生活和工作压力太大，她得了精神分裂症。我赶紧赶回北京，到了北京我竟然找不到家了！我老在外面跑，那个家我就回去过几趟。再加上精神一紧张，我一时竟搞不清楚我家住在哪个楼了！从那以后，我到野外出差总

1954 年沙频之在北京地质学院

是提心吊胆，担心家里出事。

频之得病以后医生建议她调动工作，她就调到了中关村中科院应用物理所第三室工作。那时候在地质部工程地质组的谷德振是我的同事。他负责武汉大桥工程考察。当时跟铁路建设有关的两大考察队，一个是武汉大桥队，一个是天成队。谷德振完成野外工作后，调到中国科学院地质所。他家住在砖塔胡同里的小竹帘胡同 3 号，是胡同里套着的一个小胡同。他工作调动以后就从小竹帘胡同搬出去了，腾出了两间房子。我就要了这两间房。我们在那里住到了 1958 年。

那是个四合院。里面住着计委书记何尚远，他住的是正房，我们住的是偏房。另外还有一两家。院子里有几个孩子，和我的大儿子思行年龄差不多，他们经常在一块玩。我喜欢集邮，家里保存着很多清朝的邮票。孩子们好奇，经常拿出来看，结果这些邮票都丢了。我兴趣爱好很广泛，喜欢收集各种东西，像石器、陶器，后来还收集外国钱币。只是因为总是搬家，很多东西都丢掉了。

大概是在 1958 年或 1959 年，我们又搬家了。张更生担任水文局局长时，在甘家口白堆子的地质部仓库，大概是第一水文地质大队的仓库盖了三栋宿舍，称为“地质部宿舍”。其中的两栋分给了地质部的职工，一栋分给了测绘总局和地科院的职工。我们家又搬到了白堆子。我家在白堆子一直住到“文革”。1969 年我和两个孩子离开了白堆子。那时候频之和我们已经分开了一两年，从那以后我们一家四口人分别住在四个地方。“文革”中的事情后面再谈吧。总之频之在世的那些年，我们这个家一直都在风雨飘摇之中。

我们在北京的时候和频之的亲戚来往较多。她的三叔沙重叔（史永）在全国政协，她的大哥沙展世在石油设计院，他的兄弟沙茂世在铁道科学院，沙更世在人民美术出版社，都在北京。我们平时来往比较多，其中与她三叔及二弟沙茂世的交往最多。1962 年经济条件好些了，政治气氛也宽松了一些。那年春节期间，我们一家四口还专程到杭州去看望频之的父母。当时我们的大儿子思行 13 岁，小儿子泽行才 5 岁。这是我们结婚后全家第一次与岳父、岳母以及频之的兄弟姐妹等人在杭州团聚，也是频之生前唯一的一次团聚。

60 年代初，频之就从应用物理研究所暂时调到地质部水文地质工程地质研究所，被临时安排在科技情报室。1965 年水文地质工程地质研究所外迁到河北正定后，频之一个人离开家，随单位去了正定参加“文化大革命”。因为她在刻蜡版印刷革命歌曲时，将“万寿无疆”的“万”字刻成了“无”，成了“无寿无疆”，造反派就去抄她的宿舍。在那里造反派又发现毛主席的画像掉到了衣柜后面。本来她在窗户上挂了毛主席像的日历，可是时间久了，不知什么时候掉到柜子后面了，毛主席像上面全是灰。因此频之就被打成“现行反革命”，这是公安部宣布的。

从那以后她的问题就越来越多了。她 1942 年在重庆的时候因为家庭经济困难休学一年，到了国民党中央组织部所属的中国妇女运动委员会下的一小单位工作过。批斗她时就认定她一定参加了国民党，逼迫她交代，但是她没承认。再加上她的阶级出身很不好——她父亲是个非常有名的书法家，又曾经在国民政府任职，与蒋介石、蒋经国、朱家骅等国民党上层人物有过许多交往。这些加在一起，使频之在“文革”中受到了残酷的迫害，甚至在批斗会上她的臂骨都被打断了。1970 年频之被当作重点斗争的隔离对象，她患有高血压，造反派还是勒令她在水文所的养猪场监督劳动。那时频之和我们已经分开了一两年，她一个人负责养几十头猪！差不多有五年时间，她一直被关押在河北省，一个人生活。

1970年，我从桃山“五七干校”提前“毕业”，下放到湖北地矿厅水文地质大队。直到1973年才调回地质部。这年年初，频之也被解除了管制，2月份我把她接回到北京家中。几年不见，她整个人已经跟以前完全不一样了。回北京不久她突然得了脑溢血，我赶紧把她送到人民医院。总算抢救及时，脱离了危险，但从那以后她左侧半瘫，说话十分困难，只能在家中休养了。9月份复查时频之获得平反，撤销了“现行反革命”的帽子，但是仍被定为犯有“严重政治错误”。我们后来多次向上申诉。1978年11月，在重新复查时有关机构虽然撤除了“严重政治错误”的决定，但是仍然保留了她“参加国民党”的问题。为此，频之拒绝在复查的结论上签字，并继续多次向上级申诉。直到1979年，频之才得到彻底的平反。

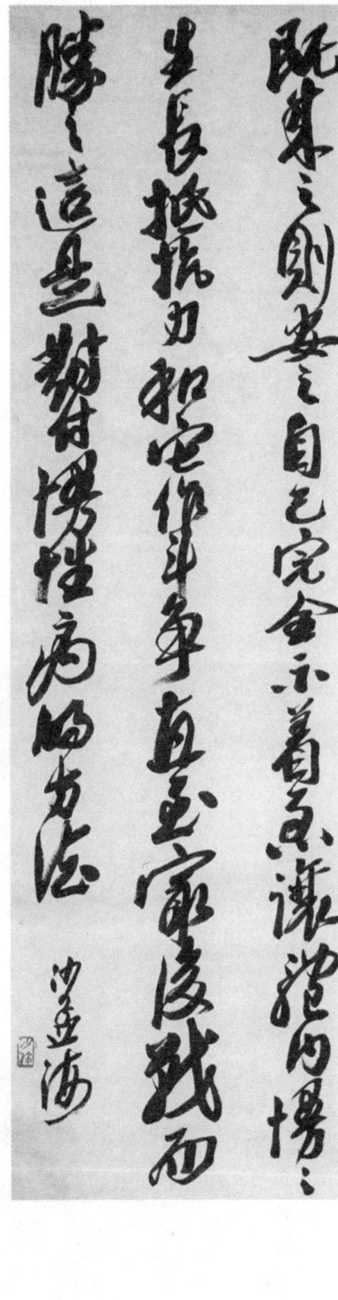
沙孟海题词

频之回到北京以后，身体和精神状况一直不好。她父亲为了安慰她耐心养病，特地为她书写了毛主席“红军不怕远征难”的诗词，鼓励她学习红军克服千难万苦的革命精神来战胜病魔。后来又赠给她一个条幅：“既来之，则安之，自己完全不着急，让体内慢慢生长抵抗力，和它作斗争，直至最后战而胜之，这是对付慢性病的方法。”

频之回到北京以后，我们一家三口一直挤在

一间小房子里，老大没地方住，只好住在他的单位首钢的宿舍。1975 年老大从首钢调到城里，到公交系统工作。我就在武定胡同要了一间房，让老大住在那。大概是在 1976 至 1977 年初，我们就离开白堆子，搬到了马尾沟。那里有两间房，在四楼。马尾沟原来是地质部的一个仓库。记得为了从桃山干校把东西搬回来，我还在那里买过一个木头箱子，两块钱。我还带着那个箱子去了宜昌。后来那个箱子就一直跟着我的小儿子泽行很多年。

频之一辈子没有过上什么好日子。1978 年，思行、泽行赶上了恢复高考，他们俩同时考上了大学，并且都攻读工科。但那时候频之的身体已经非常不好了。1982 年她病情恶化，全身瘫痪，不能言语。从那以后她长期处于昏迷状态，就像植物人一样。1984 年频之的病情进一步恶化，

1980 年 8 月全家在钱粮胡同合影。前排左起：陈梦熊，孙女陈丽来，沙频之；后排左起：陈思行，杨戈尔，陈泽行

最终在1984年7月8日在钱粮胡同34号家中去世，那年她才63岁。

80年代初，东城区开始退赔房产，首先退赔了两处房产，一处是老舍的房子；另一处就是我哥哥陈梦家的房子。陈梦家在钱粮胡同的房子退回来以后，我嫂嫂一直没有搬过去住，于是我们就搬到钱粮胡同去住了。那个房子在“文革”中住了十几家，地板都破烂不堪了，墙也是芦苇做的。所以我们花了很长的时间维修那个房子。1987年我又结婚了，所以我们家又离开了钱粮胡同，大概是在90年代初，我们就搬到了现在住的这个地方。

战斗在秦岭

早在民国初期，孙中山先生就把修建甘青铁路，发展西北交通建设列入建国大纲。在后来开发西北的热潮中，民国政府也曾经派出过考察团调查、勘测西部地区的铁路建设问题。但当时认为，西部地区的铁路建设是四五十年以后的事情。新中国成立以后，西部地区的铁路建设很快成为国家建设的重点项目。

我到南京以后，已经有几年没跑野外了。新中国成立以后，国家开始了大规模的经济建设①。从1951年开始，我参加了天成、宝成两条铁路的新线勘测工作，这是我在新中国成立以后承担的第一项重大任务。从1951年开始到1955年，在前后将近五年的时间里，我的大部分时间是在野外

① 1951年，中国地质工作计划指导委员会成立以后，将在职的地质工作者组成了84个地质队，分赴全国各地区进行实地调查（马胜云，等. 李四光年谱. 地质出版社，1999，194）。

度过的。

天成队

1951 年建立的天成队，主要是对天水到成都的铁路线进行勘测工作和可行性评估。记得在 6 月份我们从北京出发以前，李四光先生还特地召集天成、集白等线路考察人员谈话，讲铁道勘测工作的重要性，给大家鼓劲。然后我们就开始编制野外工作计划。

7 月 16 日我们从北京出发，经过西安、宝鸡，22 日到达了天水。地质调查所总共去了十几个人，考察队下面有个工程地质组，我记得有叶连俊、王钰、关士聪、刘鸿允和我，由叶连俊任队长。工程地质组除 8 名地质人员外，还有一位姓梁的工程师和一位姓郭的事务员，总共有 10 人。

当时我们对铁路工程地质究竟应该做些什么，几乎还一无所知。修铁路的路基、桥基、隧道及站点、供水点等都要进行地质勘探。于是我们就从一个观测点，一个试坑的描述，到一条地质剖面的测绘，样样从头学起。从初测到定测，从野外测绘、百尺标说明，到岩芯鉴定、室内编图……在实际工作中我们逐步积累了经验、掌握了基本技术。

我们首先在天水一带勘测了渭河桥址、四方堡隧道。在马跑泉、磨峪沟、白家湾、庞家村一带工作的时候，我还在甘肃系底砾岩之下发现了冰积层。到了 9 月份，结束了四方堡、怀玉沟庞家村一带工作回到天水后，我们又从那里出发，经徽县、褒城、广元到了成都。在成都一带，我们去了安昌江、罗江一带调查，最后经绵阳再次回到成都。

我们当时的主要任务是对两条选线进行比较：一条就是天水到成都，顺着白龙江走；另一条线走宝鸡到成都。我们考察时就经过了舟曲泥石流暴发的那个地方①。我们去的时候那里还没有人烟，因为那里的地质条件十分恶劣，我们最后放弃了天水到成都，也就是天成线的选址计划。经比较改为选用宝成线。

我们在成都受到了地方同行的热情招待。在那里的吴燕生、侯光炯、宁德铭等人专门举办宴会欢迎我们，还招待我们参观了华西大学、四川大学，以及那里的博物馆。四川大学地质系专门组织茶会招待我们，并邀请我们在会后与地质系的同学举办了排球比赛。11 月份考察队从重庆搭华源轮东下，经万县、宜昌、沙市到了汉口。到汉口以后，又改搭江汉轮经九江返回南京。那时候已经是 1951 年 11 月中旬，我离开家已经有四个半月了。

宝成队

1953 年又成立了宝成队，我被任命为队长兼技术负责人，由铁道部兰州勘测设计院（当时叫作铁一院）宝鸡勘测设计总队统一领导。考察队员由铁道部和地质部共同组成，但大部分是铁道部的人员。两个部门的地质人员实行统一混合编制，在总队统一领导下进行合作。

勘测总队下有 3 个地质分队，包括 20 多名地质人员，配备了 10 多部钻机。我是其中一个分队的队长，我们分队有地质部的乔作轼，铁道部的郑象铣、徐邦栋、彭正平、周寿柏等人。在劳动竞赛中我们队多次获得了优胜奖。由于略阳以下的南段属于成都铁二院管辖，所以我们的勘测任务，是由宝鸡到略阳为限，也称为宝略段。

铁道部的林总、雷总，兰州一院的院长张学儒、总工白士倜、总队刘总等人，对宝成线的地质工作都十分重视，他们特别在培养技术人员方面

① 2010 年 8 月 7 日夜 10 点左右，甘肃甘南藏族自治州舟曲县发生特大泥石流，导致上千人遇难。

作出了重要贡献。不少由土木工程师转业为地质工程师的人员，后来都成为铁道地质人员中的技术骨干。

为了培训新生力量，铁道部在1953年开办了一个规模较大的工程地质培训班，传授专业知识，我也协助他们培训人员。学员除新招的毕业生以外，也包括在职的工程技术人员。在学习期满以后，这批后备军又一起到宝略段进行系统的现场实习。一大批新生力量就这样成长起来，并分配到全国各地，现在都已经成为骨干力量。

还是谈我在宝略段的野外工作吧。宝略段又划分为四小段：秦岭段、秦岭—双石铺段、双石铺—白水江段和白水江—略阳段。这四个小段的地质条件不同，存在的问题也互不相同。我们在野外工作的过程中，沿线各类复杂的地质问题接踵而来，最初的线路方案几乎主要受地质因素的控制，不得不一再地调整。例如沿嘉陵江两侧，坍方、滑坡和泥石流等现象比较普遍，线路是否可以通过，完全要根据对于滑坡等不良地质现象的正确评价来决定。我们在野外遇到的情况太多了，比如宝略段秦岭凤县之间，因为地质原因七次跨过嘉陵江；白水江徐家坪之间，为躲避不良的地质条件，线路由江右岸而改取江左岸；桃园、站儿巷、谭子湾等处为避开地质不良地段而改为长隧道；而自白水江以南，线路主要通过石炭系的板岩、千枚岩等浅变质岩系，断层、节理发育，岩石挤压破碎，而山坡陡峻，坡度一般在50°以上，沿江古滑坡很多，坡面极不稳定……

为了使线路安全通过，考察队组成了一个由地质、线路、路基、大桥、隧道等各组人员共同联合的工作组，遇到问题就立即出发到现场，逐段进行深入细致的调查研究，对线路方案与工程设计，重新进行调整。根据不同的地质条件，有的滑坡地段移动线路采取回避的措施；有的高路堑改为明洞，或线路内移改为长隧道；有的洞口不稳定而延长隧道或增加明洞；有的路堤改为旱桥；有的小桥因防止泥石流改为大桥；有的路堑增建御土墙……总之，千方百计地保证了建筑物的稳定与线路的安全运营。

宝成线考察现场（陈梦熊摄于1954年）

1953年的冬天，全线初测工作基本完成了，我们交了初步设计报告。除了线路图以外，所有单独设计的大型建筑，都要分别提交单项资料，包括地质图与地质剖面图，并且规定路基、桥隧等工程设计，都要直接绘在地质图与地质剖面图上。这在工程部门来说还是第一次，是设计工作中的一项重大转变，也就是说没有地质资料就不能进行设计，扭转了过去在缺乏完备的勘测资料的情况下，就盲目进行设计的不合理的设计方法。

当然，这个转变也经过一段复杂的过程，起初有不少设计人员不乐意或不习惯把建筑物放在剖面图上，把图上的地质花纹当作制图中的障碍或累赘。但是当他们逐渐能够运用地质资料以后，在没有地质剖面图的时候，设计人员反而感到工作无法下手了。这就是勘测设计中的一项重大进步，显著地提高了设计质量，到现在已经成为理所当然的事了。

野外遇险

秦岭一带不但地质条件复杂，野外工作也十分艰苦。我们去的时候正赶上炎热的夏天，秦岭的初测工作也进入了白热化阶段。在山坡上可以看到红白旗到处飞扬，满山遍野布满了勘测人员的足迹，地质人员的铁锤敲遍了每个山头的坚硬岩层。尤其是引人注目的钻塔，在很远处就可听到马达隆隆的声音了。

修建宝成路难度大，险情自然也很多。有一次我接到工地打来的一个电话，说乔工遇难身亡。我以为是我们工程队的乔工程师，于是马上上报部领导，并日夜兼程赶往工地。但我到现场一看，乔工健在，牺牲的人是槽探工。当地人的口音中"槽"、"乔"很难区分。我知道了以后，又赶紧向部领导汇报。这件事也让乔工的家属虚惊一场。

宝略段勘察设计告一段落的时候，专门成立了一个专家组，苏联专家也来了。我们联合进行了一次质量检查。其中有一段线路两旁都是陡峭的悬崖，我们只能乘坐橡皮船沿江勘察。专家组有几十名工程技术人员，我们分乘七八只船。苏联专家乘坐的较大的橡皮船走在最前面。突然前面出现一块大礁石，江水因为受阻形成了一段湍急的水流。第一只船果断向右转冲过了急流险礁，而第二只船反应慢了一点，向礁石撞过去了。船体猛然间来了个"鹞子翻身"，船底朝天。船上的人员有的跳上礁石，有的跳入水中，有的失踪了。这个事故很快汇报到了总部那里，并误传成我牺牲了。其实跳入水中的是铁道部的一位姓陈的总工程师。他水性很好，但是因为那一带水流太急，被淹死了。我坐在第三条船上，我们这条船没出事，所以大家下船后赶紧参加营救工作，总算救出了八九个同事。

"三边"政策

1954 年的春天，定测工作在全线展开了。可我们到那里的时候，施工大军也到了。由于任务十分紧迫，我们不得不从各地再次抽调一部分地质人员来支援。地质人员很快增加到50多人，各类技术干部达到100人以上，勘探力量也相应地加强。全线钻机总数增加到40多台，而且还配合开展了物探工作，各分队还正式成立了物探组，一所土工实验室也跟着成立起来了。

因为赶任务，当时全国各地大的工程项目都在实行边勘探、边设计、边施工的“三边”政策，因此在施工过程中经常发生重大事故。1953年夏天我们才开始勘察宝成线，但很快那里就开始施工了。因为这段铁路沿线黄土厚度很大，我们决定在宝鸡建立实验室进行深入的研究。但实验室刚刚建立起来，我们在野外采集的样品送到实验室还没来得及打开，双十铺那边就开始施工了，因为没有采取必要的防护措施，发生了黄土滑坡，造成了人员伤亡。那个地方我根本就没去过，但这个账还是记到我头上了。

还有一件事，就是在打通全线控制性工程秦岭大隧道时，我们初步查明它通过的地方应该是一个大的花岗岩体。我们最初打了几个钻孔，但都打在花岗岩上了。所以我们以为那里的地质条件比较简单，哪知一开挖就出问题了。施工过程中我们发现南洞口在花岗岩体内蕴藏着一个巨大的片岩包裹体，片岩中还有许多小断层。由于隧洞内裂隙水发育，导致片岩湿化后沿断层滑动，引发了洞口大塌方。幸亏当时正是午餐时间，工人全部都在洞外用餐，没有人员伤亡。但洞口原工程设计需要全面重新改动，造成重大经济损失。这也是“三边”问题造成的，因为赶任务，钻探数量不够，无法搞清那边的地质情况。

我回到北京以后，铁道部就给地质部发来了一个文件，说双十铺滑坡和隧道大塌方是我的责任，要我检查。我不服，说你们要搞“三边”，与我有什么关系。我就向部里反映。我写了个文字报告，指出“三边”的做法是错误的。但是“三边”的做法持续了很长的时间，直到改革开放以后才逐步放弃。

1955 年全线勘测工作基本结束，宝成线全面进入施工阶段。根据后来的统计，全线投入地质勘探量共达 83 000 米，仅我们勘测的宝略段铁路 213 公里的范围内就达 59 000 米，当然包括施工阶段进行的一部分勘探量，这在中国的铁路修建史上是空前的。

宝成线是当时我国第一条地形地质条件最为复杂的山区铁路线，特别是宝鸡至广元，横跨了我国中部最大的山脉秦岭与大巴山。两者以略阳为分界线，北段属秦岭，南段为大巴山，铁路线要翻越相对高度达 1 000 多米的渭河和嘉陵江的分水岭，这也是我国当时第一条工程最艰巨的铁路线。

宝成线工程地质勘测工作的完成，对复杂山区的新线选线与桥隧路基等大型建筑的勘测设计，积累了丰富经验，也显示出工程地质在新线勘测中的重要性。我们的工作经验，也为后来西北、西南许多铁路新线的勘测设计提供了范例，避免或减少了山区铁路线可能出现的各类严重的地质灾害问题，因此具有特别重要的意义。对我个人来讲，这几年的工作不但让我积累了丰富的野外经验，更让我熟悉了工程地质工作，并喜欢上了这个专业。如果不是后来工作任务的转变，我可能会一辈子研究工程地质学了。

苏联专家

新中国成立以后，我们国家地质人才的短缺，不但严重制约了地质事业的发展，而且也无法满足国家建设的需要。学习苏联的先进技术，成为在短期内发展中国地质事业的有效途径。尤其是毛主席号召全面学习苏联以后，大批苏联专家来华工作。地质系统因为涉及很多与国家经济建设有关的新领域，更是缺乏经验。20 世纪 50 年代，地质部门和其他有关的生产部门，都聘请了大量苏联专家来华参与工作。那时中国的地质野外勘探业务的内容和规章制度，基本上都是按照苏联的模式确定的。

地质学领域的苏联专家

新中国成立以后，为了配合国家经济建设，水文地质、工程地质上得比较快。这些工作我们过去又不是很熟悉，所以邀请来的苏联专家就比较多。我因为工作的关系，接触的部门又比较广，像地质部、铁道部、建工部、水利部、地质学院，甚至中国科学院的苏联专家，我都接触过。

建国初期铁道部有个庞大的苏联顾问团，他们来到中国帮助我们修建铁路。这个顾问团中，与铁道建设有关的各个专业方向都邀请了苏联专家，比如线路、隧道、站场、大桥、路基……其中也包括了工程地质方面的专家学者。过去铁道部缺少工程地质方面的专业人员，在苏联专家的帮助下，这个专业开始在我国变得非常重要了。我们在大学里并没学过工程地质学和水文地质学的课程，所以我完全是在实际中从头学起。因此苏联专家发挥了很大的作用，他们经常到实地去指导工作，我在宝鸡参加渭河大桥勘探时，就有好多位苏联专家到现场去了。

在铁路勘测方面，我们主要是按照苏联的规程规范开展工作。所以在铁道部期间，我们偏重学习苏联专家技术方法方面的东西。但是到地质部、地质学院和中国科学院的苏联专家，在理论方面对我们的影响就大些。苏联专家经常举办报告会，或者通过举办培训班讲解这方面的理论和规范。我们那时候召开的各种学术会议苏联专家也经常参加，还做大会报告。我印象中有鲁萨诺夫①讲水文地质分区、别洛乌索夫②讲大地构造的基本问题、马舒柯夫讲斑脱岩问题、麦德维捷夫③讲小区域地震烈度划分问题、列别捷夫④谈矿产储量计算等。

我第一个接触到的苏联专家是华库连柯，他是铁道部邀请的顾问。他1952 年就到中国来了，可能也是铁道部中最早来华的苏联专家，所以对我国铁路工程地质的影响也最大。华库连柯比较老成、庄重，相貌堂堂，穿着也比较正规。给我印象最深的是他穿的皮鞋都是方头的，衣服又宽又大。华库连柯是个很有耐心的人。当时我们对怎么开展工程地质工作、怎么要求、具体怎么部署都不熟悉，他来了以后就一项一项从头教起。野外回来以后，我们也要向他汇报。每次他都是认真倾听，并提出具体的意见。在重大决策方面，华库连柯更是发挥了重要的作用。

我们在进行宝成线勘测地质的时候，当时提出了两个方案，一个走天水，一个走宝鸡。因为对两个方案意见不一致，我们就去请教华库连柯。他提出只有深入比较才能做出决定，特别是复杂山区的地质条件，是确定线路方案的最重要因素。于是 1951 年铁道部成立了沿天水到成都线路考察的“天成队”，把这个方案放在第一位。我们在室内，从线路距离、沿

---

① Б. Д. 鲁萨诺夫，苏联水文地质学家，著有《论新地质构造运动对四川盆地深层地下水垂直水文地质分带的影响》（滕世超译，地质出版社出版，1956 年）。

② 别洛乌索夫（В. В. Белоусов，1907—1990），苏联地质构造学家，曾在莫斯科地质勘探学院、苏联科学院地球物理研究所等机构工作。一生发表 300 多篇论著。因其突出的学术贡献，获得多项学术荣誉，他是苏联科学院通讯院士，瑞典、印度、纽约、意大利科学院院士，伦敦、美国、法国、比利时、印度地质学会的会员，英国纽卡斯尔、德国莱比锡大学名誉博士。

③ 麦德维捷夫（С. В. Медведев，1910—1977），苏联工程地震学家，苏联科学院地球物理研究所地震危险研究室主任，俄罗斯联邦功勋科技活动家和国家奖金获得者。

④ 列别捷夫，苏联水文地质学家，著有《地下水平衡研究的原理及对其动态预测的几点意见》（滕世超译，《水文地质工程地质》，1960 年第 6 期）。

途经济条件、施工条件等方面的分析比较认为，这条线路比较优越。但是经过一年多的野外实地考察，发现这条线路地质条件恶劣，地质灾害严重，最后决定放弃天成线而采用了宝成线。

华库连柯走了以后，铁道部又聘请马次罗布义夫来华担任顾问。马次罗布义夫在中国的时间比较短，他长得比较矮小，不如华库连柯那样更像英国绅士。但他人也很好，一到中国就亲自跑野外做示范、指导工作。我们在宝鸡附近勘察时，他刚到中国不久，他到宝鸡的第二天就到野外和我们见面了。

1953 年我们在野外的时候，铁道部还派了一个苏联专家组到实地指导工作。我记得其中有马次罗布义夫、吉普卡洛、沙布里等人，陪同他们的翻译叫刘光裕。他们到了以后审查了我们的地质资料，并且讨论了现场考察中遇到的具体问题。我还陪同他们视察了宝东段的勘测现场，给我印象最深的是苏联专家很重视工程建设中的地震地质问题。

1954 年马次罗布义夫走了以后，铁道部又聘请了谢洛敏切夫来华担任顾问，他是工程地质专家。谢洛敏切夫在中国的时间比较长，而且经常亲自到现场指导，所以跟我们合作的时间也最长。

谢洛敏切夫个子很高，是个典型的俄国人，经常和我们一起去野外。他到的时候铁路勘测的初步设计已经完成了，铁道部组织了一个专家顾问团，大概有五六个专家去检查全线的工作。这个专家组的组长是巴斯库金，施工方面的专家是奥弗恰洛夫，站场方面的专家是沙布里，线路方面的专家是吉普卡洛，工程地质方面的专家就是谢洛敏切夫。那个时候中国人对苏联专家特别尊敬，无论他们走到哪里都是前呼后拥的。开会时主要由谢洛敏切夫做总结和大的报告，而一般的苏联专家就不做了。我们从野外回来，也主要向他汇报。苏联专家到北京以后都住在友谊宾馆里面。所以那时我一到北京，友谊宾馆就是我常去的地方。

1955 年，地质部水文地质工程地质局先后聘请了鲁萨诺夫、马舒柯夫和阿加比也夫[①]来华指导工作。鲁萨诺夫的派头与一般专家不一样，很有风度。他在理论方面水平比较高，所以经常向我们介绍一些苏联的地质学理论。阿加比也夫的特点是理论问题谈得少，他主要是在实际工作中与我们讨论具体技术问题。马舒柯夫主要讲工程地质问题。

鲁萨诺夫到了中国以后，一方面指导宏观规划，另一方面指导水文地质普查。他们帮助我们制定规划，在全国范围内开展比例尺二十万分之一区域水文地质图的普查。在第一个五年计划期间，我们先后在山东半岛、雷州半岛、河套平原、松辽平原、关中平原、成都平原、河西走廊，以及新疆和柴达木盆地等地区完成了测绘工作。这些工作都有苏联专家在现场指导，及时解决工作中遇到的各种技术难题。后来我们在北京、西安、包头、乌鲁木齐等大城市供水勘探中，也得到了他们的帮助。在鲁萨诺夫的建议下，我们选择北京、包头、西安等城市，建立了我国第一批地下水长期动态观测站。这些观测站积累的经验，为 50 年代末期全国各省建立的观测网提供了帮助。

在 50 年代的三峡工程勘探中，苏联还派出了以著名工程地质学家波波夫[②]教授为首，包括索柯洛夫和谢苗诺夫等著名地质学家的专家组，来帮助我们解决三峡地区的许多复杂工程地质问题，但我没有参加过他们的活动。他们到中国以后，在制定许多重要文件时都提出了重要的意见。苏

---

① 阿加比也夫，苏联水文地质学家，著有《中国矿床水文地质分类原则》（《水文地质工程地质》，1957 年第 8 期）。

② 波波夫（И. В. Попов），苏联工程地质专家，著有《民用建筑与工业建筑简易工程地质勘测快速操作暂行规范》（李文源译，地质出版社，1956 年）、《工程地质学》（方黎，等译，地质出版社，1957 年）、《工程地质图编制法》（邵丙寅译，地质出版社，1958 年）等。

联专家的指导不仅有利于解决当时的勘察方向，而且在提高理论水平方面也起了极大的作用。

地质部聘请的苏联专家中，马舒柯夫是搞工程地质的，跟鲁萨诺夫是同一个时期来华工作的。那时候我们国家正在建设武汉长江大桥，虽然这项工作属于铁道部，但大桥建设重点是搞桥基，属于工程地质内容，所以他也参与指导了铁道部的长江大桥的勘探工作。

阿加比也夫是地质部最后一个来华，也是最后一个离开的苏联顾问。他在中国的时间比较长，做的工作也很多。那时候地质部的水文地质主要分为两个部分：区域水文地质和矿区水文地质，他主要管矿区水文地质和城市供水水文地质。

地质部聘请的苏联专家大都在部内做过报告或者在培训班上讲过课。我曾经听他们讲过中国水文地质分区等问题。当然，苏联专家讲课最多还是在地质学院。因为那时候中国的水文地质、工程地质刚刚起步，缺乏人才。很多苏联专家来华帮助培养这方面的人才。他们工作很努力，每个人都同时带二三十个学生。北京地质学院的苏联专家中，我接触最多的是克利门托夫[①]，他曾经应聘到北京的地质学院和长春的地质勘探学院工作，主要是教水文地质学概论、矿床水文地质学和地下水动力学，但是除了这三门课程外，他又根据中国的需要多教了一门普查与勘探水文地质学课程。这门课是计划之外的，而且是为了培养中国水文地质学家开设的一门应用性课程。他讲这门课，经常以中国的情况为例，所以很适合中国学生学习。他讲授的 4 门课中，有 3 门课的教材翻译成中文出版了。[②]

---

① 克利门托夫（П. П. Климентов），苏联水文地质学家。

②《地下水化学分析资料整理指南：附换算表 25 个》，李耀光等译，高等教育出版社，1956 年。《普查与勘探水文地质学》，刘英林等译，长春地质勘探学院，1957 年；地质出版社，1958 年。《水文地质学概论》，地质出版社，1957 年。

在编写《普查与勘探水文地质学》这本教材时，克利门托夫正在生病，这本书稿就是他在医院和回家养病期间完成的。由此也可以看出他对工作的热心。他从 1955 年开始在地质学院当顾问，我和他来往比较多。在地质学院的苏联专家里，克利门托夫是成果比较多的一位，他的很多教科书都被翻译成了中文，他把其中的一些书送给了我。地质学院的其他苏联专家我也认识，像诺沃日洛夫①就曾经把他的《工程地质学》中文译本②赠送给我，但这些专家我大多是在评审会上遇见的，平时接触不多，也没什么来往。

1955 年 11 月陪同苏联地震地质专家到西安、三门峡、兰州、河西走廊一带考察（摄于三门峡）。左起：贾福海、徐煜坚、陈梦熊、高什科夫、张文佑、麦德维捷夫、×××、陈庆宣、刘东生

① 诺沃日洛夫（В. Н. Новожилов），苏联地质学家。

②《工程地质学》，东北地质学院工程地质教研室翻译组译，东北地质学院出版科，1956 年。

50年代中后期我到柴达木工作，那时也来了几位苏联专家，都是搞地质的。这些人大多是某个领域的专家，构造方面、地质方面、物探方面……各个方面的都有。

除了铁道部、地质部、地科院的苏联专家外，我也接触过中科院邀请的苏联专家。1955年冬天，中科院地球物理所邀请了两位苏联地震地质专家，一位是莫斯科大学地质系主任高什科夫[①]教授，另一位是麦德维捷夫博士。我们陪同苏联专家一同到西安、三门峡、兰州、河西走廊一带考察。这次考察我也去了，中国方面参加的人员主要来自中科院，有地球物理所的傅承义[②]、谢毓寿[③]，地质所的徐煜坚[④]等人。高什科夫是新构造专家，当时我国新构造运动研究刚刚开始，他在野外结合地震谈了不少新构造现象。后来回到北京，他又做过多次报告，介绍新构造研究的基本理论和研究方法。对我国开展新构造运动研究起到了促进作用。这对我的启发也很大。我后来还专门写过一篇文章介绍这个理论[⑤]。麦德维捷夫则重点介绍了地震烈度的划分方法，特别是小区域地震烈度的划分。这对地震地

---

① 高什科夫（Г. П. Горшков），苏联地震地质专家，著有《地震》（王智量、林念松译，天下出版社，1951年）。

② 傅承义（1909—2000），福建闽侯人，中国科学院院士，中国地球物理学的主要奠基人之一。1933年毕业于清华大学物理系。1944年获美国加利福尼亚理工学院地球物理学博士学位。1949年以后在中国科学院地球物理研究所工作，并先后在北京地质学院、北京大学、中国科技大学负责建立了有关地球物理学教研室，并任中国科技大学地球及空间科学系主任。

③ 谢毓寿（1917—），江苏苏州市人，地球物理学家、地震学家，工程地震学的奠基人。1938年毕业于东吴大学理学院数理系。1949年以前曾经在中英庚款董事会、东吴大学、甘肃科学教育馆、经济部中央地质调查所、四川省地质调查所工作；1949年以后在中国科学院地球物理所工作。他根据中国国情编制了地震烈度表，在地震烈度小区域划分和工业爆破的地震效应及水库地震研究等方面做了许多开创性的工作。

④ 徐煜坚（1913—1992），广东香山（今中山）人。1940年毕业于西南联合大学地质地理气象系。后为李四光教授的研究生和助手。1949年以后在中国科学院及国家地震局地质研究所工作。

⑤ 陈梦熊. 谈谈新地质构造运动. 地质知识，1956（5）：1～4.

质的研究影响很大。

两种不同的学术传统

建国以前，我无论是在学校还是在工作岗位上，接受的大多是欧美的学术传统。新中国成立以后我又接触了苏联的学术理论。我感觉这是两种不同的传统。地质学的一般理论，苏联和西方差不了太多。只是在内容、观点和方法上有一定的差别，苏联稍微落后一点。苏联比较偏重应用方面，他们有一套规程规范，这要比美国全；美国人则不太重视那些机械性的规范。像美国人填地质图，想怎么填就怎么填；苏联方面则有严格的规定，比如多大面积要有几个观测点，就规定得死死的。

早在 1947 年到 1948 年，地质调查所就建立了第一个工程地质研究室，那时候是学习美国的传统。因为我国要开始搞三峡大坝工程，就派了叶连俊和郭文魁去美国留学，专门学习美国的水文地质、工程地质。后来美国方面也派了工程师来华协助三峡勘察，地调所就派姜达权协助一位美国人 Jones① 一起工作。但是由于战争的影响，三峡勘探很快停止了。所以我们国家的工程地质、水文地质学真正建立起来，是新中国成立以后的事情。正好在那个时候，我们就开始学习苏联了。

苏联和美国工程地质最大的不同，就是美国搞工程地质比较开放，比较重视创新，所以工作方法也比较灵活；而苏联则偏重应用。比如在铁路工程地质勘测方面，苏联有一套具体的规程规范，这套东西在美国就可能不像苏联那么具体。

我觉得我们那时候学习苏联是学对了，因为苏联的那一套工作方法比

① 据《中国最早的三峡工程规划》（http://liuxueqin.blog.hexun.com/13635041_d.html）记载，Jones 为美国工程地质专家钟佛欧。

较容易掌握。苏联的规程规范我们过去没有。他们一平方公里要做几个点，都定得死死的，只要按照他们的规定去做就行了。当然苏联的方法也不能生搬硬套，实际上“文革”结束后，我们对旧的规范都已结合中国的具体情况，进行了认真的修改。

苏联专家来到中国以后，帮助我们建立起很多新的专业领域。比如矿床水文地质学，就是苏联专家到中国后帮助我们建立起来的一个新领域。工程地质领域，也是随着国内水利工程的兴建，苏联专家带领我们进行了不同设计阶段的专门性工程地质勘探，我们按照苏联的勘察规范，收集整理了大量工程地质资料，最后逐步建立起了一门新的学科。

那时候没有中国人自己编写的水文地质学方面的书，国外工程地质、水文地质方面的杂志也不多。这方面的专业著作都是从苏联翻译过来的。当时长春地质学院苏联专家克利门托夫教授，结合讲学编著了《水文地质学》、《水文地质学概论》、《普查与勘探水文地质学》、《地下水动力学》、《矿床水文地质学》等教材，成为我国最早的一批水文地质专业教科书。苏联新的理论，还通过许多著名学者的著述，不断输入中国。如郎格①关于区域水文地质分区理论，卡明斯基②关于地下水的渗流理论，普洛特尼柯夫③关于地下水储量分类与评价，列别捷夫关于灌区地下水动态预测，

① 郎格（О. К. Ланге），苏联地质学家，著有《苏联区域水文地质概论》［与（苏）费拉托夫（К. В. Филатов）合著，张志诚译，地质出版社，1957 年］、《水文地质学原理 》（张志诚译，中国工业出版社，1966 年）。

② 卡明斯基（Г. Н. Каменский），苏联水文地质学家。著有《矿床水文地质学》（中华人民共和国地质部编译室译，地质出版社，1954 年）、《地下水动力学原理》（北京地质学院水文地质教研组译，地质出版社，1955 年）、《供水水源水文地质调查与勘探：方法指南》（方黎、于淳译，地质出版社，1955 年）、《地下水的普查与勘探》（盛志浩译，地质出版社，1957 年）。

③ 普洛特尼柯夫（Н. А. Протников），苏联水文地质学家，著有《供水用地下水储量分类及其计算法 》（王锐译，地质出版社，1959 年）。

以及奥弗琴尼柯夫①关于矿水方面的专著等，对我国水文地质科学的发展，都产生了深远的影响。通过这些译著，苏联的一套基本理论都介绍进来了。这些水文地质方面的译著我都读过，我还写过一些小文，介绍这些著作②。

“大跃进”及其以后的苏联专家

“大跃进”把 50 年代逐步建立起来的规程规范都给推翻了。在“大跃进”，尤其是“文革”期间，我们在工作中就无章可循了。“大跃进”期间，野外队为了完成“跃进”的目标，许多规范都被打破了。那时仍然有很多苏联专家在中国工作，他们对“大跃进”期间的做法是有不同看法的。

1958 年，我曾经陪苏联专家阿加比也夫到柴达木、山西、内蒙古走了一圈。我们主要是去听取当地野外队的汇报，然后阿加比也夫再针对汇报中存在的问题提出需要注意或者改进的意见。记得我们每到一处，阿加比也夫说得最多的就是：工作方法的采用要有充分的依据、野外收集的资料不够、一定要按照规范进行、应该在质量上跃进，并向自动化方向发展等。但那时候为了“跃进”，哪还顾得上规范问题呢。

记得我们在西安听取汇报时，当地地质人员就谈到为了“跃进”，他们把原来的钻孔数量定额减少了 30%，岩心样品也减少到 15 米。阿加比也夫当时就指出，岩心取样太少、钻孔没有分层资料、地层分层太粗略，这样做会降低质量。类似这样的问题几乎在每一个勘探队的汇报中都有。

---

① 奥弗琴尼柯夫（А. М. Овчинников），苏联水文地质学家，著有《普通水文地质学》（北京地质学院水文地质及工程地质教研室译，燃料工业出版社，1954 年）。

② 陈梦熊. 李奇柯夫著《论杜库恰耶夫的水平分带规律在潜水方面的应用及其他地下水对水平分带的从属性》读后. 水文地质工程地质，1957（2）：46～47.

阿加比也夫在听取汇报时就提出意见，反对这种偷工减料的做法。在一次总结发言时，他针对考察队员强调他们打了多少钻孔作为“跃进”的成绩时，反复强调工作质量问题。他说，工作质量是一切的基础，不断地提高质量就能更快地接近国际先进水平。水文地质工作是不能用数字来衡量，而需要用所完成任务的好坏，是否能满足工农业发展的需要来衡量。设计部门不需要了解我们打了多少孔，而是需要我们提出正确的结论。

阿加比也夫毫不客气地指出，在钻探方面头一年他去检查时就提出过一些意见，但遗憾的是勘探队的工作不但没有进步，而且是更坏了一些。队员对前人的资料没有进行充分的研究，比如有些地区前人已经进行过比例尺五万分之一或十万分之一的测绘了，没有必要再重复这些工作。他提出要重视设计书的审查，如果没有充分研究前人的资料，就不能批准设计，以免做重复性的工作。

我们在咸阳检查工作的时候，发现当地为供水打了很多钻孔，但是能用的大概只有10%。阿加比也夫问勘探人员：为什么要用降低质量的方法来提高工作效率呢？质量应该保证，而且要提高，如果降低质量提高效率只是形式上的效率，只能造成坏的效果。他一再强调应该根据质量衡量好坏。例如队上的千米钻形式上很好，但实际上很坏，这在苏联是不许可的。

阿加比也夫尤其反对缩减观测点，认为这是没有根据的，这样只会降低质量。野外工作各小队联系不够，图幅连接不起来，工作精度和方法都不一致。但我们听过汇报、苏联专家提完意见就走了。“大跃进”期间人们都是头脑发热，那些意见能不能被地方接受就很难说了。

与苏联专家的交往

我在大学读书时学习的是英文。苏联专家来了以后主要就用俄文了。

那时候地质部的俄文学习班很多，但我主要的时间是在野外，根本没时间参加学习班，所以我没有系统地学习过俄文。地质部参加学习班的人员，主要是一些青年技术干部。

好在苏联专家身边都带着翻译，所以我们也没感到语言方面的问题。而且俄文中的专业术语很多与英文是相通的，所以在实际工作中有些俄文术语我也能听懂。我们天天跟苏联专家接触，一般经常用到的词汇也就会了。当然我那时也自学了一些俄文。改革开放以后我第一次去苏联就是一个人去的，我就会几个词，但也能基本应付了。

苏联派出的学者水平还都是比较高的①，他们和我们的关系也处得非常好。在技术方面，我们与苏联专家没有不同的语言，分歧的问题不多，也没有不平等的现象。那个时候中国人和苏联人生活不在一起，所以我们跟苏联专家没有发生过生活方面的隔阂或者矛盾，也没有遇到过很傲慢的专家。苏联专家是老大哥，我们也很尊敬他们，大家都是客客气气的。

我陪同过很多苏联专家到野外考察，给我印象比较深的就是吃饭问题。我们虽然一同旅行，一同坐火车，但我们吃饭的标准不同，他们一天的伙食补助要比我们高得多，所以我们不能在一起吃饭，这也对工作很不利。当时我们也跟组织上反映过，但一直到苏联专家离开的时候，这个问题也没有得到解决。

我在工作之外和苏联专家的接触，大概就是在一起参加了一些晚会。有些苏联专家来华时还带夫人来了，也常组织一些活动，所以那个时候各种各样的晚会特别多。比如地质学院每年都有学位论文评审，那时候叫副

① 地质部部长李四光曾经表示：要聘请苏联专家，就要请好的，不然不解决问题。对于李四光的建议，党内有些干部并不十分理解，曾经提出过一些非议。后来，地质部先后请到专家400多名……李四光认为，苏联专家到中国，带来了不少东西，对我们是有帮助的；但是，同时带来的教条主义的东西，也是很厉害的（马胜云，等. 李四光年谱. 地质出版社，1999，197）。

博士。苏联专家参加，我们也参加，而且都是评审员。我就是在那时认识了克利门托夫。学生们毕业得了学位以后很高兴，自然要庆祝庆祝，所以地质学院经常有晚会。在地质学院教书的克利门托夫个子很高，而他的夫人却很矮，我就常跟他夫人一起跳舞。苏联人喜欢唱歌跳舞，我们在野外考察遇到苏联专家时，有时也和他们一起唱歌，所以我也学会了很多苏联歌曲。

50 年代来华的苏联专家，大多说话比较拘束，不太敢讲话。到了 90 年代情况就大不一样了。记得我和中科院地质所的蔡祖煌①陪同俄罗斯教授米罗年科②在长春逛街，我向他介绍斯大林大街时他很吃惊，问中国为什么会有斯大林大街。看得出来，他对斯大林特别的反感，后来我们才知道他的父亲是列宁格勒大学的校长，是被斯大林迫害死的，他也被关在监牢里并遭到过迫害。

到了 50 年代末期，中苏两国的关系开始出现了问题，1960 年两国关系就彻底破裂了。关于中苏关系的破裂，地质部里边有正式的文件说明此事，但我们看到已经很晚了。在看到那些文件以前各种小道消息就已经很多了，我们也多少知道跟苏联的关系要破裂了。那时我还在陪同阿加比也夫到山西去检查工作。我们都已经知道两国关系开始不好了，但我们谁也不提这些事。

苏联专家撤走以后，我与他们就没再联系。以前我们在一起的时候也多是工作关系，因为我们生活不在一起，甚至连吃饭也不在一起，所以个人之间的来往不多。中苏关系破裂以后，中国政府还是鼓励我们和苏联专

---

① 蔡祖煌（1934—），地质学家，上海青浦县人。中国科学院地质研究所研究员。1958 年毕业于列宁格勒矿业学院地质勘探系水文地质工程地质专业。

② 米罗年科，地质学家，圣彼得堡大学教授。

家保持来往的。像蔡祖煌曾经在苏联留学，后来一直和苏联的同学、同行保持着通信往来。

我再次与苏联学者接触是改革开放以后的事情了。80 年代我去苏联考察时，曾经向苏联学者打听当年来华的苏联专家。那时克利门托夫、克雷洛夫、列别捷夫、高什科夫、麦德维捷夫等人已经去世了，只有鲁萨诺夫还健在。最让我惊讶的是年轻一辈的俄国地质学家，竟然没有一个人知道克利门托夫是谁，本来他是很有名的学者。

青海湖的特殊任务

1955 年 7 月，我还接受了一个特殊的任务。这个任务是二机部布置的，要我们到青海湖去考察。从北京去参加考察工作的，还有中国科学院地理所的施雅风、气象局的易仕明、水利部的李维质和二机部的刘满培。到了青海以后，由青海省地方政府协助我们联系当地的科学机构共同合作，像青海省气象局、西宁水文站和海道测量部青海测深队等单位都参加了。他们或是提供资料，或是派人参加考察。另外，青海民族事务委员会还专门派了一名藏族翻译协助我们工作。

这个工作虽然在我的众多野外考察任务中只是一个小小的插曲，但因为涉及国防任务，是我参加过的野外工作中保密程度最高的一次。而且这个地方比较偏远，过去只有外国探险家曾经去过，中国人没条件去。所以我还是想专门谈谈这次经历。

我们接受任务时，只是听二机部的人说，要了解地震、水文、地质情况，要我们做些先期的考察。但我们知道那是个国防任务，所以大家就猜

草滩上吃手抓羊肉（陈梦熊摄，正面戴草帽者为施雅风）

测青海湖水很深，可能要在那里造潜水艇。还有人猜测，是搞原子能研究的二机部要在青海湖边上设厂。后来我们听说，最初是想在那里建设航天基地。

青海湖中国人去过的很少，中国人正规地考察青海湖我们这是第一次。考察队虽然只有四五名成员，但学科是综合的、单位也是综合的。这次考察以施雅风为队长，是用中国科学院的名义组织的考察队。我们主要在青海湖附近以及海晏等地区工作，考察的区域在青海湖南岸的湖滨平原，当然我们也顺便去了海心山和布哈河下游。

给我印象最深刻的就是我们坐汽艇登上了湖心岛。这在那时候是件很不容易的事情。因为湖面风浪很大，登上湖心岛还是很困难的。岛上散居着一些居民，还有个小庙，庙里住着喇嘛。他们不会说汉语，也很少和外界交往，只有到了冬季，湖面全都冰冻的时候，他们才能到外面去采购些物品。我们是第一批坐船上去考察的人员。在那里我发现青海的藏语和西藏还不一样，我在祁连山考察时学过几句藏语，但我与他们讲，他们却听不懂。

这次考察，我们对青海湖湖区有了很多新的认识。回来以后，除了按照二机部的要求写了报告以外，我们还根据大家在野外收集的资料，整理出一篇学术文章。这篇文章由施雅风执笔，题目是《青海湖及其附近地区自然地理的初步考察》，发表在 1958 年的《地理学报》上。

“漏网右派”

1956 年我从柴达木野外考察回到北京，经吴磊伯介绍加入了九三学社。当时民主党派发展很快，他们就动员我参加。我虽然喜欢结交朋友，但在新中国成立以前我从来没参加过什么政治组织。这一次参加是因为看到我的联大老师孙云铸，我在地质调查所的老上级黄汲清、程裕淇、王曰伦等人都是九三学社的成员。他们都是中国地质学界的权威，所以我想和他们在一起学习会对我很有帮助。而且那时候强调提高思想政治觉悟，我想加入九三学社，也可以在学习中提高政治思想觉悟。

九三学社在地质部设有一个小组，按照规定每两周学习一次。但我们经常要去野外，人员流动大，只有在冬季才能正常开展学习活动，而且只能每一两个月组织一次活动。我出差比较多，参加的次数就更少了。

九三学社以高级知识分子为主，说是政治学习，但大家在一起海阔天空，谈的问题比较广，思想也比较活跃。尤其是在“反右”以前，提倡开神仙会，比较畅所欲言。我又喜欢发言，经常会发表一些自己的观点。所以我把参加九三学社发言的习惯，也带到单位的政治学习会议上了，这让我在“反右”运动中再次受到了冲击。

与“三反”、“五反”时受到的冲击相比，1957 年开始的“反右”运动对我的冲击倒是小了一点。也可能是经过那次政治磨难以后，我已经麻木了，更能适应了吧。

1956 年春天，毛主席在中共中央政治局扩大会议上提出了“百花齐放，百家争鸣”的双百方针，鼓励大家发表意见、大鸣大放。我们地质部在鸣放中比较突出的问题，是外行领导内行的问题。那时强调党领导一切，但科技人员认为有些党员外行缺乏专业知识，领导内行是有问题的。实际上科技人员并不是全面反对外行领导内行。比如我们的局长张更生，他敬业的精神比一般技术人员还要好。

大概是在 1956 年底，有一次地质部召开了上千人的大会，何长工做了报告，动员大家大鸣大放，帮助党整风。从那以后各种各样的神仙会就多起来了，那时天天都在开会，十几个人、几十个人，乃至上千人的会全都有。刚一开始谁也不发言，大家还心有余悸，因为新中国成立以后各种政治运动就没停过。到后来各级领导鼓励大鸣大放，慢慢把大家“引”出来了。而且经过那些年，下面群众的意见也比较多。大家先是观望，后来说话的人逐渐多起来了。

“反右”运动来势很猛，我事先并没有思想准备。“反右”期间正好赶上国家机构大调整，地质部里的机构变动得很厉害。当时全国大部分省区都没有地质机构，所以要在各省成立新的研究所，有的地方还要成立大区的研究所，在专业人员不足、缺乏基础的情况下，新机构建设很是混乱，也没有统一规划。针对这个问题，我就提出全国地质工作的布局、机构应更加合理，应该统一规划。我还提出每个地区组织一些资历老的、经验比较丰富的、对情况了解比较多的技术人员，组建一个相当于顾问委员会的机构，作为党委的咨询参谋。对重大问题多征求技术权威的意见。

我这个意见一提出，就成了跟党对立了。本来是说欢迎党外人士提意见，不抓辫子、不打棍子。哪知道我在鸣放会上提出的意见，后来就成了我的重要罪状，我也成了单位里的主要斗争对象。

我以为这次跑不掉，要成为右派了。因为后来已经把我隔离了，我们局里被隔离的一些年轻人后来都被打成了右派。我最后竟然被划归为“没戴帽的右派”，其中的原因我并不清楚。只是猜测那时候要开展全国水文地质普查，需要我去工作。如果给我戴上右派的“帽子”，就没法工作了。

地质部里最大的右派是“二刘”，刘毅和刘韵，他们是夫妻俩。虽然我不是“戴帽右派”，但这次运动对我和我的家人影响还是很大的。我多次受到了批判。刚开始还只是一般提意见，后来问题越来越严重了。有一阵子整个工作都停下来了，大家都在搞运动，白天晚上地开会。我们刚刚创办的一个杂志也停刊了。我的小儿子陈泽行 1976 年在昌平插队时要申请入团，大队团支部书记让队里的一位团员到我们单位外调。听说我是“没戴帽的右派”，泽行入团的事情也就吹了。

“反右”期间地质部的变动也很大。那时候很多省都没有地质队，后来部里就在一些重要的省建立了由地质部直接领导的直属队。因为缺乏专业人员，部里就派出一些专业技术人员去支援地质队。“反右”以后体制一改革，这些地质队就下放了，改由各省领导了，地质部本身的力量就被削弱了。比如我所在的水文地质工程地质局，就由一百多人一下变成了二十几个人。

“文革”结束以后，组织上曾经问过我有什么要求。我提出了几点，一是“三反”、“五反”没有给我做结论，二是“反右”、“文革”期间我写了大量的检讨材料，希望能够归还。但是这两点都没有落实。

“大跃进”

“大跃进”本身涉及的面很广，我的工作特点又是全国各地到处跑，所以“大跃进”期间我看见或遇到过很多事情。许多我已经忘记了，现在印象比较深刻的有三件事。一是大炼钢铁，二是抗旱打井，三是我家保姆的一些事。

大炼钢铁

因为“大跃进”中要炼钢铁，地质部派我去美术馆那边的冶金部专门学习如何炼钢。我学了一两天，记得还发了讲义，但具体讲了什么我已经记不得了。其实在那种疯狂的年代，学什么技术已经不重要了。当时大家还是很有热情的，只要是党的号召，都会无条件地服从。大家的脑子都不仔细想想这件事是否正确，人们也不愿意去想，想多了会惹麻烦。有一次我从北京到太原出差，火车沿线到处是一片火海。听说连宋庆龄都去炼钢铁了。

我们在部里炼钢铁，问题还不仅仅在技术方面，当时连起码的材料都没有。比如我们架炼钢炉需要一些耐火砖，那时候耐火砖主要用于建高楼，我们就是想买也买不到。实在没办法，大家就说，干脆去偷吧。有人说，王府井的马路是用耐火砖铺建的，我们可以到那里偷。后来是否有人到王府井去偷过，我就不知道了。

终于搞到了耐火砖。我们就在三里河地质部的院子里，临时搭建了一个小高炉。炉子搭起来以后，又发现我们连炼铁的原料都没有，大家只好到处找，最后连我们院子的大铁门都给拆了。就这样东拼西凑炼出来的铁，根本不能用，后来全都扔了。

抗旱打井

“大跃进”讲究“放卫星”，所以很多原来的规则规范都给破了。我虽然也不赞成完全按照苏联的那一套，严格搞定额，但是在工作中也不能不考虑质量问题吧。我就经常强调要考虑质量问题。但那时候不考虑质量，就是要快。

“大跃进”期间地质部成立了支援农业抗旱办公室，要搞抗旱救灾。办公室下面按照地区划分成很多组，负责组织抗旱工作。当时在太原设了一个组，让我当地质部抗旱救灾领导小组的组长，我主要负责太原小组的抗旱。我们说是去抗旱，实际上那一年在农业上是大丰产，但丰产不丰收。因为所有的人都去大炼钢铁了，地里的粮食也没人去收了。

我们当时主要的任务是去打井。记得那次去太原，我是陪着阿加比也夫去的。我们到太原时正好赶上北京地质学院的师生在那里搞 1∶20 万的水文地质图普查。我主管这项工作，所以就去听了他们的汇报。当时口号是教育与劳动生产相结合，他们就提出要放卫星。按照过去的规定，一天要走 20 公里的路线，其中有 10 个或 15 个地质点和水文点。但地质学院的师生为了跃进，把这个定额都给破了。我听了他们的汇报以后就讲：清规戒律可以破，但是也不能一点科学都不讲。这话就引起了他们的反感，学生们说我是反对中央的方针。后来越闹越凶，还要开斗争会批斗我。

这件事我是听山西地质局的总工王植说的。有一天晚上他来找我，劝我说话要注意，不要给“大跃进”泼冷水，否则要闯大祸。王植还说马上就要开斗争大会了，听说要批斗我。地质学院的领队是张席禔，他是地质部副部长，也是我在西南联大时的老师，正好我们又住在同一个宾馆里，当天晚上我就赶紧去找他。最后斗争大会还是开了，可能张席褆也做了些工作，为了保持体面，批斗会上没指名地批判了我，大概的意思就是说我反对“大跃进”。

地质学院的学生在那里工作了一两年，“大跃进”中检查时他们的工作全部通过了。但是到了70年代后期，这些工作又全部返工了。

一斤粮票

“大跃进”一搞，粮食收不上来，很多地方发生了饥荒。刚开始我们在北京，没什么感觉，对全国的情况并不知情。我家里有位姓丁的保姆，她家在合肥郊区。她在我们家干了很多年，“大跃进”期间我们就老听她说，老家里这个人死了、那个人死了。开始我们还以为这些人得病了，后来她偷偷告诉我们，全都是饿死的。刚开始我们还不相信，毕竟合肥还不算中国很穷的地方。后来我到安徽出差，才知道确实有饿死人的事情。

我的工作老是处于流动的状态。我到山东出差，虽然没看到饿死人的情况，但当我看到那里的人吃的东西的时候，很是惊讶。当地人吃一种叫作“瓜菜代”的食物，基本上都是稀的，哪有干的东西可吃，其实就是在喝汤。一次我到湖南开会，路过汉口的时候，发现那里已经吃不到什么东西了。饭店里就是一个青菜汤，这就算是菜了。但我到长沙时，饭店里面还是有菜的，所以开始时全国的情况还不太一样。可是越到后来情况越糟糕，最后就完全没有吃的了。

“大跃进”期间我还到甘肃武山县去过。我们有个新成立的考察队就设在那里，我是去检查工作的。我在抗战时期就去过那里，搞过1∶20万区域地质调查。武山离天水很近，天水附近有个麦积山石窟，我到了以后当地人就招待我们去旅游。那时候正是最困难的时期，我看见从武山到天水沿途都是难民，大部分人都是往东面逃。我们回去的时候，沿途的路边还能看到饿死的人。当时，当地人告诉我，这种情况很平常。

有一次我去酒泉出差，因为那里要建酒泉钢铁厂，我负责检查解决供水的问题。我看到酒泉附近的树皮都给扒光了，而且还听说那里一个村子一个村子地饿死人。我曾经亲眼看见一个老百姓要抢别人的馒头吃，还没抢到手，就倒在地上死了。后来听说通过一个当地军人才把这个情况反映到了中央，中央就采取了紧急措施，从新疆南疆调运粮食到河西走廊，这样才防止更多的人饿死。西北一带的老百姓真好，人都饿得爬不起来了，看到工作组下去，还喊“毛主席万岁”呢！

“大跃进”中我家姓丁的保姆走了，我们又请来一位上海的保姆。那个保姆人挺好，也挺勤快，但她来到我家不久，我们自己的粮食也不够吃了，所以也没法继续留她了。她走的时候我们就给她算工钱，算来算去，我们认为她缺我们一斤粮票，她说我们缺她一斤粮票。本来我们关系非常好，因为一斤粮票就闹翻了。由此可见当时粮食有多么紧张。一次刘东生进城顺便来看我，因为太晚了他赶不回去吃晚饭了，他就提出到我家来吃饭。我说欢迎，但是得交半斤粮票，不然我就请不起他吃饭。

困难时期连粮食都不够吃了，更不可能吃水果糖了。记得有一天，我听说百万庄商店里有卖水果糖的，我赶快就过去了。到那里一看，买糖的队伍已经排出去一圈了。为了买一斤水果糖，我排了两个小时的队。

进入柴达木

50 年代的中期，经过几年的野外工作，我收集了大量的资料，准备系统地总结一下铁道工程地质工作的经验。那时候我一心要编写一本“铁道工程地质学”。但是就在我准备开始工程地质研究的时候，又接到了一个新的任务——被调去负责领导全国区域水文地质普查。

最初我思想上还是有些情绪的，舍不得把铁道工程地质工作丢掉。而且水文地质学对我来讲，又是一个陌生的领域。这是40年代刚刚发展起来的一门地质学分支学科，是建国以后由苏联引进到国内的。那时候中国的基础还很薄弱，李四光先生在第一届全国人民代表大会的发言中就曾经说过：工程地质和水文地质方面力量的薄弱，一直是我们全面推动地质工作中最大的困难。①

水文地质学对我来说是一项复杂、艰巨而又非常生疏的任务，从拟定规划、编制规程规范、确立编图方法，一直到组织专业队伍，指导野外工作，组织完成全国地下水资源的计算和评价，到负责水资源开发的国际合作课题……我又要从头学起了。

好在那时我已经有了十多年的工作经验，学起来还不算困难。从那以后我在水文地质学领域一干就是30多年，尤其是从50年代中期开始，一直到80年代初期全国性的水文地质普查任务基本完成，我在这个领域倾注了大量的心血。可以说，我经历并参与了中国水文地质学从建立到发展的整个过程。

创建963队

水文地质学是一门跨学科的、综合性的边缘学科，涉及地质学中的地层学、岩石学、构造地质学、地球化学、地球物理学，以及自然科学中的

① 见《一九五四年苏联水文地质工程地质专家谈话汇编》绪言部分（地质部水文地质工程地质局编，北京：地质出版社，1954）。

数学、物理学、化学、生物学等诸多领域。这门学科主要研究地下水的分布、运动和形成规律，地下水的物理性质和化学成分，地下水资源评价、开发及其合理利用，地下水对工程建设和矿山开采的不利影响及其防治等方方面面。水文地质学是一门应用性科学，它的基本概念、基本理论和方法可以满足国民经济建设的需要，也同时可以满足地质工程、岩土工程、地质学等学科发展的需要。

50 年代中期，全国范围内都在进行经济建设。城市建设、农业灌溉、矿产开发、水利工程、交通工程……还有其他各种基本建设都需要了解水资源的情况。而且当时各行各业都在制定远景规划，更加迫切需要掌握全国性的区域水文地质资料。

1955 年 2 月，地质部在北京召开了第一次全国区域水文地质会议，当时苏联专家也参加了。会上 M. M. 克雷洛夫、B. Л. 鲁萨诺夫、K. A. 马舒柯夫等人建议在地质部水文地质工程地质局内，建立区域水文地质工作机构，成立中国区域水文地质图编审委员会，直接领导编制全国水文地质图的编制。那时候苏联已经开展了大量水文地质分区研究，并取得了辉煌的成就。在苏联专家的建议下，会议决定开展全国区域水文地质编图及普查。

根据会议的精神，地质部决定利用制图的方法，综合已有的水文地质资料进行水文地质区划。这样可以比较直观地阐明区域水文地质条件，进而为发展国民经济服务。1955 年 4 月，地质部水文地质工程地质局组建了资料收集小组，专门到华北、东北、西北、中南、华东、西南等各区的水文地质勘测部门及各区地质局收集资料。从 6 月份开始，我和其他几位工程师就带领着一批年轻地质学家开始在全国范围内大规模、系统地调查收集水文地质资料，我们决定首先从编制二百万分之一全国区域水文地质分区图入手。

国外的水文地质学也都是从区域水文地质的调查开始的，我们中国也不例外。水文工程地质会议之后，地质部决定有计划地在全国开展区域水文地质普查，并决定首先从西北开始试点。普查地点选在哪里，当时在地质部内有很大的争论。那时水文地质普查已经在华北地区展开了，但是西北地区的水文地质资料还是空白。我力主在柴达木地区开展工作，因为柴达木是一个具有代表性的地方。

1956 年地质部决定组队进入柴达木，我就担当起了筹建青海省第一个水文地质队——柴达木水文地质队的任务。这个队当时的编号是 963 队，那时候野外考察队一般都称编号，编号的规则我记不得了，大概 6 代表西北地区吧，比如在柴达木的石油大队编号就是 642。我担任了 963 队的副队长和技术负责人，队长是于士礼。在我们之前从来没有在柴达木进行过大规模的考察，所以我们这支队伍也成为中国大规模组队进入柴达木考察的先驱。

柴达木的野外生活

柴达木是个很有代表性的地方，我们也是最早一批进入柴达木的大型考察队。与我们同时进去的还有石油部的一个考察队。这两个考察队都在冷湖地区工作，但是所属的系统不同：一个属于地质部，一个属于石油部。石油部的给养条件比我们要好得多，柴达木地区交通运输条件很差，石油部的考察队就储存有很多的罐头。好在我们两个队之间交流比较多，我到他们那里就经常吃罐头。

两个系统的考察队是各自进行考察的，石油部的考察队是以找石油为主，其中也有水文地质的考察内容。我们地质部的考察队重点就是水文地质考察。所以我们两个考察队调查地下水时有合有分，但工作还是各做各的。我们是按照 1∶20 万统一规划，调查全国各地的水文地质情况，他们是按照他们的系统做的，主要是为开发油田服务。这种部门分工方式是学习苏联的，所以苏联这套行政系统也是挺复杂的。

1956—1957 年的大部分时间，我是在柴达木度过的。我不在柴达木的时候，就由队里的范锡朋负责。我是队长兼主任工程师，我们这个队有五六十人，技术人员有十几个。考察队的筹备工作都是在西宁做的。

最初决定到柴达木考察时，考察计划是在北京做的。计划制订好了以后就要建队了，但是由谁领队去考察呢？当时谁都不愿意去。本来地质部想派一位姓方的工程师去，他不愿意去。大家都知道柴达木环境恶劣，过去很少有人进去，所以一般人一听说要去柴达木都害怕。我想越是危险的地方越要去，所以就主动报名担任领队。

我带领着考察队首先到达了柴达木东部的大柴旦。那里是柴达木的交通中心，也是柴达木里唯一的居民点，考察队的队部就建在那里。但不久以后，我们考察队又转移到了冷湖地区。我们去柴达木一般是从东面进去，从当金山出来。当金山是进出柴达木的北路，也是重要的一条路。考察队的食品运输也主要依靠这条路。但是这条路的海拔落差很大，有一位苏联专家检查完工作，从柴达木坐车出来，因为海拔落差太大，变化太快，身体无法适应，到了平原地区就去世了。后来另一位苏联专家再出来时就小心了，汽车开一段距离他就让司机停车，休息一会儿再往前走。

在柴达木考察条件十分艰苦，进入柴达木后我们遇到了一系列的难题。首先，从内地去的考察队员不适应当地的环境，我们到那里不久嘴上就开始起泡。那时候最大的问题是吃不上蔬菜、肉等新鲜食物。当时有汽车专门负责运输，解决后勤保障问题。考察队的食品主要依靠汽车运输，

1957 年夏陈梦熊在柴达木野外

而汽车翻越祁连山要半个月甚至一个月才能往返一次，因此我们的主要食品是罐头。

环境条件恶劣也是一大难题。冷湖地区的条件在柴达木还算好些，至少我们这些人的喝水问题基本能解决了。我们就在那里搭起了几个帐篷，但那里每天刮大风，下午两三点到四五点风力最大，有时候连驻地的帐篷也被掀翻了。所以我们主要是早晚工作，中午就在野外休息。最令我们头疼的问题是蚊子，柴达木的蚊子漫天飞舞，工作的时候我们可以带上面罩防止蚊虫叮咬，但是上厕所时就比较麻烦了。

此外，当时西北地区社会治安状况尚在恢复之中，于是各种传言不绝于耳：蒋介石派飞机空投特务、哪里又被土匪抢了……各种传闻一时难辨真假，但有一件事情是真的：有一个小队在柴达木东部调查石油，他们误入了一个风蚀地貌区。那里地形复杂，进去以后很难辨别方向。小队的八名考察队员就在那里因迷路再也没有走出来。为了纪念他们，这个地方被命名为“南八仙”。

南八仙

南八仙，地处青藏高原柴达木盆地北缘。7 500 万年前第三纪晚期和第四纪早期的湖泊沉积物，由于地质运动抬高而脱离水体，盐和沙凝结地壳被西风侵蚀雕塑而成。它们广布于柴达木西北部，是世界最大最典型的雅丹景观之一。因其奇特怪诞的地貌，飘忽不定的狂风，由于地形奇特而生成的诡秘瑟人的风声，再加上当地岩石富含铁质，地磁强大，常使罗盘失灵，导致无法辨别方向而迷路，被世人视为“魔鬼城”。1955 年，一支由八人组成的地质队为寻找石油资源进入这里。返回途中遇沙尘暴，仅有的标志也被掩埋，迷失了方向，不幸全部牺牲。

考察队的工作主要由朱夏、李奔、李华等人负责。当时在柴达木的野外工作方法，与我在新中国成立前在甘肃搞区调的方法差不多，但是在技术手段上有些提高，我们通过物探、打钻的方法调查地下水。考察队不但配备了钻机，还建立了一个小型气象台、一个水分析实验室和修配车间。考察队的人员配备比较齐全，除了地质专业人员外，还有司机、修配工人、物探人员、绘图员等。地质人员在野外收集资料、作路线图。每天晚上在帐篷里登记标本，整理野外记录，给图上墨……另外，每一两周我们还会综合整理一次资料。到了冬天，考察队就停止野外工作，回到北京写考察报告了。

经过大家的努力，考察队完成了冷湖地区 1∶20 万的两个图幅的普查任务。1957 年 1 月，在《水文地质工程地质》杂志创刊号的封面上刊登了柴达木钻机的照片，我撰写的中国第一篇区域水文地质文章也发表在这期刊物上①。

本来水文地质普查已经全面展开了，工作做得也很好，但是“大跃进”开始以后我们的全部力量就都转移到抗旱方面了。柴达木考察告一段落后，考察队员一部分转移到了中国科学院组建的治沙队中，主要负责治沙队里面的水文地质工作。

“大跃进”中为了抗旱，打井打了几千几万个。我们总是在走重复的路，现在也是这样，只宣传打了多少井，出了多少水。但是谁为这些工作奠定了基础？从来没有人说。像我们 1∶20 万的水文地质图起了很大的作用，我们在工作中建立了一整套的理论和规范。所以现在打个井，水冒出来了，都是过去工作奠定的基础。

其他地区的普查工作

柴达木工作开始以后，地质部逐步在各省开展水文地质普查，特别是在东北、华北、西北都组建起了考察队。在此期间，我还参与了各省检查组队情况的工作，主要是陪着张更生一个省一个省地跑。这项工作十分繁琐，从建房、招人、选总工程师、搞设备、建修配车间、建化验室等，方方面面都要关注。到 50 年代末期，我几乎跑遍了几大地区的所有大型考察队。

经过大家的共同努力，到 50 年代末期水文地质普查已经成绩斐然了。

---

① 陈梦熊. 柴达木盆地的区域水文地质条件. 水文地质工程地质，1957（1）：16 ~ 21.

比较有代表性的有：1957 年正式出版发行我国第一种《水文地质工程地质》刊物，1958 年编制出版中国第一幅比例尺 1∶300 万中国水文地质图和第一本专著《中国区域水文地质概论》。到了 60 年代，相关省份也编制出版了 1∶100 万黄淮海平原及松辽平原的水文地质图系，这些是我国最早按自然单元编制的小比例尺图系，并建立了“图系”的典型模式。这项成果还获得了 1978 年全国科学大会奖。1959 年为了纪念建国十周年，还出版了我国第一本利用本国资料编著的《实用水文地质学》。这些工作我都参与了。

这一时期发表的论文更多，陆续发表了有关中国水文地质分区、中国潜水分带规律、中国的自流盆地，以及有关华北平原、松辽平原、关中平原、内蒙古高原、河西走廊、柴达木盆地、准噶尔盆地、塔里木盆地等的区域水文地质论文。因此，50 年代也成为中国区域水文地质学的开创时代。

可以说我们的多数成果都是开创性的。《实用水文地质学》这本书的编写就是一个例子。在我们的书出版以前不久，苏联的水文地质学著作已经翻译成中文出版了。我们编写的著作和苏联人编的水文地质学最大的区别，是我们使用了中国的材料，而他们的书中用的都是苏联的材料。我们写作的目的，就是想创立中国自己的水文地质学。当然从理论方面讲，我们都是用的苏联的理论，还没有很大的创新。我们编写的《实用水文地质学》是根据全国区域水文地质普查和相关学科的初步成果，也是集体合作的成果。撰写这本书的目的是为了我们将要开展的 1∶20 万的水文地质普查创造条件，大概有十几个人参加了这本书的写作。我们为了写这本书酝酿了两三年的时间，但是真正开始写大概只用了一年多。第一部分概论大部分都是我写的，第二部分是其他同事写的，他们后来都去了方法所。60

年代初期，地质部成立了一个水文地质工程地质技术方法研究所①，我们都叫它方法所，这个所成立时有100多人，他们中有一部分人参与了这本书的写作。第三、四两部分都是专题性内容，是地质部水文地质工程地质局的人写的。

60年代初期，经过三年困难时期国家开始进入调整巩固阶段。此时华北地区的抗旱成为水文地质工程地质局的一项重要任务。全国各地都掀起了打井高潮，迫切需要勘探人员的指导。1959年秋，地质部党组提出要在1960年基本完成干旱和半干旱地区的水文地质普查。我的任务更重了，可以说那时我投入了全部的精力从事水文地质普查任务。我还专门写过一篇文章，介绍缺水山区的找水经验②。

一直到1966年3月，我还在参加“八省一市农田水文地质工作会议”。这个会议主要是为了抗旱打井，重点是建立小分队，要求地质部门和水利部门的同事一同到山区参加抗旱；4月份我到了北京，参加了地质部抗旱工作组的工作。那时我的研究兴趣也转向了围绕抗旱开展水文地质研究。但是很快“文革”爆发了，我的工作被迫停顿，主要成果产出也因此推后了十多年！

---

① 随着水文地质、工程地质、环境地质学的发展，仅靠传统的地质方法已经无法满足工作的要求。为了发展新技术方法，1960年地质部建立了水文技术方法研究队专门负责有关的研究。这个机构后改名为水文地质工程地质技术方法研究所，简称方法所。它为提高水文物探、水文钻探、测试、计算等水文、工程、环境地质工作技术方法的应用水平，发展和应用水文物探新技术新方法，提高水文钻探的技术与工艺，研究适于水文钻探的机、管、泵等专用机具，开展水文、工程、环境地质观测、评价方法研究，推动水文、工程、环境地质勘探技术现代化，促进技术进步等方面，做了大量工作。

② 陈梦熊. 当前工农业建设中的几个重大水文地质问题. 陕西地质学会学术报告集，1964.

我虽然不穿军装，但也成了普查部队中的一名技术人员。我的任务就是为部队制定规程规范，调集工程技术骨干力量，组织落实器材、车辆等装备，等等。那时候虽然很累，但我的心情很好，甚至有些兴奋，因为我可以干我所想干的事了。工作忙起来，过去那些不愉快的事情我也就忘到脑后去了。工作期间，我与谷牧同志接触过几次，向他汇报过地下水的情况。谷牧也非常支持我们，他说，你要直升机我就给直升机，要汽车我就给汽车。

第 6 章 十年动乱

“文革”期间的检查手稿

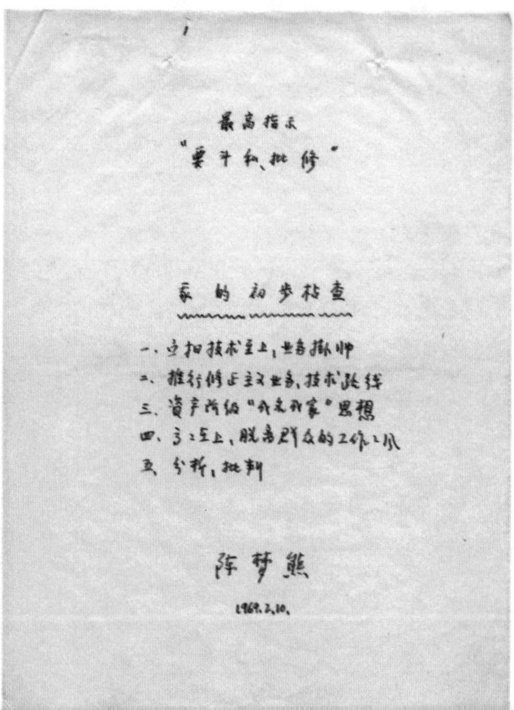

最高指示
“要斗私，批修”

我的初步检查

一、单纯技术主义，业务挂帅
二、推行修正主义业务、技术路线
三、资产阶级“成名成家”思想
四、主观主义、脱离群众的工作作风
五、分析、批判

陈梦熊
1969.2.10.

“文革”还没开始的时候，我的工作就已经受到了很大的影响。1964 年，我到甘肃省去参加“四清”。这段时间虽然参加了一些西北抗旱工作，但那时候人们的脑袋已经开始发热了，不能按照科学规律办事，更听不得一点不同意见。到了 1966 年 5 月，我们被召回北京，参加“文革”。从那以后工作就逐渐停止了。

“文革”期间我写过不少的检查材料。为了过关，不得不大量罗列我的缺点和错误，并加以批判。那时候总是要写各种各样的交代、检查，写多了人也就麻木了，不管那些问题我到底有没有，更不去分析哪些是对哪些是错了，反正就把自己说得一钱不值就是了。比如从60年代初期开始，我和同事们在过去工作经验的基础上，意识到应该加强水文地质学的规程规范建设，开始编制规程规范。我们组织东北、华北各省根据规范编制了松辽平原、黄淮海平原的水文地质图。这些图的绘制方法在当时就作为先进经验，还让我在北京香山会议上做了介绍。但是到了“文革”，这些都被当作了错误的做法。我就在检查中把它说成脱离生产实践、脱离工农群众、脱离劳动、宣传技术至上、业务挂帅的修正主义路线……总是这样反复地进行自我批判，有些话重复了很多遍以后，连我自己也被搞糊涂了。

第一次挨打

“文革”一开始我就感到形势不对了，因为我周围的亲人接二连三地受到了冲击。在那之前我虽然也挨过斗，但没有“文革”这次来得这么突然、这么猛烈、这么广泛。而且这次运动对我已经不仅是精神折磨了，还有肉体上的凌辱。我第一次被打就是在“文革”开始的时候。

三哥陈梦家遇难

“文革”之前，我家兄弟姊妹十人中已有两人不在世、两人不在大陆了，在大陆的六位兄弟姊妹中，只有三哥陈梦家和我住在北京。我们两人年龄相近，又都是由三姐带大的，所以平时来往比较多。“文革”一开始我三哥就受到了批判，他受不了精神上的折磨，多次试图自杀，这让我很是放心不下。

“文革”开始前我已经经历过几次冲击了，所以对于政治运动有些经验，人也变得小心翼翼的。新中国成立以前我做过一段时间绘制地质图的工作，所以特别注意收集各种地图，其中很有价值的地图像我在抗战胜利后勘察三峡时绘制的地质图，还有美国人绘制的地图、日本人绘制的地图……“文革”开始后，我担心会遇到麻烦，就把家中保存的地图全部烧掉了。同时烧掉的还有一些古书，现在想起来真是可惜，但当时还是让我避免了一些麻烦。

“文革”中我感到形势不妙了，我在烧这些东西的时候就想到，我三哥喜欢种花、喜欢收集古董，他家里藏有不少字画、明清家具，这些东西都是“四旧”，保存着很危险。我让大儿子思行去我三哥那里看看，告诉他赶快把院子里的花都给铲掉，把字画尽量烧掉。但我三哥却对思行说“没事”，可没几天他就出事了。

我三哥第一次自杀是吃了安眠药。我的嫂子赵萝蕤打电话给我，但等我赶到医院的时候看见三哥已经昏迷不醒了。离开医院以后我还是放心不下，决定去钱粮胡同我三哥家里看看嫂子。到他家门口一看，已经面目全非了。那里贴满了批判陈梦家的大字报。

我到的时候正遇上考古所的几个人带着附近的红卫兵占领了那个院子，我没想到他们竟然会动手打我嫂子。见我去了，他们不由分说又上来打我。这还是我第一次挨打，除了愤怒和无奈，这个突然而来的袭击让我的脑袋有些发懵。那天我是怎么离开的我都想不起来了。我只记得从我三哥家里出来以后我就往西走，正好碰到频之带着我们的大儿子思行从钱粮胡同西口进来，我对他们说：“赶快逃。”幸亏他们逃避及时，否则也要挨打了。

我三哥第一次自杀时，在医院住的时间并不长，他很快因为有政治问题被轰出来了。后来他又自杀过两次，最后一次是在 1966 年 8 月 25 日。那天上午我接到消息，赶到隆福医院的时候，看到我三哥已经在病床上奄奄一息，不省人事了。没想到这竟成了我们兄弟二人的最后一次见面，几天以后我在地质部也成了批斗对象，不能去看望他了。他经抢救多活了几天，但最终在 9 月 3 日去世，那时他才 55 岁。

我三哥去世的消息竟没人通知我。那时嫂子因为压力太大，精神分裂症复发了，我三哥去世后她就搬回了娘家去住。直到 1967 年春节前后，我的妹妹妹夫来北京串联，我才知道三哥已经去世了。

夫人沙频之受到冲击

“文革”那些年我们家真是麻烦不断。我三哥的事情刚刚过去，我的夫人频之也遇到了麻烦。1965 年频之从应用物理所调到地质部水文地质工程地质研究所，但是不久，水文地质工程地质研究所也外迁到河北正定了。频之只好一个人离开家，跟随单位去了正定。

前面我曾经提到，频之因为在刻蜡版时将“万寿无疆”刻成了“无寿无疆”等原因，被打成了“现行反革命”。差不多有五年时间，她一直被关押在河北省，我们只能靠书信互通消息。

频之刚出问题的时候我们还在北京，水文所的造反派就亲自到北京我的家中抄过几次家。第一次是在 1968 年的夏天，正赶上我的两个外甥女从南京到北京来玩，她们两人那时候也就十几岁，从来没有见过这种阵势，把我的两个外甥女吓坏了。

那天上午大概来了五六个人，都是频之单位的人，这些人过去和我在一个单位，所以我也都认识，现在他们都已经去世了。幸亏在“文革”初期我把很多地图和古书都烧掉了。造反派在我家里翻了半天，也没找到什么“罪状”，就拿走了很多照片，那些照片后来退回了一部分。

造反派走的时候把我们家里的柜子都贴上了封条。他们是白天来的，泽行那天去上学了，等泽行下午放学回家时，他们已经走了。泽行想从柜子里拿些东西吃，就伸手要去撕掉那些封条，我赶紧制止他，连连说：“千万别动、千万别动！”那段时间我已经成了惊弓之鸟，真怕再惹出什么麻烦。可是我们还得继续过日子，抄家的那些人连我们家装日常生活用品的柜子都给贴上封条了，其中有些东西晚上我们做饭就要用。好在放食品的小柜子原来有一个玻璃门，门上的玻璃以前被我们不小心打碎了，我们做饭时就从那个窟窿里面小心翼翼地拿出油、盐、糖、酱油、醋……

我们家被抄了，泽行倒没感到害怕，因为那种场面他已经见过几回了。我家还算是幸运的，我们住的院子里的几位邻居在我们之前都被抄过家。比如贾福海的家就被抄过，他们家的东西特别多，一些字画被红卫兵抄出来扔在院子中间烧，烧了很长时间。贾福海在抄家的时候还被红卫兵打了，我见到他时，他穿的白衬衫上全都是血。泽行那时候也小，还跟着去看热闹。频之单位的造反派后来又来过一次，但我们家里能抄的东西已经不多了。

1969 年我去东北“五七干校”以后，和频之很长时间都没见过面。中间我曾经想去看看她，但因为她有政治问题，组织上没批准。1970 年我从桃山“五七干校”提前“毕业”，下放到湖北地矿厅水文地质大队。直到 1973 年才调回地质部。这年年初，频之也解除了管制，2 月份我就到河北正定把频之接回到北京家中。几年没见面，频之已经跟以前完全不一样了，人一下苍老了很多。

最让我担心的，是她的身体状况已经很差了。经过这么多年的折腾，频之不但身体跨了，精神也跨了。看到她一直情绪低落，我很是担心，因为她过去就因为压力太大而精神失常过。

当“逍遥派”

“文革”期间社会上很乱，我们单位自然也不例外。先是工作组进驻水文地质工程地质局，局长张更生的职务也被罢免了。但是工作组才到了一两个月的时间，中央又决定撤销工作组。接着便成立了各种各样的造反派组织。

地质部在“文革”期间成立了很多造反派组织，那时候叫作战斗队或者叫造反兵团。先是一帮部机关里的年轻人成立了“地质部革命造反兵团”，后来一些反对他们的人又成立了“地质部毛泽东思想战斗兵团”。因为这些兵团的名字太长，为了省事，我们部里的人就管先成立的“地质部革命造反兵团”叫一兵团，后成立的“地质部毛泽东思想战斗兵团”叫二兵团。这两个兵团都是以年轻人为主。老人相对保守些，开始他们还在观望，后来发现只观望不行，必须联合起来才能保护自己，于是也成立了一个造反组织。这个组织叫“东方红革命造反兵团”，后来被称为三兵团。三兵团的成员主要是司局长级别的一些人。

地质部系统中的战斗队有很多，像水文地质工程地质局就有“红心”战斗队、“烈火”战斗队、“红火”战斗队、“巨浪”战斗队、“红尖刀”战斗队……地质部地矿司有“长缨”战斗队，水文地质工程地质研究所有“毛泽东思想”战斗队。此外像“风雷”、“东方红公社”、“地质东方红”、“红色探矿”、“金猴”、“工人”战斗大队等，造反派的组织是越来越多，规模不等，存在时间也有长有短，名称更是混乱庞杂。

这些兵团和战斗队不但互相攻击，还争抢斗争对象。比如一兵团要批何长工，二兵团也要批何长工，他们之间就互相争。随着造反派的组织越来越多，那些没有加入造反派的职工的日子就越来越不好过了，因为哪个兵团开斗争会都会攻击那些无党无派的人。迫于当时严峻的斗争形势，地质部中绝大多数人都参加了这个或那个组织，那时候连司局长级别的人员不参加造反派组织的都少。

“文革”第二年，像我这样什么组织都没参加的人已经没几个了。我也感到日子越来越不好过，于是就左右看了看，一兵团和二兵团以年轻人为主，三兵团老人比较多，但我觉得三兵团也多是官僚。加入哪个组织我都不甘心，所以最终我也没有参加过任何造反组织的活动。再到后来，我成了被审查的对象，已经没有资格参加造反组织了。

到了“五七干校”以后，我连参加政治学习的资格都没有了。我们这些从来也没有加入造反组织的人，后来就被人们称为“逍遥派”。实际上在“文革”期间谁也“逍遥”不起来，我的政治困境在“五七干校”时达到了顶峰。

桃山的日日夜夜

“文革”开始的时候，我们一家还住在白堆子。但是不久，在 1968 年下半年，部里就开始酝酿去“五七干校”的事情了。那时候地质部的“五七干校”有两个地点，一个在江西峡江县，另一个在黑龙江铁力县（现为铁力市）的桃山。最初我听说可以自己选择地点，我就和家里人商量，到底去哪里好。但后来是由部里统一分配的，一、三连去峡江，二、四连去桃山，个人根本没有选择的权力。

桃山

桃山位于黑龙江省小兴安岭西坡南麓，属北温带大陆性季风气候，夏热冬寒，春凉秋爽，四季变化明显。年平均降水量638毫米，但年际降水量相差较大。由于气候适宜，雨量充足，自然生态良好，森林茂密，动物繁多。桃山林业局是伊春林管局所属的国有大型森工企业，局址坐落在铁力市桃山镇内，哈佳线铁路从镇内穿过。

离开前的准备

我们离开白堆子的时候，频之早已在1965年夏天就随她所在单位——水文地质工程地质研究所从北京迁到了河北省正定县。我的大儿子思行正在上中学，还没有毕业。但那时候学校已经停课了。他开始还和我们住在一起，后来因为参加了北京中学红代会战斗宣传队，也就搬过去住了。我听说他们还在义达里抄了一个人的家。他本应该在1969、1970年毕业的，但还没等他毕业就被安排到东北黑龙江省虎林林业局的农场插队去了。

留在我身边的只有二儿子泽行，泽行虽然还小，但我已别无选择，只能带着他。于是我们两人开始收拾东西，我家东西不多，只有一个四层玻璃门的书柜。我们就把柜子里的书整理了一下，大概卖掉了一半。我和泽行一人骑着一辆自行车，到西单商场附近的一个旧书店去卖了两次。家里的家具也基本上都卖了。在那种混乱的环境下，我们也没想到再能回北京，以为会在乡下住一辈子。

部里也算是给大家搞福利，每人可买一个大木箱，两块钱一个。我就在马尾沟买了个大木箱子，把要带的东西都放在箱子里。那个木头箱子跟了我很多年，从北京到桃山，从桃山到宜昌，再从宜昌到北京。后来我把那个箱子送给了泽行，它又一直跟着泽行很多年。

我们还带了两个铺盖卷，可能还有一个皮箱子。听说东北特别冷，我决定每人再买两双鞋。当时市面上能买到的鞋有两种：一种是大头鞋，要20 多元一双；另一种是黑色的半高腰的鞋，东北人叫乌拉鞋，当时北京还不好买，最后还是单位统一从东北订购的。我自己买了一双乌拉鞋，给泽行买了一双大头鞋。我们走前正好赶上珍宝岛事件，泽行还上街参加了游行，但没两天我们就走了。

那时候地质部里大多数人被遣散了，地质部的水文局就有几个人留守。我们走时情况已经非常混乱了，少数没有被下放的人员就开始抢占房子。他们先是占了我家的一间房，说是暂时借住，到后来干脆就全占了。

遥远的路途

1969 年 3 月的一个下午，大概五点多钟，地质部 200 人左右的队伍就坐火车出发了。我们坐的是 17 次特快，部里给我们家一张卧铺票，一张硬座票。本来我和泽行说好，泽行先睡卧铺，夜里 12 点再和泽行换。但等半夜要换的时候，卧铺车厢和硬座车厢之间的门已经锁上了，我们没换成，我就坐了一夜。第二天下午，火车到了哈尔滨。当地接待部门把我们拉到哈尔滨最高级的一家宾馆，我忘记它的名字了，只记得这家宾馆很有特色，外观像个手风琴，现在这个宾馆还在。

那天晚上地方招待得很好，吃得也不错。第二天早上五点多，我们又从哈尔滨的三棵树火车站上车了。这次全部都坐硬座，大概坐了五六个小时。火车先是往南开，到了香坊火车站。我们同去的一位同事叫许贵森，他老家就在那里，但他虽过家门却不能入。火车后来又掉头往北开，过了松花江大桥、太阳岛……3 月份东北还特别冷，刚上火车的时候车厢里特别冷，把我们冻坏了。火车开出去一个多小时，暖气才开始慢慢热了起来。我们坐的是慢车，火车站站停，直到中午才到了桃山。桃山那个地方人烟稀少，说是个小镇，其实就是一条街，是桃山林管局的所在地。

因为地质部去的人多，接我们的三四辆卡车往返了好几趟，所以我们在火车站等了很长时间。其实从桃山到“五七干校”只有十几里的路程，但我们觉得特别远。汽车先往西走，穿过储木场，再沿着进山拉木头的大路走。那是我第一次见到拉木头的车，就是解放牌汽车的车头，后面带个架子。路修得特别高，拉木头的车也开得特别快。因为木头拴得不够结实，经常有木头从车上掉下来，听说还砸死过人。拉我们的汽车左拐右拐，经过两个村子，路过一棵大树，上了一个土坡以后，就把我们拉到了“五七干校”。

那棵大树给我的印象很深刻。因为开始坐在卡车上，我们还能看到农田，等过了那棵大树以后，眼前就变成了一片沼泽地。当时地面都被大雪覆盖着，只能看见一个一个的小包，等雪化了以后我们才看见那些小包都是塔头。

初到“干校”

我们“五七干校”的所在地就是黑龙江省地质局的基建队驻地。我们去的时候“干校”西边有四排房子，一排可住五六家。我被安排住在最北面那排房子里，房子后面就是山坡，我们的房子正好就在半山坡。从山坡上往北面看，就能看见哈尔滨到佳木斯的铁路了。房子旁边是一片菜地，北边是呼兰河。泽行那时才十二三岁，是“五七干校”中年龄最小的成员。

我们这一批人带着孩子的大概有十几个，但他们的孩子大多已经初中或高中毕业了。按照当时的规定，孩子们不能和父母住在一起，要集中住在集体宿舍里。和我们同去的子弟，大概有七个男孩子被安排在一个屋里，五六个女孩子住在一起。唯一特殊的是何长工的夫人尹清平。她当时带着一个最小的孩子，也就是初中毕业，她们母子俩人住在一起。何长工虽然已经受到了冲击，但他的级别比较高，所以他夫人在“干校”的待遇也要比我们好一些。

泽行虽然年纪小，但我也不敢让他搞特殊化。我就把他带到了男孩子住的宿舍。那几个男孩子都比泽行大好几岁，他们互相也都认识，看到来了这么一个素不相识的小弟弟，都不愿意让泽行与他们住在一起。我就愣把他塞了进去，于是几个大孩子就让泽行睡在炕头一侧。东北的土炕能睡下六七个人，小伙子们都是头一次到东北，谁也不知道应该怎么烧土炕。大家手忙脚乱地开始烧土炕，但怎么烧都烧不热。后来慢慢觉得土炕有点温了，而且跑了一天大家也都累了，几个小伙子就上炕睡下。我特地为泽行准备了个狗皮褥子，怕他着凉。那天晚上到了下半夜，土炕就越来越热了，后来变得滚烫，把泽行给热醒了。第二天他起床一看，狗皮褥子被烧了一个大洞。第二天他就不干了，非要搬过来和我住。

劳动锻炼

我们在“五七干校”的工作很杂，先是挖防空壕，后来又搭厕所。但我们一下去了那么多人，首先就要解决吃粮食的问题。所以开春的时候主要的工作就是开荒。我们绕过南面的山，到南侧荒草地带开荒。先是为了烧荒打防火道，防火道有30米宽，我们割掉半人高的野草，打一圈封闭的防火道。打好以后就准备开始烧荒，为了安全起见，大家围了一圈看着。烧荒时我怕危险，没让泽行去。但后来他告诉我他本想骑车去看热闹，才走了一半就看到我们这边的天都红了。更危险的是他在路上遇到了一群狼，起初他还不知道是什么东西，只看见一片绿眼睛。等他意识到那是狼群的时候吓坏了，掉头骑车就往回跑。

东北的土壤黑油油的，看着发亮，特别肥沃。开荒以后我们就准备种地了。地质部统一买了天津拖拉机厂出产的铁牛55，就是后面两个大轱辘、前面两个小轱辘的拖拉机。另外还买了东方红75，是一种履带式拖拉机。这两种机器在当时是很高级的，设备都很先进，一般的生产队是买不起的。设备来了，谁来开拖拉机呢？“干校”领导就决定从子弟里选人，那时泽行还嚷嚷着想去开拖拉机，但他太小。最后大概选出了四个人。

地质部还买了五铧犁，大概买了四五套，我们就用东方红75挂着五铧犁翻地。然后再用耙把大疙瘩的土块耙松，耙了几遍以后，我们开垦的荒地就变成了疏松的平地，然后再用特别宽的播种机播种。

到了秋天，地质部又买了联合收割机，开始收麦子。只用了几天多的时间，好几百亩的麦子就收完了。到“五七干校”以后，我们主要吃高粱米、茬子粥。这些东西吃多了不好消化，泽行就是在那时把胃吃坏的。“干校”还有个豆腐坊，我们有时也吃小葱拌豆腐渣。我们到东北以后，还没怎么吃过馒头呢。第一次要用自己种的粮食蒸馒头了，大家非常兴奋，说是要好好尝尝自己做的馒头。馒头蒸出来很白，但一吃感觉不对，很牙碜，馒头里面的沙子太多了。

在桃山“五七干校”运石子铺路

我们自己也种过白薯。晚上把白薯扔在炕洞里，第二天早晨起来拿出来特别好吃。泽行他们几个小孩有时也偷些老玉米烤着吃。

开始犁地、耙地的时候，我们就没什么活可干了，于是就开始盖新宿舍。我们开着卡车，到很远很远的山里。那里有个采石场，炸出来的小石子当地人叫“石毛子”。我们就用石毛子做原料修路盖房。在去东北之前，我们还在北京的时候就议论过怎么盖房子，我们还以为东北和西北一样，可以盖干打垒的房子，于是在北京专门研究怎么盖干打垒的房子。但我们在“五七干校”盖的是砖房。下半年房子盖好了，盖房用的是白砖，所以盖出来的都是白房子。

那时都说东北有三宝：人参、鹿茸、乌拉草；东北有三怪：大姑娘叼烟袋，窗户纸糊在外，养活孩子吊起来。我们就自嘲说我们盖的房子是第四怪，因为那些房子门是朝外开的，而且还是朝西开。一到冬天，东北就开始刮西北风，房门一打开就听见“呼”的一声，门就被风给吹开了。所以每次开门时我们都要使劲拉着。东北特别冷，房子的窗户都是双层玻璃。两块玻璃之间的距离比我们现在用的双层玻璃要大，我们就在下面塞些锯末，用来保暖。

房子盖好以后我们就搬过去住了，住在从南面数的第二排。房子的结构是进门的地方有一个灶台，对面是火墙。两面各有一间，右面那间较小，比较暖和，住着几位管事的人，我们住在左面的一大间。房间分上下两层铺，下层是土炕，上层是木板钉成的通铺。

“干校”没有排水系统，各宿舍的生活废水就都泼在院子南面的一块空地上。慢慢地就在那里结了一片冰。看到可以在那上面溜冰，大家决定把这块地方搞平整些，弄出了一块冰场，这样就可以给大家提供一个娱乐的场所了。我本来也是爱溜冰的，抗战期间在兰州时还经常和同事去溜冰场溜冰。但到了“五七干校”每天工作很累，我也没有了溜冰的心情，而且那时候的条件也不可能去买冰鞋了。

入冬之前我们干得比较多的就是进山砍柴。大家分组坐在木爬犁上进山。那时全国各个单位部门都统统按照军队编制，在“干校”也是按连、排去活动。我们砍柴也是按照几连几排的编制一起劳动。大家第一次锯木

桃山“五七干校”宿舍

头，都没经验，地方上的人就教我们。把树锯倒以后，我们先砍杈，然后再把木头锯成一段一段的。这样的工作一干就是一天，所以我们都带着饭，直到天黑之前才回到驻地。我们把木头放在院里，先锯成一尺长的木墩，然后把木头砍开。泽行刚开始看着新鲜，还去帮助人家锯木头，但没干几下他就锯不动了。到了冬季，每家门前都垛起了高高的柴堆。有一年冬天我们进山砍木头，在山里发现一只死熊，那只熊的鼻子没了，肚子也没了，但整体还在。后来"干校"就派人进山把熊拉回来了，在院子里放了很长一段时间。

政治学习

在"干校"政治学习是少不了的。除了"早请示、晚汇报"外，其他的政治学习也很多。"干校"的院子里有几个大喇叭，每天早晨都在广播。我记得党的"九大"召开那阵，大喇叭里天天放"长江滚滚向东方"的歌曲，天天喊"打倒叛徒、内奸、工贼刘少奇……"只要不劳动，我们

"九大"歌曲

1969 年 4 月，中国共产党第九次代表大会召开了。"九大"前后推出了很多颂歌，其中最流行的一首是《满怀激情迎"九大"》的颂歌："长江滚滚向东方，葵花朵朵向太阳。满怀激情迎'九大'……"这是 1969 年 4 月，"九大"召开前官方推出的一首歌曲。因为旋律动听，很快成为最红的一首歌，并一度取代《祝福毛主席万寿无疆》成为"忠字舞"的伴奏音乐。到了 1971 年，此歌曲就没人再唱了。

就坐在屋子里学“九大”的文件。那时候还组织我们看了一场电影，是刘少奇访问印尼时的纪录片。看的目的是为了让大家批判。还特别解释一段情景说：印尼领导人带刘少奇看直升机表演，就在他们看表演时有一架直升机掉下来了。刘少奇说，没事，我们空军也经常这样。于是大家就批判刘少奇污蔑我国空军。

平时如果没有什么政治文件可以学习，我们就念《毛主席语录》或念《毛选》。就是大家轮流念。白天干了一天活儿，又念了很长时间的《毛选》，晚上大家也就都累了，很少聊天。那时也不敢聊天，怕又惹出什么麻烦来。我本来生性活跃，但也不愿意多说。后来为了解时事，我就买了一台收音机，那台收音机是在铁力县城里买的，180 元。这在当时算是很贵了，收音机有三个波段，带短波。在我们“干校”一打开收音机就能听见苏联台，但我们谁也不敢听。晚上大家凑在一起，就听听中央台的广播。

“文革”中强调政治，写个总结、汇报也要先抄《毛主席语录》，甚至写家信也如此。有一次泽行给他妈妈写了一封信。我一看开头没写“敬祝毛主席万寿无疆”，就让他赶紧加上去。

那时还从北京带到“干校”一个小保险柜。但因为好久没用了，密码已经想不起来了。有一天“干校”领导决定撬开保险柜，当时我也在场。泽行好奇，也跑过来看热闹。我让他出去，但他说什么也不肯。保险柜撬开以后，就要开始登记在场的人有谁，我只好把泽行的名字也写上了。

泽行那时小，又很淘气，我总是担心他会惹麻烦。我们家里寄来的信件，他总是争着先拆开来看。有一次，我的一个外甥女来信告诉我她已经怀孕了。泽行看到了，他跑到食堂找到我。那时我正在排队打饭，他就非常神秘地、小声对我说：“表姐怀孕了。”我当时就给了他一拳。在“干校”里最忌讳的就是交头接耳地说话。那时我都快成惊弓之鸟了。

业余生活

我们到“五七干校”正是冬天，很寒冷。在我的印象中好像一冬天也没怎么洗澡。夏天到了，“干校”里的年轻人就到呼兰河里去洗澡。女知青在河的上游洗，男青年在河的下游洗。从“干校”驻地到呼兰河一路上都是塔头，年轻人有劲又没处去使，他们就从一个塔头跳到另一个塔头上，一直跳着走到河边。“干校”附近的野地里到处是黄花。女同事们就摘些黄花，准备晾干了吃。但还没等黄花晾干就不见了，后来发现是被鸡给吃了。

在“干校”的东边有个小木屋，是夏天种菜时看菜地的房子。听说有一个人在那看地的时候熊来了，他吓得躲在木屋里不敢出来，后来熊把房子扒开了一条裂缝，好在有惊无险。木屋东边有个小湖，东北人叫泡（pāo）子。当地基建队有个职工的孩子和泽行一样大，两人就常在一起玩。到了夏天，泽行就和他的小伙伴去泡子里抓鱼。

我们还曾经养过一条狗，这条狗给我们带来了不小的麻烦。“干校”附近的锯木厂里原来有条小狼狗，本来是野狗，后来何长工的儿子把狗养了起来。但不到一个月的时间，他就不耐烦了，也不管那条狗了。我看泽行喜欢它，就在我家门口盖了个狗窝，把那条狗养了起来。后来我又养了一条狗，为了给狗改善伙食，泽行常和同伴去掏鸟窝，喂狗。结果那狗见着带毛的东西就吃，后来就开始偷吃人家的鸡。因为邻居意见很大，我们只好想办法去扔了那条狗。我们本打算坐着卡车到远一点的地方去扔狗，司机看到了就说，你们不要给我吧。结果那条狗到他家后又开始偷吃他家的鸡。后来他也只好扔了。

留下的一条狗没了同伴就疯了，开始咬人。有一次把泽行也给咬了，后来又咬了别人。于是“干校”里的几个人就把它打死，给埋了。狗被打死的第二天晚上，就有人来敲门，是当地基建队的几位朝鲜族人。他们又把狗给挖出来了，并做熟了叫我们去吃。他们说，越是让狗咬的人就越要吃。我们不想吃，但为了感谢他们的好意，还是勉强去吃了。当然，我还是不放心，于是带泽行去铁力看医生。桃山到铁力坐火车三毛钱，在桃山站没人查火车票，铁力虽有人查，但管得也不严。所以桃山那里的年轻人坐火车常常不买票。但我们还是买票的。铁力县城有个防治所，是专门治狂犬病的。医生给开了两盒狂犬病疫苗。在“五七干校”的基建队有个医务室，医生就是知青队的一名女青年。她的技术不太好，打针特别疼，泽行非常害怕打针，但没办法，他打了一个月的疫苗。

我们在“五七干校”的日子基本上都是在劳动，当然也偶尔会有些活动调剂一下。1969 年 4 月份，“干校”组织我们去柳河“五七干校”参观。柳河“五七干校”是全国最早的“五七干校”，当时很有名，很多部门都组织去参观。我因为被管制没资格去，泽行和其他“五七战士”一大早坐火车先到庆安，再坐车往南去“干校”。柳河“五七干校”里有个最知名的企业木丝板厂，给大家的印象很深刻。那时候东北盖活动房屋，就把桦树刨成丝，和白颜色的菱苦土搅在一起，压成六七厘米厚的板。白天参观后，晚上又组织大家在“五七干校”招待所听报告，泽行跟着大家走了那么远的路，又参观了一天，已经很累了，他一进去听报告就睡着了。

在此之后，“干校”还曾经组织大家到桃山镇看阿尔巴尼亚电影《创伤》。电影中有句台词：“今天又宰了几个人啊?”这句话后来成了大家的口头禅，见面就问“今天又宰了几个人啊”，就是指又有谁挨批斗了。除此之外，我们还看过一个电影，叫《海岸风雷》，但我已经没什么印象了。

我从小就喜欢看电影，但那时候我已经没有这个心情了。

那时候我的大儿子思行也在黑龙江，在虎林林业局的林场。虎林林业局离桃山“五七干校”坐火车大概需要十几个小时，中间还得倒两次车。我带着泽行去看过他两次。其中一次是在 1969 年“十一”。思行他们到了佳木斯，在合江林管局演出。这些知青统一住在一个大礼堂里，男生住一边，女生住一边。我们也赶到佳木斯去看他。那天我们是中午走的，到了佳木斯已经是晚上了。我在那里还要去找一名佳木斯的女学生。她在“文革”初期时曾经到北京大串联，那时候各个国家机关对外开放，管吃管住，她就住在了地质部。我们当时还在北京，我就认识了她，去佳木斯本想可以碰到，实际上又怎么可以见面呢。

1969 年 10 月与两个儿子（摄于佳木斯刘英俊牺牲处）

在“五七干校”的几年，我们一家四口人分住在三个地方，起初频之那里的条件要好一些，她还偶尔给我们寄些东西来。记得第二年冬天快过年的时候，频之给我们寄了个包裹。她知道我们那里伙食不好，就给我们寄了两罐子羊油。我收到的时候一个罐子已经破了，就剩下了一罐羊油。我就用羊油给泽行炸馒头片吃，但他不喜欢羊油的膻味，所以那罐子羊油吃了很长时间。

我在“五七干校”最头疼的

事情是泽行的上学问题。那时候离“干校”最近的中学在桃山，也没有公共汽车，泽行上学只能靠骑自行车。我就托人把频之的一辆二八的女车托运到桃山，这样才解决了泽行的上学问题。泽行每天骑车上学，单程就将近一个小时。学校的教学质量比较差，泽行又一直跟我过着动荡的生活，心也浮了，那种环境下他也不可能静心读书。泽行上学后经常旷课，刮风不去、下雨不去、下雪不去……总之只要有点理由他就不去上学了。

眼看着泽行渐渐大了起来，总跟着我东奔西跑也不是好事，后来我就和住在北京的亲戚商量，最后决定让泽行回到北京，暂住在他二舅家接着读书。1970 年过完春节，“干校”里允许头一拨人回北京探亲，这些人大多是革命群众，还轮不到我。我就托他们帮忙把泽行带回北京。从那以后，我们一家四口人就住在了四个地方。

泽行回北京后上了一所附近的学校。逢年过节，他也可以去河北正定看他妈妈。其实在去东北之前，泽行就一个人从北京去了正定。那次去是临时决定的，也没来得及和频之打招呼。我把泽行送到火车站，他就一个人去了。火车是中午到的，泽行走到频之所在的水文所已经是晚上了。从东北回到北京以后，泽行就年年去正定看频之。那时候频之已经被发配去养猪了。一个养猪场有十个圈，有个饲养室。频之干什么事情都很努力，她在养猪场还学习先进的发酵饲料的方法，还做实验改进猪饲料。她自己赶着牛车，到石家庄华北制药厂拉麸子水，再制成发酵饲料给猪吃……这些事情都是我后来听泽行讲的。1970 年 3 月干校也给了我一次回北京探亲的机会。那时频之已经好几个月没消息了，我很是担心，想去看看她。但向组织请示，没有获得批准，我就知道频之遇到麻烦了。我只好到上海、南京走了一圈，看了看我家的亲戚。

1970 年夏天，桃山与峡江的两个“五七干校”要合并，我们这些人要重新分配工作。“干校”宣布了第一批“毕业生”的名单，没想到其中竟有我。9 月份我就离开了桃山，那时我也不敢多问，也没有人向我解释，只是告诉我又被调到了宜昌，下放到了湖北。我很高兴，至少又可以回一趟北京了。我到北京时，白堆子还给我家保留着一间房，我和泽行在那里暂时住了几天，后来就去了宜昌。

会战葛洲坝

1970 年 9 月，我被调往宜昌工作。从东北到湖北，一路上我都听人们在谈论“330”。那时候我不知道“330”是什么意思，更不知道要我去湖北到底是去做什么。到了宜昌我才明白，“330”指的就是葛洲坝工程。其实我去的时候，那里已经开始搞葛洲坝大会战了。调我过去，就是让我到水文地质队上去参加葛洲坝工程勘察坝址的工作。这真让我喜出望外，没想到我又可以搞业务了！

我在宜昌一住就近三年。“330”大会战共分成五个部门，水文地质是其中之一。会战工作主要由五个单位联合抓：地质部、水利部、长江办公室、湖北水利厅、中南水电设计院。我到的时候地质大会战刚刚开始，并成立了地质组，组长是长办的人，我担任了副组长。

工作中我发现，当时用于勘探的钻探机大概有 100 多台，但是地质部提供的钻机最少，也就十几台。我觉得地质部至少需要 30 台钻机，于是就给部里多次打报告，希望增加钻机的数量。但那时候我还是反动权威，说话不管用，打了很多次报告都是石沉大海。按照当时的分工，葛洲坝主坝由长办、水利部负责，我们地质部重点搞副坝。地质部在地质方面力量

1970 年葛洲坝勘探誓师大会

很强，但是在其他方面实力就不行了。所以我们把工作重点放在了水库地震、环境地质灾害等问题上。

我开始工作的时候，葛洲坝施工中的各种问题就已经凸显出来了。我一到宜昌，就听到大喇叭里在播放周总理对“330”地质工作的指示，要求在施工中重视地质安全方面的问题。因为葛洲坝地区地质构造复杂，那里的地层有软弱夹层，就是两层坚硬岩石之间夹着一个质地柔软的泥岩，一旦泥岩滑动，就会造成严重的安全隐患。但发现这个问题的时候，葛洲坝工程已经上马了！

那时候的工作方法我们称为“三边”，就是边勘察、边设计、边施工。本来这三件事应该按照顺序先后来做的，但为了赶进度，也顾不上这么多了。“三边”工作方式存在的隐患很多，我在50年代就曾经向上级写报告反映过。但新中国成立以后，我们国家在很长时间都是用这种做法开展工程建设，葛洲坝自然也不例外。

说是三项工作同时进行，有时候施工倒走在我们前面了！我们进行地质勘察的时候，葛洲坝水坝坝基已经快建好了。就在数万军民辛辛苦苦开始大坝混凝土浇筑后，作为指导正式施工的设计文件还没有呢，许多图纸甚至只有描图员的签名。等他们发现问题时，一切已经来不及了。周总理知道以后，就命令立即停工。这次重大的工程事故，在当时还是保密的，要求我们不要在外面随便说。

现在的葛洲坝大坝是当年拟定的 6 条坝线中距离峡江出口最远的一条，地质状况并不十分理想。葛洲坝的设计施工是在“文革”当中，再加上“三边”的不正确做法，使得这个工程走了不少的弯路，也给国家造成了不小的经济损失。但是这条大坝毕竟是我们中国人自己设计、自己施工，连机电设备都是自己制造的，因此葛洲坝完全是中国人自力更生的产物。葛洲坝是修建在世界第三条大河的主河床上，它为后来修建三峡大坝积累了丰富的经验。我当年提出的地震烈度问题，也被三峡大坝应用了。可以说没有葛洲坝，也就没有后来的三峡大坝。

坝基出了问题以后葛洲坝工程就停工了，勘探也无法继续，我们在那里就没事干了。我也有些归心似箭，因为频之在经受了种种冲击之后，身体状况已经很糟了。北京还有我的小儿子泽行在上学，我也放心不下。1973 年我从宜昌回到了北京，又住回白堆子的家中。我回到北京的时候，频之已经解除了管制，于是我就专程去正定接她回家。

把频之安顿好以后，我就启程去宜昌，准备办理调动手续。可我刚刚到了武汉，就接到北京发来的电报，说是频之得了脑溢血，病重住院了，于是我又赶紧返回北京。这么多年我的精神总是处于非常紧张的状态，我在接到电报的那一刻感觉人都快要崩溃了。但我没有选择，因为这个家还要靠我支撑着。

频之病重以后，我就很少跑野外了，生活也基本上稳定下来。当时还是“文革”期间，虽然环境已比前几年好了一些，但人们的思想还是很“左”，所以各种事情仍然不断。地质部里就出了很多的“事件”，像“烤鸭事件”、“火车事件”等，有些“事件”也把我扯了进去。

我这个人的毛病就是心直口快，经历了这么多的磕磕绊绊，这种性格仍然改不了，所以常常就会因为说话惹麻烦。那时候地质部刚刚恢复工作，很多在“文革”中被批斗的老领导都解放了，其中就有我们水文地质局局长张更生。又可以和老领导在一起了，我自然十分高兴。当时已经成立了水文地质普查部队，完全按照部队的体制管理。我就跟着张局长一起负责普查部队的组织和领导工作。有一次我和张局长开玩笑说：“张局长，你现在管着三个师，至少是军长级的干部；我现在负责技术工作，是参谋总长。”本来只是一句玩笑话，结果有人就开始打小报告，说我有野心。那时候地质部还没恢复，还叫作国家计委地质局。国家计委接到报告后就开始立案调查，查来查去，最后又不了了之。

还有一次开过会以后，每人发了一些补助费。我就和张局长商量，决定拿这些补助费请同事们吃顿饭。我们去了西单的鸿宾楼吃烤鸭，本来只是想着大家都很辛苦，让大家放松一下，高兴高兴。但事后就有人说我们在搞贿赂。这点小事还闹得挺大，每个被请去吃饭的人都被调查了，这就成为水文局所谓的“烤鸭事件”。当然，最后的结果还是不了了之。

“文革”中人们的思想还很混乱，各个单位出的事情也特别多。水文局还有个“火车事件”，就是一名工程师从火车上跳了下去。他跳下去以后，手表摔坏了，就停在那个时间。所以这个人出事的时间、地点都很清楚，但是他怎么跳下去的？为什么要跳下去？却一直也没查出结果来。因为没有官方渠道的正式解释，小道消息自然就要风行了。我听到的各种说法都有，其中有一种解释说，地质部里有好几个工程师，其中大多数是党员，党员工程师就有希望晋升，几个人都想当局长。这个死去的工程师没能当上局长，一时想不开就自杀了。事情到底是怎么回事，我不清楚。因为我的主要精力开始用在组建基建工程兵水文地质普查部队上了。

不穿军装的“军人”

20 世纪 70 年代虽然还处于“文革”后期，但是因为特殊的机缘，水文地质工程地质有了突飞猛进的发展。1973 年，根据周总理要求加快查清全国地下水资源的重要指示，国务院中央军委批准组建工程兵水文地质工程地质普查部队，加快全国水文地质普查工作。地质部为了加强领导，决定恢复水文地质工程地质局。这些重要决策，对水文地质工程地质的恢复和发展，起到了重要作用。

组建基建工程兵水文地质普查部队

我回到北京不久，工作内容又发生了变化。1973 年 6 月 19 日至 20 日召开了中央专委会会议。我听说周总理在会上发火了，他在谈到国防工业问题的时候就说：建国已经 20 多年了，全国水文地质情况还是搞不清楚。国防工程搞多少项目，都得从头搞起。搞个试验，搞个基地，都不知道哪里有没有水。我们国家就这么大个地方，搞了 20 年还搞不清，现在应该补上这一课。①

为了贯彻总理的指示，7 月份国家计委地质局在青岛召开了全国水文地质工作会议，开始讨论规划全国水文地质普查工作。根据会议期间的统计，还有 640 万平方公里的土地没进行过水文地质普查。工作量这么大，“文革”中又把水文地质的研究队伍给搞散了，短期内要想完成空白地区的普查任务根本不可能。所以当时的规划就确定，到 1980 年除高寒山区、沙漠中心区、森林覆盖区以外，再完成 350 万平方公里的水文地质普查任务。

这项任务得到了中央支持。但是在短短的五六年内完成这样大面积的普查，任务还是十分艰巨。国务院委派副总理谷牧负责这项工作，谷牧同志找到我们水文地质局，和我们一起研究工作方案。我刚开始的思路还是过去搞成昆铁路的那套做法：先建立两个新的考察队，把全国的有关人员调动过来一起工作。谷牧同志就问我：“你能调得动吗？现在是‘文革’期间，工作全都停顿了，人都找不到，怎么成立考察队？”他提出，有一个办法可以解决，就是用部队的建制，从部队里面找人，临时培养。

于是我们根据谷牧同志的意见开始搞规划。这个规划十分庞大，既包括建立多少个师、多少个旅，也包括筹备多少装备，还包括怎么工作。这是一个涉及上万人的庞大工程，我们费了很大的劲儿。先是要建立起来一个技术领导班子，当时水文地质局曾经想让我调到部队去直接负责技术管理工作，但我想了想，没去，我觉得还是以地质部总工程师的名义，做技术方面的总负责为好。

为加强普查队伍力量，保证 1980 年按时完成任务，1973 年 11 月 24

① 中共中央文献研究室编.《周恩来年谱（1949—1967）》下卷. 中央文献出版社，1997，600.

日国务院、中央军委电令抽调沈阳军区工程兵建筑第三、七团，兰州军区空军工程兵工程第十二团，第二炮兵工程兵建筑第一四四团等几个工程兵团归国家建委，作为组建基建工程兵水文地质普查部队的基础。

周总理和李先念副总理对水文地质普查部队如何组建等事项，都做了重要的批示。周总理工作非常细致、认真，他从部队要掌握地质普查技术、干部均不复员，到战士服役年限、兵员复员的比例、部队的机动性，以及干部家属的安置等，都做了细致周到的考虑。李先念副总理肯定了"组建这支专门部队，是很需要的"，并指示"把这个部队的非战斗人员精简到最低限度，防止官多兵少"。随后，国务院下发了"（1974）国发 43 号"文件，明确规定了部队的编制、驻地和承担的任务。

我虽然不穿军装，但也成了普查部队中的一名技术人员。我的任务就是为部队制定规程规范，调集工程技术骨干力量，组织落实器材、车辆等装备，等等。那时候虽然很累，但我的心情很好，甚至有些兴奋，因为我可以干我所想干的事了。工作忙起来，过去那些不愉快的事情我也就忘到脑后去了。工作期间，我与谷牧同志接触过几次，向他汇报过地下水的情况。谷牧也非常支持我们，他说，你要直升机我就给直升机，要汽车我就给汽车。那时候我不到 60 岁，还算年富力强，这一干就一直干到了 80 年代初，将近十年的时间我都是东奔西跑地从事水文地质普查。

水文地质普查部队主要承担边远地区的普查任务，分别在呼和浩特、兰州及成都建立了三个支队，共 15 个团（每个团相当一个野外队），总数最高达 17 000 人，分布在西北、内蒙古、东北、西南、中南等地，同各省、自治区地质局的水文地质工程地质队一起，开展了大规模的区域水文地质普查。所以那些年我跑的地方也很多。

普查部队的主要工作

1974年初，部队开始进行思想整训，并进行整编和联系进入驻地的各项准备，到8月底，除九、五大队外，其他各指挥部、大队先后进入了指定地区。刚到达驻地，在无住房、无设备的困难情况下，他们又开始了新的准备工作，派出有关人员踏冰雪、冒严寒到工作区进行野外现场踏勘，为部队按期出发做了准备。

1975年3月，12个大队共组成31个普查组、27台钻机按时出队投入了生产。经过几个月的尝试，这一年10月收队的时候，我们向谷牧同志报告了水文普查部队1975年完成生产任务的情况。他在我们的报告上批示："看来用成建制部队突击周边地区、深山老林、大戈壁沙滩的水文地质工作，这个方法是成功的。今年开始上阵，成绩很可观……"

1976年第一季度，普查部队就提交了1975年的最终成果。5月，国家计委地质局在北京第一次组织审查了部队提交的崩巴、吉兰泰、赤峰、门源、安北、志丹、绵阳、梓潼、湄潭、楚雄、芷江等图幅的成果报告、图件。

在"文革"期间"停产闹革命"的混乱局面下，普查部队在一年之内就完成了从野外工作到提交最终成果的全部工作，这样的速度在比较有经验的水文地质队伍中也是少见的。1976年，这支部队基本进入了正常的生产状态，2月份天气还很冷的时候就开始出队了。普查部队共组成了55个普查组、68台钻机投入了生产。之后，部队技术熟练程度逐步提高，各项管理和规章制度也日趋完善，生产计划指标逐年增加，每年都顺利超额完成任务。

这支部队能够在较短期间组建起来并投入生产，年年超额完成任务，与中央的支持是分不开的。组建普查部队的报告，周总理、李先念副总理都是亲自审阅，并且作出了具体的批示。谷牧同志在部队组建中，对有关物资装备、抽调技术干部等问题，都亲自督促、检查。

1974年11月27日国家计委地质局上报了《关于基建工程兵九十一指挥部水文地质普查任务安排意见的报告》，谷牧同志看了以后马上批示“同意”。“调干技术培训、材料设备供应等，都要抓紧落实，不要再推迟。明年的任务，1980年前的任务，务必超额完成。”他强调说，“明年不能出队，中央国务院检查的时候，我们大家都有责任。”1975年1月10日上报《请求给水文地质普查部队调剂分配高等院校毕业生的报告》，他批示有关部门“……务请你们支持一下，否则总理交办的任务，必然要受影响”，并要求我们局里对各省、自治区向部队抽调技术干部的进展情况，每月向他写一次报告。

水文地质普查部队经过九年多的建设和水文地质普查锻炼，已经是一支装备齐全、技术熟练、能执行任务的突击队伍。但是这个时候，我们国家大的政治、经济和社会环境已经发生了很大的变化。“文革”结束了，经济体制开始改革了。

因为国家和军队体制改革的需要，1982年中央决定撤销基建工程兵水文地质普查部队，所属各团分别移交给北京、兰州、沈阳、新疆军区，其余部队集体转业后，一个团调往深圳，三个支队分别改建为呼和浩特、兰州、成都水文地质工程地质中心，其他团就地改建为地矿部所属的水文地质工程地质大队。1983年10月撤销工作全部结束。我也在那个时候有了新的任务，离开了水文地质普查工作。现在基建工程兵水文地质普查部队虽然已经不存在了，但是这项工作培养了一批业务人员。

水文地质局中有不少专业人员在参与普查大队的工作中转成了军人，普查工作结束后又转回地方。我的同事李宝兴就是支队的一个总工程师，他在上海退休时就是按照部队的师级待遇退休的。而段永侯在完成工作后，则是以相当于师级的待遇又回到了水文局当工程师。在两套不同的体制中换来换去，自然存在着很多问题，因为部队和地方的待遇不同，到底按照什么待遇走？这个问题从建队开始就存在，一直到普查大队解散都没有得到很好的解决，不同部门为了待遇问题，一度争得很凶。有些人占了便宜，自然有些人就吃了亏。

经过很多年的艰苦努力，直到“文革”之后的1980年我们已经基本上完成全国除高山、荒漠和原始森林地区以外的全部水文地质普查任务，查清了全国主要地区的区域水文地质条件和地下水资源的分布概况，为国民经济规划和工农业建设提供了基础资料，这些资料在发展我国工农业建设方面发挥了作用。

带动的学术工作

在完成普查任务的同时，我根据已经取得的大量实际资料，研究了地下水的分布规律和形成条件，探索了区域地下水资源评价方法，总结了水文地质工作经验。“文革”结束以后，我也进入了学术的高产期，先后发表了28篇研究论文。为了更好地总结经验、提升学术研究的理论水平，从1980年起，我们就开始征集论文，编辑科技经验汇编，在各支队的积极支持下，先后发表了包括地质、钻探、物探、化验、绘图制图、遥感遥测等稿件100余篇。因为这些论文都是建立在大量野外工作的基础上，论文的质量达到了较高的水平。

在这个过程中，普查技术水平也在不断提高。我们开始积极引入新的技术手段和方法。从80年代开始遥感遥测技术在水文地质普查中得到了逐步应用和推广，我就带领大家先后在岩溶地区、变质岩山区、森林覆盖地区、沙漠地区和戈壁地区，进行了航卫片解译，取得了初步效果，积累了初步经验，并证明了遥感遥测技术在水文地质普查中有着广泛的应用前景。

区域水文地质普查是一项具有战略意义的工作，是制定国民经济和国防建设规划的基础。根据国家规范要求，普查大队已在完成的测区内，基本查明了地下水的分布规律和资源概况，填补了中国大面积水文地质空白，为后来的全国水文地质区划和农业水文地质规划，提供了大量基础资料，同时获得了一批重要水文地质成果。

国际上很多大型学术会议，在闭幕式那天经常要举行联欢会，各国代表争相上台演出。许多国家，尤其是来自欧洲及拉美地区的学者能歌善舞，争相上台表演。亚洲国家的人比较内敛，不善表演，但在那种氛围下也会一展歌喉。欧美国家演出后轮到了亚洲的国家，等日本和菲律宾的学者表演结束后，会场上的代表齐声喊："China！China！"那次中国派出了一个很大的代表团，有地质部、水利部、水科院、中科院……我本想和大家商量一下，准备出个节目。可环顾左右，中国人都找不到了，就剩我一个人坐在那里，十分的狼狈。

第 7 章 海外缤纷录

改革开放以后，我有机会多次出国访问和参加国际学术会议，不仅扩大了眼界、开阔了思路，而且国际合作对我的研究也起到了重要的推动作用。20 世纪 80 年代初，我通过参加有关的国际会议，把正在欧洲兴起的地下水系统理论引进国内。与此同时，我还参加了一些国际合作项目，与国际同行有了全面而深入的学术交流。

曼谷之行

我第一次出国是在 1980 年 9 月，是去泰国曼谷参加国际水资源会议。联合国有一个亚洲及太平洋社会经济委员会，1949 年以前它的总部设在上海，后来搬到了泰国首都曼谷。委员会下面有一个自然资源委员会，该委员会下设三个组——水资源、矿产资源、能源，三个方面每年轮流开会。1980 年自然资源委员会在曼谷召开第七届会议，讨论水资源问题。

亚洲及太平洋社会经济委员会

联合国亚洲及太平洋社会经济委员会，于1947年3月在上海成立。原名为亚洲和远东经济委员会（亚远经委会，ECAFE)。1949年以后，这个组织的总部迁到曼谷。1974年改为亚洲及太平洋社会经济委员会，简称亚太经社会（ESCAP)，是联合国经社理事会下属五个区域委员会之一。

ESCAP是联合国在亚太区域重要的政府间综合性经济社会发展组织。它是区域内国家和地区在经济和社会发展方面加强联系、进行区域合作的一个重要渠道，同时也是这个区域国家和地区讨论共同关心的经济和社会问题的讲坛。ESCAP大会是最高的权力机构，通常每年4月召开大会。

中国是联合国创始会员国，也是亚远经委会的发起国。1971年中华人民共和国恢复在联合国合法席位后，也恢复了参与ESCAP活动。1973年，中国首次派代表团参加了ESCAP第29届会议。1978年，又向ESCAP派出常驻代表和副代表。进入80年代以后，中国每年均派部长级代表团出席ESCAP会议。

1970年7月，联合国成立了自然资源委员会（Committee on Natural Resources，CNR）。自然资源委员会是联合国经社理事会的下设委员会之一，每两年召开一次委员会会议。

这是中国第一次派代表团参加该组织有关水资源问题的会议。参加会议的一共有20多个国家的代表共100多人，除亚洲国家外，美国、苏联、澳大利亚、英国、法国也都派出代表团参加会议。各国代表在会上分别介

1980 年 9 月陈梦熊(左)在泰国与地质部外事局同事合影

绍了几年中各国对水资源的评价，开发利用与管理方面的成就与经验，并着重讨论了农村供水、工业供水与河流流域三角洲地区的综合开发等问题。

中国派出的代表团由地质部、水利部共同组成，由我担任团长。我们不但代表国家做了大会报告，介绍了中国在水资源开发利用方面的经验，还提交了三篇论文：《中国的地下水资源及其开发利用》、《华北缺水山区解决农村供水的经验》、《中国的水利建设》，这些文章均被正式编入大会文件。

水资源是国家的命脉，因此不是一个单纯的学术问题，这次的与会代表也都是由各个国家派出的官方代表团，各国成员都代表国家做了报告。每个国家要报告建了多少水库，打了多少井等数据，会上其他国家都有详细数据，中国那时还没有这些精确的数据，但毕竟是开始参与到国际活动当中去，而且也带了很多资料过去。

这次会议带有一定的政治性，所以政治问题占了很多的时间。好在自然资源委员会的主任是来自中国的张炳熹，这对中国代表团十分有利。那时候中国派出的代表团比较少，中国驻外的大使馆也比较重视我们的工作，帮助接待。这对中国代表处理国际纠纷帮助很大。

中国代表团遇到了几个比较棘手的问题。当时中苏关系不好，两国在方方面面都要对着干。比如柬埔寨问题。会议的座次是按照国家名称的英文字母排序的，柬埔寨的代表就坐在我们旁边。当时柬埔寨推行极“左”路线，国际上反对的国家不少。矛盾的焦点就是柬埔寨的代表权问题，苏联方面提出抗议，认为柬埔寨没资格参加会议。大会政治斗争比较激烈。

会议之前我就和张炳熹交换了意见，他让我准备三份文稿：1. 苏联态度很坏；2. 苏联态度中立；3. 苏联态度友好。会议上，苏联态度强硬，提出要驱逐柬埔寨。那时越南、蒙古等国都站在苏联一边。我就用了第一个文稿。会议主席是泰国工业部部长，那时候中泰两国的关系也不友好。我举手要求发言，但主席就是不让我发言。但这次我非发言不可，所以一直在那举手。因为我知道，如果我不发言，就犯重大政治错误了。

会议最后进入总结阶段的时候，中国方面拥护巴基斯坦担任总结委员会的主任，其他国家代表也基本上同意，只有柬埔寨提出反对意见。各国争论到下午已经快6点了，会议主席提议第二天继续开会讨论。但是第二天是星期六，西方代表认为那是天经地义的休息时间，所以很有意见。我第一次出国，对于处理这些问题也没经验，当天晚上我就去找张炳熹，他建议我们请中国大使馆帮忙。中国大使馆后来派出一位参赞参加会议，并通过外交途径做柬埔寨的工作。湄公河也是这次会议讨论的一个课题，这些都是通过外交途径做了工作，最后事情才得到了圆满的解决。

会议结束了，我终于松了一口气。我们在回宾馆的路上赶上了大雨，一时也找不到出租车，我们几个人就在商场门口躲雨。那时我们连商场都不敢进去，害怕会犯什么政治错误。这时候开过来一辆汽车，车主是个中国人，他用中文说可以送我们回宾馆。开始时我们还有些犹豫，怕遇到国民党特务，但看看倾盆大雨一时也停不下来，只好硬着头皮上去了。临走前中国大使馆招待我们，我们在宴会上又见到了那位开车送我们的中国人，这才知道他是一位爱国华侨。

万隆会议

1983 年 11 月，在印尼万隆市举行了亚太地区水文地质图讨论会，这次会议是由联合国亚太地区经济社会与区域矿产资源开发中心共同组织召开的。会议得到联合国教科文组织、印尼矿产技术开发中心、印尼环境地质管理局以及国际水文地质学家协会等机构的支持。

26 个国家和地区的 50 多名代表参加了会议，地质部派我和焦淑琴（水文所研究员，曾参与编辑亚洲水文地质图和全国水文地质图集）参加了会议。会议的目的是交流各国水文地质编图取得的成就，交流编图经验，促进国际合作，会议还讨论了水文地质图国际图例的最新修正草案。

印尼万隆会议期间陈梦熊（右 4）与国内外同行合影

我也是这次的大会主席之一。

会议包括专题报告、国家报告、分组讨论、图件展览和地质旅行。专题报告中，联邦德国的学者谈到新制的水文地质图国际图例参考了《中华人民共和国水文地质图集》。我代表中国做了国家报告，题目是《中国水文地质编图工作的发展与成就》。报告概略介绍了我国区域水文地质轮廓、新中国成立后水文地质工作的发展、编图原则与方法，以及水文地质图在国民经济建设中所起的作用等。与会代表对于中国在自然条件十分复杂的情况下，制定出一套能够在全国通用的图例，并密切配合国民经济建设开展编图表示赞赏，并认为值得其他国家仿效。我做完报告后，许多国家代表纷纷前来握手祝贺，这是其他国家代表做报告时所没有的。

根据会前的规定，所有参加会议的国家都要展出本国近期出版的水文地质图件。中国展示了从全国性的《中华人民共和国水文地质图集》，到省市级的《河北省水文地质图集》、《吉林省水文地质图》，到地区级的《河南省商丘地区水文地质图》等十几幅水文地质图组。我们的成果给各国代表留下了深刻的印象。当时我们展示图集的丰富程度，是其他国家所不及的。另外，我们还展示了《水文地质工程地质》、《中国岩溶》、《水文地质工程地质研究所年表》等刊物，以及《岩溶论文集》、《中国五大连池火山》等著作。由于各国代表的重视，我们的一些展品后来从中国的展台移到了会议大厅内展出。

在地图编制水平方面，亚洲地区以中国、日本、印度水平最高，但因为中国政府强有力的支持和有效的组织，中国水文地质图集编制的丰富程度、详细程度是其他国家无法相比的。但那时，印尼、泰国、巴基斯坦等亚洲国家也快速发展起来，而且他们依靠国外的技术援助很快达到了较高的水平。6 年以后，当我再次参加有关的国际会议时，其他国家已经后来居上了，水文地质图的印制技术水平也远远超过了我们。

在这次会上虽然中国的水文地质图编图成就突出，但是由于长期缺乏与国际同行的交往，我们并不了解国际同行的工作和水平，甚至不知道已经进行多年的亚洲水文地质图的编制工作。通过这次会议，我才了解了国际动态，发现了中国水文地质图编制存在的问题和差距，理清了下一步的研究目标。

两访英国

水文地质学领域的权威性国际组织有两个，一个是属于国际地质科学联合会（IUGS）系统的国际水文地质协会（IAH），也译作国际水文地质学家协会；另一个是属于国际大地测量和地球物理学联合会（IUGG）的国际水文科学协会（IAHS）。这两个组织都是非政府性的民间学术团体，一般有关水文地质科学的重大国际学术会议或其他有关活动，多半由这两个组织联合召集。

IAHS 会议

这两个学术团体组织的国际学术会议我都参加过。最初参加这个组织的活动是在 1982 年，那时候中国还没有正式加入该组织。但我们国家已经有了中国大地测量和地球物理全国委员会。委员会下设有 7 个分会，其中就有中国水文科学委员会。这也是与国际水文科学协会相对应的组织。我们这次参会就是由中国大地测量和地球物理全国委员会水文科学委员会负责筹备组织的。

中国大地测量和地球物理全国委员会

国际大地测量与地球物理学联合会中国委员会（Chinese National Committee for International Union of Geodesy and Geophysics），简称 IUGG 中国委员会。IUGG 中国委员会由中国科学院和中国科协筹建于 1979 年，旨在发展我国的地球物理科学，加强我国与国际上相关科学组织的交流与合作，宣传我国地球物理科研成果，扩大中国地学研究的国际影响力。

中国在 1984 年才正式加入国际水文地质协会成为会员国，并逐步参加了一些有关地下水的研究课题。

1982 年是国际水文科学协会成立 60 周年，因此该协会第一次单独举行了一个规模较大的会议。会议得到了联合国教科文组织等国际团体的支持，我国的水文科学委员会也组织了一个代表团参加会议。

7 月，我们前往英国参加在埃克赛特市（Exeter）的埃克塞特大学举办的第一次“国际水文科学大会”，并成为该组织的个人会员。通过参加这两次会议，我不但深入了解了国际水文地质学的发展动态，也与国际同行建立了联系。

在英国埃克赛特市举行的会议，正赶上国际水文科学协会成立 60 周年，会议规模很大。国际水文科学协会按照专业下设了 6 个委员会：国际地表水委员会（ICSW）、国际地下水委员会（ICGW）、国际冰雪委员会（ICSI）、国际水质委员会（ICWQ）、国际水资源系统委员会（ICWRS）和国际陆地侵蚀委员会（ICCE）。会议就是按照这 6 个专业分为 6 个小组。我们共向大会提交了 6 篇论文，另外还有台湾大学的曹雨松教授提交了一篇关于台湾云林盆地地下水资源评价的论文。所以中国是提交论文最多的国家。

我被分在地下水资源小组，这个小组重点讨论了人类活动对地下水资源评价的影响。我在会上做了“地下水动态在人为活动影响下的变化及其人工控制”的报告。

这次会议还有一个收获，就是我们参与到国际学术项目当中。我们去英国时，国际上地下水的研究已经很多了，正式发表的文章也不少。但是对地下水系统的含义与概念仍然缺乏统一认识。国际地下水委员会就和国际水文计划（IHP）共同拟定了关于“促进地下水系统的不同比例尺与不同环境下，进行分类、定量描述和制图的图形，作为地下水评价、开发和管理的基础”的研究课题，并列为国际水文计划国际科学协作计划的 A. 2. 8. 项目。这个项目正在全球范围内选择从干旱地区到潮湿地区的各类典型地点，作为研究的实例。他们计划邀请包括发展中国家和发达国家在内的若干国家参与协作，并承担提供实例材料的任务。正好联合国教科文组织的代表是我国的张有实，大会期间我就和张有实去找地下水委员会主席柯伦勃兰德，工作组成员英格伦博士、琼斯教授等人商谈 A. 2. 8. 项目的协作问题。最后初步拟定在我国华北平原内，选择一个地区，作为地下水系统研究在亚洲半干旱地区的一个实例，由我国负责提供有关材料。

这次参加会议和会后的旅行参观令我收获很大。了解到国外的许多值得我们借鉴与参考的经验。比如跨流域调水的水文地质预测，城市扩大对地下水补给的影响，地下水与农作物的关系，人类活动影响下地下水动态预测与资源评价的各种计算方法与数学模型，人工补给与地下水的合理开发利用，系统分析方法与“地下系统”研究，以及各种参数的测试方法等，其中不少对我们来说都是新课题。回国以后，我就以河北平原的资料为基础，对地下水系统进行了深入的分析，并在《水文地质工程地质》杂志上发表了文章①。还向中国学术界详细介绍了国外地下水研究的动态和研究方法，把西方的先进理论介绍给中国学术界。

这个会议之前，我国很少接触国际上有关水文地质方面的学术活动，对世界水文地质发展的程度也很生疏。因为我们当时还不是这些组织的会员。这次会议之后我们就开始积极申请入会。此外，由于语言的障碍，我国学者的工作西方学术界了解得很少。所以我回国以后积极倡议编辑出版有中英对照的水文地质文摘，专门介绍我国已经发表的文章，既便于我们与国外交换资料，也有利于扩大我国的影响。但这项工作在当时还不具备条件。

国际上很多大型学术会议，在闭幕式那天经常要举行联欢会，各国代表争相上台演出。许多国家，尤其是来自欧洲及拉美地区的学者能歌善舞，争相上台表演。亚洲国家的人比较内敛，不善表演，但在那种氛围下也会一展歌喉。欧美国家演出后轮到了亚洲的国家，等日本和菲律宾的学者表演结束后，会场上的代表齐声喊：“China！China！”那次中国派出了一个很大的代表团，有地质部、水利部、水科院、中科院……我本想和大家商量一下，准备出个节目。可环顾左右，中国人都找不到了，就剩我一个人坐在那里，十分的狼狈。

改革开放以后中国变化很快。等80年代末期我陪同芬兰学者前往东北考察，那时候卡拉OK已经很普遍了，我们中国人不但积极参与，而且带头唱起歌来。那情形和我早期出国时已大不一样了。

---

① 陈梦熊．人类活动影响下地下水动态预测与资源评价．水文地质工程地质，1983（2）．

IAH 会议

1985 年 9 月国际水文地质学家协会（IAH）在英国剑桥的丘吉尔学院召开了主题为“水文地质为人类服务”的第 18 届大会。参加会议的各国科学家 200 多人，其中有很多学者都是国际著名的水文地质学家，其中有十多人被列为大会贵宾，我也是其中之一。

这是一次规模较大的全球性国际学术会议。从到会代表分析，这次会议发达国家占了绝大多数，特别是欧洲国家，而亚非国家参加人数较少。中国方面一共派了 4 位代表，除了我以外，水文司的辛奎德、岩溶地质研究所所长袁道先和长春地质学院水工系主任林学钰也参加了会议。这在发展中国家算是代表人数比较多的，我们的报告也引起了与会者的重视。

1985 年 9 月在英国剑桥国际水文地质学家协会第 18 届大会上发言

大会收到的论文内容涉及水文地质学的各个领域，不少论文带有总结性质，对当时的主要水文地质问题进行了比较系统的总结，具有较高的理论水平，也基本反映了当时水文地质学的国际水平和最新动向。

会议上美国、苏联、澳大利亚、荷兰和中国等国，都比较系统地介绍了本国地下水资源及其开发利用情况。给我印象比较深的是美国自 1978 年以后采取了减少灌溉用水，增加地表水供给的方法，这样做使地下水系统平衡状态有所好转。美国也存在着过量开采地下水的问题，尤其是在大西洋沿岸平原地区，在 80 年代初期还普遍存在着地下水位下降和咸水入侵的问题。所以美国政府投入了大量资金，重点研究地下水问题。这些研究对美国地下水资源的合理规划与管理保护都起到了重要的作用。

那时苏联已经制定了《苏联水法》，作为水资源管理的主要依据。根据他们的规定，只有地下水超过饮用和经济需要的地区，或者地下水是唯一水源的地区，或者地表水不足的地区，地下水才允许用于灌溉。

澳大利亚早在60 年代初就成立了水资源委员会，从而有力地推动了全国水资源评价，他们还进行了某些行政监督控制，通过制定法规加强管理，还进行了人类活动对地下水影响的预测研究。

英国人不但研究本国的地下水资源，而且还对非洲、南美洲和亚洲部分地区的地下水的分布进行了较为全面的分析。他们的工作做得很细，不但研究了非洲干旱的原因，而且还提出了开发地下水资源的设想。

我代表中国做了报告。我在报告中详细介绍了我国地下水资源评价的最新成果，论述了地下水在中国分布的地区差异，以及开发利用地下水对城市和工农业的重要作用。我在报告中充分利用幻灯片，所以收到了较好的效果。

这次会议除了地下水资源开发利用的问题研究外，还包括了另外三个议题：地下水水质管理、岩溶环境水文地质问题、地热能的开发等方面的研究。四天的会期，每天讨论一个议题，所以这些报告我们都听了。

我们在会议期间还广泛与各国代表接触，那时中国改革开放的时间不长，很多人没到过中国，更没有机会看到中国的岩溶地貌，所以各国代表对在中国召开一次国际会议很感兴趣。会议期间我们初步商定，1988 年的第 21 届大会在中国桂林举办，并同时举行以岩溶水文地质为主题的学术讨论会。所以这次会议我们不但了解了国际学术动向，介绍了中国的研究成果，而且也推动了与国际同行的交流与合作。而且在这次会议上，中国成为了国际水文地质协会的集体会员，因按照国际惯例，个人会员需要交纳 30 马克的会费，这对我们中国学者来说，是笔不小的数目。

荷兰和芬兰

1983 年 5 月，我参加了在荷兰莱顿市滨海地区的诺德维克镇举行的“地下水系统与测验方法国际学术讨论会”。这是一次专业性较强、内容较为丰富的会议，不但到了许多发达国家的知名学者，亚非国家与会人员也比较多。

我在会上做了“河南黄河冲积平原浅层地下水系统的研究”报告。报告详细介绍了中国的地下水系统分类、参数研究与资源评价方法。这次会议还带去了水文地质工程地质研究所年报、《水文地质工程地质》杂志和水文地质图集作为礼物，与各国代表互赠并交换资料。

在这次会议上，我不但和国际水文界的许多著名学者相识了，还在会议期间遇到了一位台湾同行，这位学者也在研究水文地质学。而且他研究的台中问题与中国上海的问题相像：地面沉降、水体污染……那时大陆的政治环境刚刚宽松起来，我们大陆去的学者说话还是比较拘谨，但这位台湾同行比我年轻一些，人也很开放，他对台湾的水环境问题大发牢骚，这一点给我印象特别深刻。

我在 80 年代初期参加的国际会议，都是由联合国有关机构组织的，中国作为联合国的成员国理所当然地参加了会议。但当时在很多国际学术组织中，还主要由台湾占据着会员的位置，所以参加这些会议就会涉及“一中一台”的问题。我早期参加国际学术组织的会议，就遇到了这个问题。

1983 年 5 月在荷兰参加“地下水系统与测验方法国际学术讨论会”

进入 70 年代以后，中国大陆开始积极参与国际学术组织。随着改革开放的不断深入，我们参与国际学术会议方面也开始采取比较灵活的做法。只要会议不出现“两个中国”、“一中一台”问题，而台湾科学家又仅以个人身份参加，我们都可以赴会。而台湾方面，则在 70 年代末期由于中国大陆的加入，先后被排除了国际地质科学联合会、国际大地测量与地球物理学联合会等国际组织的会籍。

台湾方面也在加入国际组织中表现出了灵活性。例如，在早期参与国际大地测量与地球物理学联合会时，台湾方面使用的名称是 Chinese National Committee for IUGG。在被排除会籍之后，台湾方面为了能够重新入会，在名称中删去了 National。台湾问题解决了，我们就能更顺利地参与到国际学术组织的各种活动之中了。

这次会议期间还举办了文献与仪器设备展览。展览不但展出各种仪器设备，还进行了现场表演。比如整套人力钻进、洗井、取样的工具与现场施工表演，野外分层取水样工具和现场表演，井孔抽水试验运用微型数据处理机自动观测、记录成图和计算参数的表演等，令我们大开眼界。会议还组织我们参观了阿姆斯特丹自来水厂地下水人工补给的工程设施，以及地下水研究所，使我们对国外地下水研究与利用水平有了比较直观的认识。

在这次会议上我们还正式邀请荷兰自由大学教授、国际著名水文地质学家英格伦博士到中国访问。英格伦教授曾经担任过国际地下水委员会主席，他在世界很多地方都从事过水文地质工作，擅长水资源评价与水文地球化学研究。我们希望通过他的访华能够将国际先进的水文地质学理论带到中国。

1994 年 6 月，在芬兰首都赫尔辛基举行了一次规模较大，名为“地下水资源未来危机”的国际学术讨论会。参加会议的 170 多名代表来自 30 多个国家。我国派出了 3 名，除了我以外还有林学钰和蔡祖煌。我们虽然只去了 3 人，但是向大会提交了 10 篇论文。我和蔡祖煌合著的《中国城市地下水资源危机》被列为第 6 专题组的重点论文，林学钰的论文放在第 5 专题组，其他都作为展示论文。会议论文被印成厚厚的两册，后来都正式出版了。会议虽然分为 6 个专题组，但实质上主要围绕两个中心议题，就是水质污染与超量开采。

荷兰和芬兰虽然都是欧洲小国，到那里参加会议后我发现，这两个国家的科技非常发达，特别是在地下水研究方面，在北欧各国中也处于领先地位。其实这两个国家水与环境问题并不严重，但却投入了巨大力量进行研究。例如两国都有相关的研究所，其规模与科技力量都不亚于我们地质矿产部的水文地质工程地质研究所。两国非常重视环境监测，并建立起了环境监测系统和数据库系统。这些都值得我们好好学习。芬兰的水与环境研究所在体制上既是研究机构又是管理机构；在组织关系上既是独立的，又与环境部密切配合，受环境部的指导。所以它的这套体制比我们国家有更大的优越性，也很值得我们借鉴。

德国汉诺威

1989年5月，在德国的汉诺威市举行了“国际水文地质图学术讨论会”。这是首次以水文地质图作为唯一主题的世界规模的大会。会议的目的在于为水文地质图的进一步发展并得到广泛的利用，提供一个新的基础。特别是希望在水文地质图的编制者和使用者之间，建立更多的对话关系。

会议主要由国际水文地质学家协会下属的水文地质图委员会（COHYM）发起，联邦德国联邦地学和自然资源研究员以及国际水文计划（IPH）、联邦德国国家委员会等机构联合组织。有近50个国家的200多名代表出席了会议。中国方面有我和部里的焦淑琴、王明德三人参加了会议，我还担任了大会的执行主席。

这次中国在水文地质图制图方面又前进了一步，一些大比例尺水文地质图已绘制完成。出国前我们准备了很多图，各种比例尺的水文地质图都有。但那时中国保密制度很严，不允许携带大比例尺地图出国参会。

等我们到德国一看，其他国家大比例尺地图不但能拿出来展览，而且都是随便赠送。印尼学者就把他们带去的大比例尺地图全部送给了我们。而我们这里却要求十分严格，不但只能展示部分地图，而且还要求把经纬度全部去掉、把图例挡起来。

会议要求每个国家至少展示一张全国图，那时候水文地质工程地质研究所刚刚出版一幅四百万分之一的图。我以为这幅图或许能够入选，但图挂出去以后，我发现根本不行，我们在地图印刷、内容编制、编图方法等各方面都落后了。一些欧洲的小国，比如南斯拉夫，不用看他们图上的内容，仅看外观都比中国的图印制精细。那时候我们制图还是手工操作，在技术上已经远远落后了。所以我当时就知道，中国的水文地质图根本不可能得奖。

通过水文地质图的展示，我还发现，水文地质图在开发、利用、管理、保护地下水资源方面的突出作用，已经受到了世界各国政府的重视。那时全世界已经编制了大约 250 种水文地质图。欧洲和美洲的水文地质图已经编制好了，非洲虽然只完成了北非和西非，但根据非洲统一组织的规划，他们也会很快完成全非洲水文地质图的编制工作。尽管他们的编制方法不尽一致，但总体上算是完成了，只有亚洲还没有编制出国际水文地质图。亚非一些落后国家都在尽力争取联邦德国和法国等发达国家的技术合作和财政支持，所以很快赶上来了。我国则因为出于保密的考虑，还不太愿意让外国人涉及水文地质图的编制工作。

1989 年在德国参加“国际水文地质图学术讨论会”后参观试验场

这次会议结束

后，紧接着又组织召开了“发展中国家作为水管理与环境规划工具的水文地质图”研讨会。这个会议规模比较小，只有20多个国家的不到30名代表参加了会议，我和焦淑琴也参加了。这个会议主要以学术报告为中心，全部为大会形式。其中给我印象比较深刻的是一位阿尔及利亚学者所做的“阿尔及利亚水资源数据库和自动制图”的报告，这个报告反映出了第三世界国家在制图方面的最新进展。

回国以后我就写了报告，介绍了国际同行的先进经验，认真总结了经验教训并提出了改进措施。与此同时，我在报告中呼吁改进保密制度，提出应当允许中国学者在国际舞台上展示自己的成果，应当支持水文地质图领域的进一步国际交流与合作。

苏联印象

1986年6月，在苏联的塔林和列宁格勒召开了“采矿与环境影响”国际学术讨论会。这次会议是由联合国教科文组织、联合国环境总署和苏联国家科技委员会“国际协作计划中心”共同发起，由苏联地质部负责组织召开的。这次会议的专题属于国际科学协作计划中“地质与环境”研究课题。会议主要讨论由于采矿造成的各种环境地质问题及其对环境生态与人类生活的影响和防治措施。

这虽然是一次国际会议，但只有11个国家的40多位代表参加，其中外国代表只有十来人。这次会议给我的印象是水文地质学家多、大学教授多、老年学者多。那时苏联的经济状况不太好，会议的组织和筹备也不充分。会议日程直到开会前一天才确定下来，提交的论文也没有及时复印，

1986 年 6 月在苏联参加“采矿与环境影响”国际学术讨论会

分发的论文也不全。会议用的纸张质量也很次，而且还只发给我们外国学者，苏联学者还没有。会议期间苏联代表几乎全用俄语发言，提交的论文也是俄文。我虽然在 50 年代接触过不少苏联专家，能说几句简单的俄语，但俄文报告基本上听不懂，更看不懂。我只好把能拿到的俄文论文带回国内，请所里的人帮助翻译。

会议期间我结识了包果莫洛夫教授，他送给我一本新出版的英文著作《土壤水与土壤改良的水文地质研究》。那本书是刚刚在美国出版的。他希望能够在中国出版中文版。闲聊中我才知道他的父亲是苏联院士，50 年代曾经著有《水文地质基础》一书。这本书是我国第一本翻译出版的水文地质学课本。他父亲已经在 1982 年去世了，我去苏联那年包果莫洛夫正准备为他的父亲出版纪念专刊，希望我能联系一些中国学者撰写纪念文章。

这一次去苏联，我觉得一切都倒过来了。50 年代的时候，苏联学者是专家，我们主要是向他们学习；这一次我则是以专家的身份去参会了。

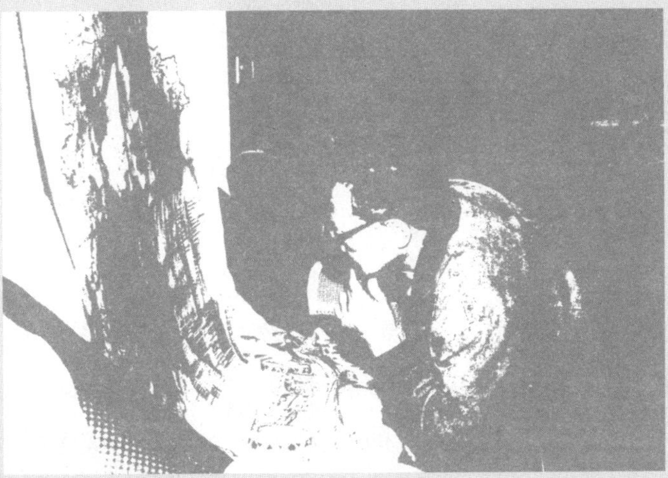

20世纪80年代以前，我长期忙于技术管理业务，没有时间从理论上进行深入研究。一直到80年代初，我退居二线后，才有比较充裕的时间，在总结普查工作经验的基础上，致力于地下水资源与地下水系统和环境水文地质问题的研究，完成了一些研究课题。可以说20世纪的最后20年，是我一生中著述最丰的时期。这20年的成果，比我前面的50年都多。

第 8 章 学术研究工作

1982 年，我 65 岁了。这一年地质部改为地质矿产部，随后进行了一系列的机构改革。5 月份，地质矿产部成立了科技顾问委员会。按照规定，部中总工程师或司局级以上的专业人员，就有资格成为这个委员会的顾问委员。机构改革时，就把我们这些总工程师以上的超龄人员放到科技顾问委员会。委员会最初有十多人，我记得有关士聪、谷德振、岳希新、张炳熹、程裕淇、贾福海和我，可能还有其他人员，但我记不清了。一般总工程师在这里待两三年就退休了，但是我后来当选为中国科学院院士，所以一直没退休。

在那里我重点做地下水资源战略，主要是提供专家建议。我在咨询中心提出的比较重要的建议，是关于中国地下水资源战略问题。大概是在 90 年代，部里提出让我们做些战略问题研究。当时提出了三个战略问题，一个是能源，一个是矿产资源，还有一个就是水资源。参与水资源战略研究的有籍传茂，我，岑嘉法，还有一位姓李的研究人员，此外还有几个人，我们是一起做的。为了做好这项战略性的研究，我们一个地方一个地方地跑，开座谈会，做调查研究。大约用了一年多的时间，最后研究报告上交给了部里。

那时候我身体还算好，平均一年有三四个月在野外考察，尤其是经常去西北地区。有一次我们去新疆考察，大概有七八个人，都是顾问委员会的老人，当然他们都比我年轻一些。在此期间我也参加过不少的学术会议，国内外都有。我还参加了《当代中国》地质学卷水文地质工程地质部分的撰写工作，借此机会，我全面系统地总结了水文地质工程地质学科在中国建立和发展的过程。

水文地质学是在20世纪40年代刚发展起来的地质科学中一门新的分支学科，新中国成立以后才从苏联引进国内。它当时对我来说是非常陌生的，回顾我从事水文地质学研究的过程，可以说我完全是在生产实践中，逐渐掌握水文地质学的基本原理与工作方法的。20世纪80年代以前，我长期忙于技术管理业务，没有时间从理论上进行深入研究。一直到80年

陈梦熊（右3）1987年夏在新疆吐鲁番考察

代初，我退居二线后，才有比较充裕的时间，在总结普查工作经验的基础上，致力于地下水资源与地下水系统和环境水文地质问题的研究，完成了一些研究课题。可以说 20 世纪的最后 20 年，是我一生中著述最丰的时期。这 20 年的成果，比我前面的 50 年都多。

主要成就

回顾新中国成立后 50 多年的工作，我在水文地质学领域做出的主要业绩，大致可以归纳为 8 个方面。

组织完成了全国区域水文地质普查。这个问题我在前面已经详细讲过了，概括起来说，就是我长期担任全国区域水文地质普查的技术领导。从制订规划，组建队伍，培训技术人员，编制规程、规范，一直到野外技术指导与成果验收，这样的工作我前后干了 30 多年。我还根据全国地区之间自然条件差异较大的特点，在 70 年代分别制订了平原地区、丘陵山区、黄土地区、沙漠地区、岩溶地区、滨海地区、冻土地区等不同类型地区的普查要求，为保证普查质量创造了有利条件。同时为加快普查进度，提高精度，在 70 年代初期我们还与北大合作，创办了我国第一个遥感水文地质培训班，培养了我国第一批遥感水文地质技术人员，使遥感技术在普查工作中得到普遍应用，推动了我国遥感水文地质的发展。这些普查成果，在国民经济建设中发挥了重要作用，1985 年还获得了国家科技进步二等奖。

带动了区域水文地质的研究。50 年代的普查工作，有力地促进了区域水文地质的研究，成为我国区域水文地质学的开创时期。我早期从事水文地质研究的代表作，也是在这期间发表的。我比较满意的文章有：《柴达木盆地的区域水文地质条件》（水文地质工程地质创刊号，1957）、《中国水文地质分区的初步研究》（地质论评，1957），以及《中国自流盆地的类型划分及其分布》（水文地质工程地质，1959）等。这些文章也是我国最早具有较大影响的，有关区域水文地质研究的重要文献之一，在当时起到了一定的带头示范作用。在同一时期，我还发表了《我国水文地质科学现况与今后发展方向》（科学通报，1956），《一年来水文地质工作的成就与存在的问题》（第一届水文地质工程地质会议文献汇编，1957），系统地反映了我国 50 年代水文地质学发展早期的科技水平与主要成就。

创立了具有我国特色的综合水文地质图。这是我最得意的工作之一，后面我还要专门讲。我在新中国成立前就开始参与绘制地质图的工作，有几年还专门负责地质图的绘制与印刷，所以我对专业地图很有感情。

组织完成了全国地下水资源的计算和评价。20 世纪 70 年代初期，我们废除了沿用多年的苏联四大储量分类法，创立了地下水天然资源与开采资源的新概念。80 年代初，在全国水文地质普查的基础上，根据上述原则，统一计算方法，组织各省首次完成了全国地下水资源的计算与评价。我还组织编写《全国地下水资源调查和评价工作要点》，确定地下水资源评价的基本原则，统一了计算方法，并组织各省在普查资料的基础上，完成全国地下水资源的计算任务。

开拓了环境水文地质学新领域。这是我在 80 年代以后，开始接触的一个新领域。虽然我那时年龄大了，但时间充裕了，工作经验也丰富了，所以我在这个领域又做了些新的工作。后面我也想谈谈这方面的工作。

引进和倡导“地下水系统”新理论。80 年代初，通过参加国际学术会议，我了解了国外水文地质学领域的最新动态，并把国外先进的理论引进中国。“地下水系统”理论就是这方面的代表。这也是我退居二线以后做得最多的工作，所以我也愿意专门谈谈这项工作。

系统总结50年来中国水文地质学的发展历史，建立水文地质学新的学科体系。80年代，我借着负责完成《当代中国》地质卷的水文地质工程地质部分的机会，系统梳理并总结了这项事业的发展历程。在这方面我先后发表了多篇论文，像《建国以来我国水文地质工程地质事业的发展历程与主要成就》、《国内外地下水研究现状与今后展望》等。这些论文系统地总结了新中国成立以来，我国水文地质科学与水文地质事业的发展与成就。近十多年来我继续深入研究水文地质学的发展历史，先后发表《水文地质学的最新发展与今后展望》、《现代水文地质学的演变与发展》、《新中国水文地质学发展的四个时期》、《水文地质学及其分支学科的发展》，以及《五十年来我国水文地质学的演变与发展》等论文，提出新中国成立以来，从50年代到70年代为传统水文地质学阶段，70年代到90年代为现代水文地质学阶段，并分析了两者之间的关系与主要差异。我还根据分支学科的发展，创立了水文地质学新的学科体系，提出了新世纪的发展方向。

促进了国际学术交流与国际合作。从80年代开始，我先后访问了泰国、英国、荷兰、印尼、德国、芬兰、苏联、美国等国家，进行学术交流或参加国际学术会议。通过参与国际学术活动，我与各有关国际组织，如国际水文地质学家协会、国际水文科学协会等，建立了密切的联系。我不但多次利用出国会议期间考察合作项目，还积极促成国外专家来访。比如我邀请荷兰地下水研究所所长 Walter 来华访问，我陪着他到处跑，最后还与水文所确定了多个合作项目。荷兰的水文学家 Engelen（英格伦）到中国地质大学讲学两次，并借他访华的机会促成了地质大学与荷兰有关机构的合作项目。这方面前面已经详细谈过，这里就不再多说了。

现代科学的发展过程，主要表现在高度分化与高度综合的轮回上升，即由分到合、由合到分，不断循环或同步前进的演化过程。我认为今后水文地质学的发展方向，在理论水文地质学方面，将以渗流理论为基础，以水资源水文地质学为重点，以模型研究为中心，加快开发三维地理信息系统在模型研究中的应用。在应用水文地质学方面，将以环境水文地质学及其分支作为主要发展方向。在方法和技术研究方面，将以制图水文地质学与遥感水文地质学作为主要发展方向。特别是“温室效应”引起的海平面上升，对沿海地区水环境与水文地质环境的影响，将是今后需要重点研究的重大课题之一。但是我年事已高，不能再从事研究工作了。我相信年轻的一代，会比我们做得更好。

编制水文地质图

水文地质图以区域内的地质、地形、气候和水文等因素的内在联系为基础，综合反映地下水的埋藏、分布、水质、水量、动态变化等特征，以及区域内地下水的补给、径流、排泄等条件。因此水文地质图不但可以很好地反映某一区域内总的水文地质规律，而且可以为国家建设合理开采和利用地下水资源，提供了宝贵的第一手资料。

20 世纪 50 年代，在开始从事水文地质普查的时候，我们首先遇到的困难就是编图问题。当时在苏联专家的指导下，我们一直沿用着苏联的一套编图方法。直到 20 世纪 70 年代初期，我才有机会看到欧洲一些国家的水文地质图件。同时在长期的实际工作中，我也发现苏联编图方法的许多缺陷。比如按地层划分含水岩组，地质因素反映较多，水文地质的分量不足等问题。我们根据国外的最新发展，结合我国的实际，创立了一套具有我国特色，又基本符合国际规范的综合水文地质图编图方法与统一图例，在全国得到普遍应用，取得了较好的效果，并在国际上得到了好评。

编制水文地质图的工作，几乎伴随着我在新中国成立后的整个学术生涯。50 年代的末期，在多年工作的基础上，我们已经基本查明了主要地区的区域水文地质条件，积累了丰富的水文地质资料。在结合农业和城市供水的勘察工作基础上，编制了大量中小比例尺水文地质图件。但那个时候，水文地质图的编图原则与编图方法是一个国际上也没有统一的问题。

1958 年，我们编制出版了中国第一幅比例尺为 1∶300 万的中国水文地质图和第一本专著《中国区域水文地质概论》。1959 年 1 月，地质部水文地质工程地质局召开了水文地质图编图会议，正式制定并通过了《综合水文地质图编图方法》。但是这个方法在试用期间发现有很多的问题，后来我就开始考虑改进水文地质图的编图原则。

1960 年前后，在编制水文地质普查规范的时候，我编制了一幅综合水文地质图样图。后来我们根据农业发展的需要，在普查的基础上编制出版了第一批大区域小比例尺的水文地质图系。

在长期编制水文地质图的基础上，我发表了《综合水文地质图编图原则的探讨》①。这篇文章首次提出了水文地质图应突出反映水文地质特征的新方案。当时在探讨编图原则时，我没有忘记水文地质图的作用：为国民经济建设服务、为科研工作服务。我首先按照用途把水文地质图分为两类：地区性的专门水文地质图，如供水水文地质图、矿床水文地质图等；

① 陈梦熊．综合水文地质图编图原则的探讨．地质论评，1964，22（3）：224～232．

区域性的综合水文地质图，综合反映较大范围内地下水分布的区域性规律，及其各种水文地质特征。

我的这些工作得到了同行的好评，1965 年春，地质部及中国地质学会水文地质工程地质专业委员会，在北京香山召开了第一届全国水文地质工程地质学术会议。我在香山会议上介绍了黄淮海平原与松辽平原的编图经验，我的编图经验得到了很好的反响。

1964 年到 1965 年期间，我负责组织东北、华北多省有关人员，分别编制出版了 1∶100 万松辽平原与黄淮海平原的水文地质图系。这是我国最早按照自然单元编制的跨省小比例尺图系，开创了新的编图方法，建立了“图系”的典型模式。这项工作后来获得了 1978 年的科学大会奖。

70 年代初，我们对水文地质图的编图原则做了彻底的革新。要求水文地质图重点反映含水介质、水量、水质、含水层结构和水动力特征，我们还将中国的含水介质分为五种类型，从而大大缩减了图幅的地质负载量，主次分明，突出反映了地下水的基本特征。1981 年，我们在印度尼西亚参加亚太地区国际水文地质图会议时展出的这类水文地质图件，就受到与会人员的较高评价，并在第三世界国家里明显居于领先地位。

70 年代我进一步系统地制订了一套具有我国特色，又基本符合国际统一规定的《综合水文地质图编图方法与图例》，在全国得到普遍应用。据此编制出版的大量图幅、图系或图集，在国内外都获得了好评，也促进了我国水文地质编图技术的发展。

80 年代我发表的《我国水文地质编图工作的发展与成就》与《我国岩溶地区水文地质图编图经验》，是两篇关于编图工作的经验总结。我们在这方面做了很多的工作，也积累了丰富的经验，像我国在编图中对含水介质的分类，既符合国际规定，又具有中国特色，而且在应用中更有保

1991 年在石家庄评审水文地质图

证，提高了水资源使用的科学性、准确性。对反映含水层结构的双重叠置法，能较好地表示含水体的三维特征，在编图方法上也有所创新。

1983 年和 1989 年，我在印尼万隆和德国汉诺威，两次代表我国参加全球性的国际水文地质图大会，会上展出了我国出版的大量图幅或图集，并在大会介绍我国水文地质编图工作的发展与成就，受到较高评价，特别受到第三世界国家的热烈欢迎。会后我在国内发表了《最新〈水文地质图国际图例〉评价》（工程勘察，1985），《亚太地区水文地质编图工作现状与发展动向》（长春地质学院学报，1987）等论文，对这方面的工作也做了系统的总结。

90 年代以后，我直接指导宁夏、黑龙江、内蒙古、吉林等省、自治区分别编制出版了各省（区）的水文地质或环境水文地质图集，并参加自然科学基金资助的“松嫩盆地水文地质系列编图”的研究课题。这项课题以地下水系统理论为基础，创造性的应用新方法，编制了一套以反映地下水资源为中心的水文地质图系。为了保证编图的质量，很多次我都是亲临现场，指导地质队技术人员采用新图规、新方法、地下水系统新理论进行地下水资源填图。

地下水系统新理论

20 世纪 80 年代初，我通过参加两次有关的国际会议，把正在欧洲兴起的地下水系统理论引进国内。同时，我还邀请荷兰著名地下水系统专家英格伦教授来华讲学，传播西方的新理论。

我个人也在地下水领域做了很多工作，比如搜集国外有关文献，编辑出版《地下水系统研究论文汇编》；通过分析比较各国对地下水系统理论存在的不同观点，发表了《地下水系统的基本概念与研究方法》等论文，是我国最早比较深入探讨这一新理论的重要论文之一。文章对地下水系统的涵义、基本概念与研究范畴，提出了我自己的观点与认识，在国内有较大反响。

在此同时，我参加以英格伦教授为首的国际水文计划地下水系统研究专题工作组，承担亚洲典型地区的实例研究，完成了与许志荣合著的文章《华北黄河平原地下水系统》，被纳入国际水文科学协会（IAHS）1986 年出版的专著《地下水流系统分析》中，列为全球六大实例研究之一。这项工作还获得了 1991 年地矿部科技成果二等奖。《地下水流系统分析》一书是目前各国研究地下水系统的权威性著作，在国际上影响较大。

目前地下水系统理论，已经在国内得到广泛应用，并得到进一步的发展，特别对解决复杂条件下地下水资源的计算与模型研究，起到了重要作用。

联合国教科文组织的国际水文计划曾经倡议研究“水资源开发的负效应与管理”，当时各国都不敢接这个项目，我就大胆地接下了其中的地下水部分。为了研究地下水系统由于水资源开发可能产生的各种环境效应，我同林学钰、上海地矿局的刘铁柱、建设部的陈雨荪合作完成了这项任务。我们在总结我国经验的基础上，分析由于地下水过量开采造成的水资源枯竭、水质恶化、海水入侵、地面沉降、岩溶塌陷，以及生态环境恶化等现象，研究它们的形成机制及其对环境的影响。这项成果已于 1988 年，由国际水文科学协会正式出版了英文版专著。这项研究成果，基本上系统地反映了我国在环境水文地质研究方面所取得的重大成就，受到国外同行的较高评价。

在上述工作的基础上，我开始进行理论探讨，发表了一些文章。这方面的代表作有《试论地下水资源的基本概念与评价原则》①。文章提出了地下水资源的新概念与新的分类方法，是开展全国地下水资源计算的理论依据。目前论文的基本观点与分类方法，已经被许多论著或教材所引用，比如，朱学愚等编著的《地下水资源评价》②。

我的另一篇论文《中国地下水资源的区域特征与初步评价》，系统总结了全国地下水资源的计算结果，在国内外均有较大影响。再如刊登在《长春地质学院学报》专辑上的《我国地下水资源及其合理开发利用的研究》这篇文章，全面反映了我国地下水资源开发利用现状、存在的问题与开发前景。

90 年代，我加强了对城市水资源与农业水资源的研究，发表了《城市水资源问题及对策研究》、《中国城市地下水资源危机》（英文）、《农业水资源与可持续发展》、《地下水资源开发与环境效应系统》（英文）等论文。

我还多次到西北各省、自治区进行实地考察，发表了一系列有关西北

① 陈梦熊．试论地下水资源的基本概念与评价原则．自然资源，1984（4）：11－18．
② 朱学愚，等．地下水资源评价．南京大学出版社，1987．

1991 年 8 月在黑龙江昂昂溪调研

干旱区水资源问题的论文，如《河西走廊水资源开发与生态环境》、《关于新疆水资源及其合理开发利用的建议》、《西北干旱区水资源与第四组盆地系统》、《人类活动对西北干旱区水资源和生态环境系统的影响》、《地下水资源开发与生态环境系统》等论文，分析了干旱区地下水系统与地表水系统、水资源系统、灌溉系统，以及生态环境系统之间，相互制约与相互影响的复杂关系。探讨了西北地区水资源与水文系统的基本特征与演化规律，以及水资源开发与生态环境系统的相互制约关系，提出荒漠化现象的发生原因与主要防治措施。

为了联系实际，应用地下水系统理论，我还开展了概念模型的研究，发表论文《地下水系统研究与概念模型》。这篇文章列举了国内外大量实例，提出表现概念模型的不同方式与具体方法。不但解决了地下水数学模型的建立问题，而且与西方相比，我们的概念模型更接近实际情况。

环境水文地质学

水文地质工程地质局成立的时候，先是以搞工程地质为主，后来逐渐转向全国水文地质普查，到了 90 年代，又逐渐转向环境地质方面。环境地质工作越来越受重视，也是国际上的一个大趋势。因为矿产资源调查有其局限性，通过长期工作大量矿产资源已经被开发，寻找隐伏的矿床难度越来越大，数量也越来越少。相反，由于经济的高速发展，经济发展与环境、资源之间的矛盾越来越尖锐。因此到了 90 年代，世界上大部分国家地质机构的工作重点，逐渐从矿产资源调查转移到环境地质方面来，在环境地质方面的投入也越来越大。

我国地矿部门过去始终以找矿为中心，没有把环境问题摆在重要位置。资源的开发一定要跟环境相适应，如果不重视环境，对经济发展造成的影响很大。我国每年光地质灾害造成的损失，就数以百亿计。到目前为止，还没有建立一个比较完善的检测系统。

环境水文地质涉及的面很广，这里面既有基础性的工作，也有区域性的调查，可以直接为国民经济规划服务。改革开放以后我们做了很多综合性工作，比如结合经济区，像长江中下游、东北及其他小范围经济区，进行区域性环境地质综合调查。也有结合流域，比如黄河、长江、松花江流域的区调工作。另外还做了一些重大地质灾害的防治工作，例如在上海、天津等大城市搞地面沉降问题研究。此外在黄土高原的水土流失等方面，也都做了大量工作。在地下水资源的开发方面，我们那时把重点放在了西北干旱地区和西南岩溶严重缺水地区的找水方面。再如，在城市固体废物处理要实行科学填埋，也需要做很多环境地质方面的工作。现在大多数城市的垃圾填埋场都没有经过调查研究，造成的环境污染很严重。

除了应用性的工作外，我们也做了许多理论性的探讨。从 80 年代初起，我们分别组织召开了北方地区、南方地区两次环境水文地质工作经验交流会，汇编出版了《环境水文地质问题》论文集（地质出版社，1984 年）。

我在这方面也发表了一些论文。像《环境水文地质问题与环境水文地质学》一文，首次提出了环境水文地质学这一新学科。《试论环境水文地质学的基本概念与研究范畴》是我国最早比较系统的探讨环境水文地质学这一新学科基本概念的一篇重要论文，在国内有较大影响，已被若干院校的教科书所引用，如杨忠耀主编的《环境水文地质学》（原子能出版社，1990 年）中，有关这一新学科的定义与研究范畴，采用了我论文中的内容。

我还组织国内知名专家、教授共同编著了《水资源开发的环境效应与管理》（英文）地下水部分，系统论述了国内外地下水资源开发所发生的各类环境问题与治理措施，突出介绍了我国经验。在巴黎组织专家评审时，得到较高评价，并全部被采纳。这部著作已经由国际水文科学协会公开出版，是国际上第一本比较系统全面，具有规范性的水资源合理开发与系统管理的专著，在国际上也有较高的权威性。

1993 年，我参加了中国科学院地学部组织的沿海地区海平面上升问题的考察。这次考察引起了我对沿海地区水资源与生态环境问题的兴趣，我后来发表了《关于海平面上升及其环境效应》、《关于海平面上升与控制城市地面沉降》，以及《滨海地区环境地质特征与地质环境系统》等论文，提出应用系统理论与系统分析的方法，研究沿海地区海平面上升对生态环境的影响和采取防治措施的主要途径。随着环境问题的恶化，我想环境水文地质学的研究还有很多工作可以做。

1993 年在广州考察。前排左起：施雅风、孟辉、张宗祜、×××、任美锷、吴传钧、周立三、陈梦熊；后排：右 2 苏纪兰、右 1 黄荣辉

我对中国西部的感情始于在西南联大学习期间。那时候袁复礼先生常在课堂上讲1927—1932年间追随瑞典地理学家斯文赫定参加“西北科学考察团”，在新疆、内蒙古等地考察探险的经历。袁老师有讲不完的故事，那些都是他的亲身经历，所以讲起来特别生动。而且西北地区又是大家不容易到达的地方，所以袁老师讲的故事我们觉得很新奇，每次上他的课我都是百听不厌。这些给我留下了深刻的印象，也深深地影响了我。从那时开始，我就对大西北充满了好奇。

第9章

情系西部：关注西部地区生态环境的保护与生态重建

我现在年事已高，不能再去野外收集资料了。但是只要身体条件允许，我每天还要看书读报。我的同事也经常送些新出版的专业著作给我。所以我仍然十分关注水文地质学在近年的发展，尤其关注我国西部地区的水资源问题研究。

1966 年摄于塔里木胡杨林前

我对中国西部的感情始于在西南联大学习期间。那时候袁复礼先生常在课堂上讲1927—1932年间追随瑞典地理学家斯文赫定参加“西北科学考察团”，在新疆、内蒙古等地考察探险的经历。袁老师有讲不完的故事，那些都是他的亲身经历，所以讲起来特别生动。而且西北地区又是大家不容易到达的地方，所以袁老师讲的故事我们觉得很新奇，每次上他的课我都是百听不厌。这些给我留下了深刻的印象，也深深地影响了我。从那时开始，我就对大西北充满了好奇。

我到重庆地质调查所工作后不久，西南地区也不安全了。那时候就开始强调开发西北。地质调查所一向紧密配合国家建设的需要，所以也开始加强西北各省的地质矿产资源调查。1943年所里派我和所中的一些同事去了兰州。我们在西北工作了两三年，直到抗战胜利以后才回到重庆。这段经历我已经讲过了。在西北的这几年是我的学术事业的奠基时期，我早期发表的学术成果都是在那个时期野外考察的基础上的研究成果。

新中国成立以后，我也经常去西北考察，到过不少的地方，尤其是在柴达木盆地工作的时间最长。我认为西北有很多事情值得去做：从实际需要方面讲，西北地区干旱少雨，水资源十分匮乏，生态环境十分脆弱，特别在人类活动影响下，生态环境严重恶化，其中尤以西北干旱区的沙漠化的问题最为突出。这个问题已经对西北地区的经济建设和人民生活，造成了严重而且不利的影响。需要我们去做很多的工作：从学术方面讲，西北地域辽阔，不同地区的生态环境与生态系统都不相同，因此也有许多值得研究的学术问题。

西北内陆盆地地处欧亚大陆腹地、面积约占全国陆地总面积的四分之一。全区虽然气候极端干燥，但因为盆地四周广大山区降水和冰雪资源十分丰富，形成了强大的地表径流。这些水资源汇集成河流入盆地，成为滋润沙漠绿洲的主要水源。内陆盆地的水资源和东部沿海地区不同，具有一些独特的特点：首先，每条河流从高山地区流入盆地的径流量，基本上相当于全流域的总水资源量；其次，地表水、地下水相互重复转化，一般情况下50%～80%的地表水流入盆地后转化成了地下水资源；第三，每条河流从上游到下游要流经两到三个互相分割的小盆地，形成了一个统一的水资源系统；第四，每条河流对全流域的生态环境与生态系统，都起着主要的制约作用。这些问题无论从学术角度还是从生产实际的角度，都值得深入研究。

我曾经为了掌握第一手资料，针对众多的环境问题，多次到西北各省、自治区进行过实地考察。后来我根据野外收集的资料并结合西北水资源的研究，发表了一系列有关西北干旱区水资源问题的论文，比如《河西走廊水资源开发与生态环境》、《新疆水资源及其合理开发利用》，以及《西北干旱区水资源与第四组盆地系统》等。这些文章的结论都是凭实地考察资料，而不是靠材料推断得出的。文章分析了干旱区地下水系统与地表水系统、水资源系统、灌溉系统，也分析了西北地区不同生态环境系统之间，相互制约与相互影响的复杂关系。

我在大量研究的基础上，结合当代的水文地质学理论，对西北地区的荒漠化、干旱等生态环境以及西北开发问题做了很多的研究，并向有关部门提过建议。后来我还在国际会议上发表了一些文章。如《河西走廊水文系统分析》、《西北干旱区水文系统与生态环境》、《人类活动对西北干旱区水资源和生态环境系统的影响》、《地下水资源开发与生态环境系统》等。这些论文探讨了西北地区水资源与水文系统的基本特征与演化规律，以及水资源开发与生态环境系统的相互制约关系，提出荒漠化现象的发生原因与主要防治措施。

我后期关于西北的研究工作，是通过参加院士考察团、专家考察团，以院士建议和专家建议的形式报到中央和国务院的，所以我们的很多倡议得到了政府的重视。比如西北地区沙漠化和生态问题，西部地区水资源开发利用等建议。

世纪之交，党和政府提出了实施“西部大开发”的战略口号。这是促进西部地区经济发展的一项重大决策。这项决策一再强调西部大开发首先要加强生态建设和生态环境的保护，这一点非常重要，对于西北的发展有着深远的意义。西部大开发必须坚持经济建设一定要执行与资源、环境、人口相协调的可持续发展方针，否则就会走向反面。

现在西北地区发展很快，这就造成了西北干旱区对水资源的需求也日益增长；但是现在存在的迫切问题，并不是单纯的水资源的供需矛盾，而主要是由于对水资源不合理的开发利用，造成对生态环境的严重破坏。例如近 50 年来，水利化方向以开发地表水为主，普遍在山区河流出口处修建水库与高衬砌渠道，在上游盆地扩建新绿洲，这就造成下游盆地河流的水流入量日益减少，使原来上下游盆地水资源形成的天然平衡受到破坏，导致水环境的严重恶化，如河流断流、地下水补给大幅度削减、泉水枯竭、湿地消失、湖泊干涸、水质恶化、地下水位剧烈下降。水环境的破坏，导致绿洲外围乔灌木林枯萎、天然绿洲萎缩、部分耕地撂荒、草场退化、土地盐碱化加重、沙地持续扩大、野生动物与水生动物逐渐灭迹，最终出现无可挽回的大面积沙漠化。

水是维持荒漠绿洲的决定因素，水资源的重新分配，不仅打破了水资源系统的天然平衡，同时也严重破坏全流域的生态平衡，导致生态环境严重恶化。根据干旱区水资源的特点，每条河流的山区流入量，基本代表全流域的总水资源量，因此水资源的合理开发利用，必须在保护生态环境与可持续发展的基础上，根据每条河流的总水资源量，实行优化分配，建立供需之间新的平衡关系。当前首先需要研究解决上、中、下游之间水资源的优化配置，地表水与地下水之间的优化配置，农业用水、城市用水与生态用水之间的优化配置，以及灌溉系统中河灌、渠灌、泉灌、井灌之间用水的优化配置，等等。

干旱地区生态环境的保护，以及已经遭受严重破坏地区的生态重建，是一项长期而艰巨复杂的系统工程。全区水资源在通过优化配置的基础上，尚需进一步建立高效节水农业，合理调整灌溉系统，治理盐碱化土地。充分利用地表水，地下水相互转化的关系，实行联合调度，综合利用，相互调剂；开发利用地下天然水库，充分发挥含水层的调蓄功能，以及发挥地下水在干旱区所具优势。认真分析研究目前正在实施的水利工程或规划方案，针对存在的实际问题，及时提出合理建议。

西北生态环境的恶化在近些年来是越来越严重，比如河西走廊的石羊河流域、黑河流域，以及新疆塔里木河下游等地区，沙漠化现象十分突出。所以现在的主要问题就是加强生态环境的保护，实行生态重建。针对这些问题，我在几年前还写过文章、去西北参加过有关学术会议，也到过一些高校甚至中学做过关于西北水资源及环境保护的报告，一方面不断呼吁保护西北生态环境，另一方面也提出了西北生态研究中的重要科学问题，多渠道积极推广新技术新理论。

附　录

陈梦熊年表

1917 年　10 月 12 日出生于南京。

1923 年　在南京中央大学实验学校念小学。

1930 年　进入金陵中学读初中。

1934 年　在金陵中学读高中。

1936 年　高中毕业。

1937 年　离开南京至北平，备考北平的大学。“七七”事变后返回南京，后不断逃难。

1938 年　年初到香港，夏天回上海参加考试并入西南联大。途经香港、越南等地到昆明。

1940 年　参加昆明近郊兵役宣传第四队。

1941 年　开始撰写毕业论文。

1942 年　西南联大毕业，考入重庆中央地质调查所。参加黔东北地质矿产调查。

1943 年　到位于兰州的地质调查所西北分所工作，从事甘肃北部地质矿产调查。

1944 年　参加甘肃中南部地质矿产调查。

1945 年　参加王曰伦领导的祁连山地质矿产考察队，成为国内第一个横越祁连山的地质调查队的成员。复员，由宝鸡回到重庆。

1946 年　随所自重庆复员到达南京，住珠江路。参加黄汲清主持的中国地质图编图工作。10 至 12 月，参加三峡地质考察队，与侯德封等去宜昌三峡作坝线初步地质调查。此为第一次三峡工程地质勘察。

1947 年　编制出版我国第一幅比例尺 1∶300 万中国水文地质图。

1948 年　编制西北分所历年地质调查成果。与沙频之结婚。

1949 年　负责 1∶300 万中国地质图的印刷工作。8 月，长子陈思行出生。

1950 年　陈梦熊、朱夏编辑的《中国地质图：福州幅》出版。

1951 年　“三反”、“五反”中被打成所内的“老虎”。开始天成线的勘测工作，任天成线工程地质队技术负责。

1952 年　秦岭宝成新线铁道工程全面开展勘测工作，任宝成线工程地质队主任工程师。中央人民政府地质部成立，正式调入北京地质部。

1953 年　所在工程地质组改为工程地质室，仍隶属于地矿司。开始宝成线的勘探工作，并担任宝成队的队长兼技术负责人。

1955 年　2 月，参加地质部在北京召开的第一次全国区域水文地质会议。会议决定开展全国区域水文地质普查。参加与中国科学院合作的青海湖综合考察。宝成新线铁道工程全线勘测工作基本结束。

1956 年　经吴磊伯介绍加入九三学社。所属水文地质工程地质研究室扩建为水文地质工程地质研究所。开始负责全国区域水文地质普查。到柴达木盆地建立了青海省第一支水文地质队——柴达木水文地质队（963 队），并担任技术负责，领导完成了冷湖地区两个图幅的普查任务。任水文地质工程地质局主任工程师。

1957 年　1 月，《水文地质工程地质》杂志创刊，担任编委。“反右”期间受到冲击。8 月，次子陈泽行出生。

1958 年　负责主编的 1∶300 万中国水文地质图及说明书《中国区域水文地质概论》出版。

1959 年　参与编辑出版第一本以我国实际资料为主的《实用水文地质学》。

1960 年　地质部成立支援农业抗旱办公室。参加水文地质工程地质局组织的抗旱工作组。

1961 年　水文地质工程地质研究所改为水文地质工程地质研究室。

1962 年　参加水文地质工程地质局在北京召开的八省一市（冀、晋、鲁、豫、辽、陕、苏、皖、京）勘探开发地下水会议。

1963 年　所在水文地质工程地质研究室，恢复为水文地质工程地质研究所。

1965 年　春，地质部及中国地质学会水文地质工程地质专业委员会在北京香山召开第一届全国水文地质工程地质学术会议。冬，水文地质工程地质局再次组织抗旱工作组，赴山西、河北、内蒙古配合水利部门开展抗旱工作。

1966 年　“文革”中被批斗，烧书和地图。

1967 年　水文地质工程地质局正式成立直属七大队（湖北丹江口）、八大队（陕西石泉县），开展襄渝铁路线工程地质勘察工作。

1969 年　下放至黑龙江桃山“五七干校”，次子陈泽行同去。

1970 年　3 月，回京休探亲假，其间未能与夫人见面。9 月，调往宜昌三峡七队，遂离开桃山去湖北宜昌。11 月，参加葛洲坝水利枢纽工程的勘探大会战，任湖北水文地质工程地质队技术负责。

1972 年　任水文地质工程地质局副总工程师。

1973 年　调回北京。

1974 年　负责组建中国人民解放军基建工程兵水文地质普查部队。

1976 年　在北京召开水文地质普查部队第一次成果验收会。

1977 年　国家计委地质局改为国家地质总局。国家地质总局在北京召开全国水文地质工程地质工作会议。

1978 年　负责的黄淮海、松辽平原水文地质图系获全国科学大会奖。

1979 年　《水文地质工程地质》杂志复刊。担任《综合水文地质图编图方法与图例》主编。

1980 年　国务院科干局授予高级工程师职称。9 月，率领中国代表团出席在泰国曼谷举行的“联合国亚太地区自然资源委员会第七届会议”。任地矿部科技顾问委员会（1980—1998）委员。当选北京市西城区第七届人民代表大会代表。

1981 年　组织编写了《全国地下水资源调查和评价工作要点》。参加在泰国曼谷举行的自然资源委员会第七届会议。

1982 年　5 月，赴荷兰参加“地下水系统与测验方法国际学术讨论会”。7 月，前往英国参加在埃克塞特市举行的“国际水文科学大会”并成为该组织的个人会员。8 月，根据地质部机构改革决定，水文地质工程地质局改为水文地质工程地质司，调部科学技术委员会。

1983 年　11 月，出席在印尼万隆举行的亚太地区国际水文地质图编图会议。

1984 年　2 月，水文地质普查部队撤改工作全部完成。3 月，参加在意大利威尼斯举行的“第二届地面沉降国际讨论会”。5 月，参加在荷兰莱顿市诺德维克镇召开的“地下水系统与测验方法国际学术讨论会”。7 月，夫人沙频之去世。11 月，《人民日报》刊登入党报道。任长春地质学院兼职教授，并担任地下水模型研究开放实验室学术委员会主任。

1985 年　9 月，在英国剑桥丘吉尔学院参加国际水文地质学家协会（IAH）第 18 届年会。编制的《东北经济区水文地质、工程地质、环境地质图系及总说明书》，历时两年提交成果并通过审查。获 1985 年国家科技进步二等奖（中国的水文地质普查任务）。

1986 年　主持编制了《综合水文地质编图方法和图例》、《地下水资源编图方法指南》。6 月，参加在苏联召开的“采矿与环境影响”国际学术讨论会。

1987 年　与邹学雯结婚。2 月，到长春地质学院水工系讲学。赴新疆考察吐鲁番水均衡综合试验场。

1988 年　地矿部授予教授级高级工程师职称。10 月，在桂林参加了国际水文地质学家协会第 21 届年会。11 月，撤销水文司，成立环境司。

1989 年　5—6 月，参加在德国汉诺威举行的“国际水文地质图学术讨论会”。

1990 年　参加国际水文科学协会在北京举行的“水资源管理的水文基础”学术讨论会。

1991 年　当选为中国科学院学部委员（院士）。

1992 年　10 月，参加长春地质学院 40 周年校庆。

1993 年　参加中科院地学部组织的沿海地区海平面上升问题的考察。

1994 年　6 月，到芬兰参加第一届“地下水未来危机（FGR）”国际会议。获地矿部科技成果二等奖（地下水系统）。

1995 年　7 月，到美国参加国际大地测量与地球物理学联合会（IUGG）大会。8 月，参加长春东北亚国际地学会议。

1996 年　任地矿部科技高级顾问。8 月，参加在北京召开的第 30 届国际地质大会。

1997 年　考察新疆塔里木盆地西南缘慕什塔格山考察冰川地貌。7 月，到三峡库区考察地质灾害治理。

1998 年　当选为首批资深院士。7 月，参加在长春召开的第二届未来地下水危机国际学术会议（FGR 第二届大会）。与马凤山合著的《我国海岸带地质环境特征与可持续发展，地质环境系统研究》由海洋出版社出版。任国土资源部咨询研究中心咨询委员。

1999 年　7 月，到欧洲考察。

2000 年　到南京地调所、上海监测中心、星海石油考察。主编的《我国的水资源及其合理利用》由上海科技出版社出版。

2001 年　撰写了《中国地下水资源战略研究报告》。获北京国际岩溶大会岩溶水文地质杰出成就奖。

2002 年　和马凤山合著的《中国地下水资源与环境》由地震出版社出版。获北京师范大学优秀科技成果奖（松嫩盆地地下水资源）。

2003 年　11 月，赴贵州考察。《中国水文地质工程地质事业的发展与成就——从事地质工作 60 年的回顾与思考》由地震出版社出版。

2004 年　10 月，参加在塘沽举办的海岸带城市地质环境研讨会，对海岸带地质环境调查研究提出 10 项建议。

2005 年　获德国地质学会颁发的杰出地质学家奖——利奥普德·冯·布什奖章。

2006 年　1 月，获蔡冠深奖金。11 月，获何梁何利基金科学与技术进步奖。水文地质工程地质环境地质联谊会（简称水工环联谊会）为陈梦熊举行九十华诞祝寿联谊会。

2012 年　12 月 28 日，在北京逝世。

陈梦熊主要著述目录

中文论著

1945—1960 年

1 陈梦熊. 渭河上游之地质（中国地质学会第 21 次年会论文节要）. 地质论评，1945，10（3 ~ 4）：147 ~ 180.

2 徐铁良，陈梦熊. 甘肃一个第三纪煤田（节要）. 地质论评，1945，10（3 ~ 4）：154 ~ 155.

3 徐铁良，陈梦熊. 甘肃榆中黄石坪沙金矿. 地质论评，1945，11（3 ~ 4）：233 ~ 240.

4 陈梦熊. 甘肃中部之地文. 地质论评，1947，12（6）：545 ~ 556.

5 陈梦熊. 甘肃中部皋兰系变质岩之初步观察（英文）. 中国地质学会会志，1948，28（3 ~ 4）：179 ~ 186.

6 陈梦熊. 编制天水幅地质图之讨论. 地质论评，1948，13：270.

7 侯德封，陈梦熊，刘东生，姜达权. 扬子江三峡水力发电工程地质问题之检讨. 地质论评，1948，13（1 ~ 2）：159.

8 路兆洽，陈梦熊．甘肃景泰喜集水及大拉牌一带煤田地质．地质汇报，1948，第 37 号，中文：89 ~ 96；英文：31 ~ 34.

9 路兆洽，陈梦熊．甘肃靖远磁窑区煤田地质．地质汇报，1948，第 37 号，中文：23 ~ 40；英文：7 ~ 10.

10 陈梦熊．青海门源先蜜寺附近地理概况．地理学报，1949，15（3 ~ 4）.

11 陈梦熊．中国地质图——天水幅（比例尺 1∶100 万）．前中央地质调查所印行，1950.

12 黄汲清主编（陈梦熊负责西北部分）．中国地质图（比例尺 1∶300 万）．1951.

13 陈梦熊．祁连山东段之山系．中国科学，1951，2（2）：229 ~ 238.

14 陈梦熊．泛论甘肃中部之变质岩系．地质论评，1950，15（Z1）：7 ~ 12.

15 陈梦熊．近年来我国铁路工程地质的发展．科学通报，1955（8）：5 ~ 9.

16 陈梦熊．铁道工程地质勘察要做些什么．地质知识，1955（7）：1 ~ 4.

17 陈梦熊．宝成线北段工程地质勘察记．地质知识，1955（12）：22 ~ 25.

18 陈梦熊．谈谈新地质构造运动．地质知识，1956（5）：1 ~ 4.

19 陈梦熊．我国水文地质科学现况与今后发展方向．科学通报，1956（6）：51 ~ 54.

20 陈梦熊．滑坡的基本原理与滑坡类型．地质知识，1956（4）：1 ~ 8.

21 陈梦熊．柴达木盆地的区域水文地质条件．水文地质工程地质，1957（1）：16 ~ 21.

22 陈梦熊．中国水文地质分区的初步研究．地质论评，1957，17（2）：430 ~ 437.

23 陈梦熊．水文地质调查及地貌图的编制方法（地质部第一届全国水文地质工程地质工作会议报告文献汇编）．北京：地质出版社，1957，186 ~ 196.

24 陈梦熊．在包头、西安、北京等地所见到的几个有关新构造方面的问题．见：中国科学院主编．中国科学院第一次新构造运动座谈会发言记录．北京：科学出版社，1957.

25 陈梦熊．李奇柯夫著《论杜库恰耶夫的水平分带规律在潜水方面的应用及其他地下水对水平分带的从属性》读后．水文地质工程地质，1957（2）.

26 陈梦熊．一年来水文地质工作的成就与存在的问题（第一届水文地质工程地质会议文献汇编）．北京：地质出版社，1957.

27 陈梦熊．柴达木盆地第四纪地质的初步研究（节要）．中国第四纪研究，1958（1）：207～208.

28 陈梦熊．感谢苏联专家对我国水文地质工程地质事业的巨大帮助．水文地质工程地质，1958（11）：2～3.

29 陈梦熊．编制第四纪地质测量规范的初步意见．中国第四纪研究，1958，1（1）：42.

30 施雅风，陈梦熊，等．青海湖及其附近地区自然地理的初步考察．地理学报，1958，24（1）.

31 地质部水文地质工程地质局．实用水文地质学．北京：地质出版社，1959.

32 中国科学院地理研究所（陈梦熊负责地貌学部分）．十年来的中国科学·地理学．北京：科学出版社，1959.

1961—1980 年

33 陈梦熊．当前工农业建设中的几个重大水文地质问题．陕西地质学会学术报告集，1964.

34 陈梦熊．综合水文地质图编图原则的探讨．地质论评，1964，22（3）：224～233.

35 陈梦熊主编．黄淮海平原及松辽平原水文地质图系．地矿部水文地质工程地质局，水文地质工程地质研究所，1965.

36 陈梦熊．地下水的污染与防护措施．环境保护，1974，13～16.

37 陈梦熊．环境保护与水文地质工作．地质力学技术讲座汇编，1974.

38 陈梦熊．地下水与环境保护有关的几个问题．环境保护知识讲座选编，1974.

39 陈梦熊主编．区域水文地质普查规范．北京：地质出版社，1975.

40 陈梦熊主编．综合水文地质图编图方法与图例．北京：地质出版社，1979.

41 陈梦熊．地下水勘探类型的划分与其他有关问题．工程勘察，1980（4）：61～63.

42 陈梦熊主编．全国地下水资源调查和评价工作要点．地矿部水文地质工程地质司印，1980.

1981—1990 年

43 陈梦熊．中国的地下水资源及其开发利用．自然资源，1982（2）：42～48.
44 陈梦熊，乔作轼．第四纪研究在水文地质工作中的重要作用及其发展．见：第三届全国第四纪学术会议论文集．北京：科学出版社，1982，211～215.
45 陈梦熊．关于地下水资源级别划分的初步方案．工程勘察，1983（3）：10～12.
46 陈梦熊．试论地下水资源的基本概念与评价原则．自然资源，1984（4）：11～18.
47 陈梦熊．新中国水文地质工程地质工作的发展．中国地质报，1984（125）.
48 陈梦熊，许志荣主编．地下水系统论文选编．地矿部科技顾问委员会，河南地矿部环境水文地质总站编印，1984.
49 陈梦熊，许志荣．地下水系统的基本概念与研究方法．见：地下水系统研究论文选编，1984，1～13.
50 陈梦熊，焦淑琴．我国水文地质编图工作的发展与成就．中国地质，1984（10）：19～22.
51 陈梦熊．环境水文地质问题与环境水文地质学（水文地质工程地质选辑 20）．北京：地质出版社，1984.
52 陈梦熊．最新《水文地质图国际图例》评价．工程勘察，1985（3）：73～75.
53 陈梦熊．试论环境水文地质学的基本概念与研究范畴．长春地质学院学报，1985（2）：61～64.
54 陈梦熊．中国地下水资源的区域特征与初步评价．自然资源学报，1986，1（1）：18～27.
55 陈梦熊．当前水资源研究的主要问题与有关意见．自然资源，1986（3）：14～15.
56 陈梦熊．关于高氟病防治工作中存在的问题与建议．中国地质报，1986.
57 陈梦熊，关于兰州的几个主要环境地质问题及对策．中国地质报，1986.

58 陈梦熊. 关于城市建设与环境地质问题. 中国地质，1986（10）：17 ~ 18.

59 陈梦熊. 我国地下水资源及其合理开发利用的研究. 长春地质学院学报，1987，1 ~ 29.

60 陈梦熊. 人类活动影响下地下水动态预测与资源评价（水文地质专辑）. 长春地质学院学报，1987，38 ~ 46.

61 陈梦熊. 国内外地下水研究现状与今后展望. 水文地质专辑. 长春地质学院学报，1987，77 ~ 89.

62 陈梦熊. 亚太地区水文地质编图工作现状与发展动向（水文地质专辑）. 长春地质学院学报，1987，108 ~ 115.

63 陈梦熊. 地下水资源与地下水系统研究. 长春地质学院学报专辑，1987.

64 辛奎德，陈梦熊，林学钰，袁道先. 当前水文地质学的主要问题与发展动向，水文地质为人类服务. 见：水文地质工程地质选辑 23 辑. 北京：地质出版社，1987，1 ~ 13.

65 陈梦熊. 我国岩溶地区水文地质图编图经验. 中国岩溶，1988，7（3）：199 ~ 204.

66 陈梦熊，王泽斌. 中国地热资源的基本特征与分布规律. 见：中国地热物化探论文专辑. 北京：地质出版社，1988.

67 陈梦熊，曾祥富. 建国以来我国水文地质工程地质事业的发展历程与主要成就. 水文地质工程地质，1989（6）：1 ~ 5.

68 陈梦熊. 当代中国的地质事业（水文地质工程地质部分）. 北京：中国社会科学出版社，1990.

69 陈梦熊. 我国北方城市水资源问题与有关对策. 见：华北地区水资源合理开发利用研究讨论会论文集. 北京：水利出版社，1990，30 ~ 36.

70 陈梦熊. 固体废物污染的调查研究与地质处理. 中国地质，1990（2）：5 ~ 11.

71 陈梦熊. 环境地质工作的最新发展与今后任务. 中国地质，1990（8）：7 ~ 12.

72 陈梦熊，焦淑琴，王明德. 让作为经济和社会发展手段的水文地质图发挥最大限度的作用. 水文地质工程地质，1990（3）.

73 陈梦熊. 上海地面沉降研究的新进展. 水文地质工程地质，1990（2）.

74 陈梦熊. 对华北地区水资源问题的一些看法与有关建议. 地矿部科技高级咨询中心专家建议汇编，1990，91～92.

75 陈梦熊. 水资源与城市规划和城市发展. 自然资源，1990（6）.

76 陈梦熊. 环境地质工作的最新发展与有关建议. 地矿部科技高级咨询中心专家建议汇编. 1990，114～116.

77 陈梦熊. 关于建立和完善全国地质环境监测系统的几点建议. 地矿部科技高级咨询中心专家建议汇编. 1990，130～132.

1991—2000 年

78 陈梦熊. 水资源的定义与内涵. 水科学进展，1991，2（3）：209～210.

79 陈梦熊. 地下水研究的最新发展与今后展望. 河南地质情报，1991（73）：29～36.

80 陈梦熊. 我国水资源的基本情况与合理利用. 见：矿产资源国情与矿产资源法. 北京：地质出版社，1991，20～27.

81 陈梦熊. 大石桥的童年回忆. 见：青春是美丽的. 贵州人民出版社，1992.

82 陈梦熊. 新中国水文地质学发展的四个时期. 见：中外地质科学交流史. 北京：石油工业出版社，1992，217～222.

83 陈梦熊. 城市水资源问题与对策研究. 水文地质工程地质，1992，19（1）：1～3.

84 陈梦熊. 地下水系统理论的引进与实践. 中国科学院院刊，1993，8（2）：146～147.

85 张寿全，陈梦熊，等. 从系统理论看现代水文地质学的几个基本概念. 水文地质工程地质，1993（3）：3～8.

86 陈梦熊. 海平面上升——地质灾害研究不可忽视的领域. 中国地质，1993（8）：24～26.

87 陈梦熊. 水文地质学的最新发展与今后展望. 河北地质学院学报，1993，16（5）：439～450.

88 陈梦熊. 现代水文地质学的演变与发展. 水文地质工程地质，1993（3）：1～3.

89 陈梦熊. 滨海地区环境地质特征与地质环境系统. 见：中国沿海资源、工程、环境系统与经济发展战略. 北京：地震出版社，1993，18～24.

90 陈梦熊. 回忆西南联大时代的地学系. 见：杨遵仪主编. 桃李满天下. 北京：中国地质大学出版社，1993，50～60.

91 陈梦熊. 关于海平面上升与控制城市地面沉降. 见：海平面上升对中国三角洲地区的影响及对策. 北京：科学出版社，1994，267～278.

92 陈梦熊. 自然（地质）灾害与环境系统研究的几个问题. 中国地质，1994（11）：20～22.

93 陈梦熊. 参加沿海地区海平面上升考察的体会与建议. 见：地矿部科技高级咨询中心专家建议文件汇编. 1994.

94 陈梦熊. 关于新疆水资源合理开发利用的建议. 见：地质矿产部科技高级咨询中心专家建议文件汇编. 1994.

95 陈梦熊. 参加“地下水资源未来危机”国际学术会议的体会. 见：地矿部科技高级咨询中心专家建议文件汇编. 1994.

96 陈梦熊，乔作轼. 关于修建宝成铁路复线的一个新方案. 见：地矿部科技高级咨询中心专家建议文件汇编. 1994.

97 陈梦熊. 抗战时期西北地区的地质矿产调查工作. 河北地质学院学报，1994，7（1）：105～107.

98 陈梦熊. 地下水系统分析与概念模型. 城市水资源，1994（2）：22～28.

99 陈梦熊. 水文地质学及其分支学科的发展. 见：中国地质科学发展的回顾. 北京：中国地质大学出版社，1995，100～103.

100 陈梦熊. 甘肃河西走廊水资源开发存在的严重问题与对策意见. 地矿部科技高级咨询中心专家建议文件汇编，1995，30～34.

101 陈梦熊. 环境水文地质学的最新发展与今后趋向. 地质科技管理, 1995 (3): 28 ~ 33.

102 陈梦熊. 环境地质科学的基本理论与发展前景. 工程地质学报, 1995, 3 (3): 31 ~ 35.

103 陈梦熊. 我与中国科学院. 院史资料与研究, 1995 (1).

104 陈梦熊. 环境地质学的基本理论与研究范畴. 环境地质研究（第 3 辑）, 1996.

105 陈梦熊. 关于海平面上升及其环境效应. 地学前缘, 1996 (1 ~ 2), 133 ~ 140.

106 陈梦熊. 河西走廊水资源开发与生态环境. 见：中科院第八次院士大会学术报告汇编. 1996, 217 ~ 223.

107 程裕淇, 陈梦熊. 前地质调查所（1916—1950）的历史回顾. 北京：地质出版社, 1996, 1 ~ 26.

108 陈梦熊. 中国科学院院士自述. 上海教育出版社, 1996.

109 陈梦熊. 水资源的合理开发利用与社会经济的可持续发展.《共同走向科学》百名院士科技系列报告集（中）. 北京：新华出版社, 1997, 346 ~ 360.

110 陈梦熊. 新疆塔里木盆地水资源考察报告. 地矿部科技高级咨询中心专家建议文件汇编, 1997, 67 ~ 73.

111 陈梦熊. 西北干旱区水资源开发与防止生态环境恶化. 水文地质工程地质, 1997 (3).

112 陈梦熊, 岑嘉法, 籍传茂. 合理开发利用西北地下水资源——以塔里木盆地为例. 中国地质, 1997 (7).

113 陈梦熊. 跨世纪的水文地质学面向新时代的挑战——为《水文地质工程地质》创刊 40 年而作. 水文地质工程地质, 1997 (4).

114 陈梦熊. 西北干旱区水资源与第四纪盆地系统. 第四纪研究, 1997 (2): 97 ~ 104.

115 陈梦熊, 岑嘉法, 籍传茂. 宁南缺水地区水资源考察和建议. 中国地质, 1998 (2): 34 ~ 48.

116 陈梦熊，段永侯，哈承佑，殷跃平．“八五”水文地质工程地质环境地质研究的主要成就与进展．地质科技管理，1998，2～3.

117 陈梦熊．中国水文地质环境地质问题研究．北京：地震出版社，1998.

118 陈梦熊．发扬本国特色　广纳先进理论．见：院士思维．安徽教育出版社，1998.

119 陈梦熊．我的中学时代．见：南京市金陵中学．人民教育出版社，1998.

120 陈梦熊．人类活动形成的几种区域性生态环境问题．环境地质问题研究（第四辑），1999.

121 陈梦熊．我国的水资源及其合理利用．见：院士展望21世纪．上海：上海科技出版社，2000.

2001—2007 年

122 陈梦熊．西北干旱区大型内流盆地的生态环境建设与西部大开发．国土资源与环境，2001（1）.

123 陈梦熊．改善饮用水质量促进人体健康．饮用水世界，2001（2）.

124 陈梦熊．关于岩土工程及其理论体系．岩土工程界，2001（7）.

125 陈梦熊，刘成琦，陈昌礼，吴炳书，张建华．地下水资源图编图方法指南．北京：地质出版社，2001.

126 陈梦熊，马凤山．中国地下水资源与环境．北京：地震出版社，2002.

127 陈梦熊．旧事杂忆．见：中国地质学会80周年纪念文集．地质出版社，2002.

128 陈梦熊．20世纪50年代初全国地质机构的一次大调整、大变动．中国科技史料，2002（4）：316～318；见：地质学史论丛（第4辑），地质出版社，2002.

129 陈梦熊．中国水文地质工程地质事业的发展与成就——从事地质工作60年的回顾与思考．北京：地震出版社，2003.

130 林学钰，陈梦熊，王肇兴，张勃夫，等．松嫩盆地地下水资源与可持续发展研究．北京：地震出版社，2003.

131 陈梦熊. 西南岩溶石山地区岩溶水资源与石漠化治理. 见：国岩溶石漠化研究. 南宁：广西科技出版社，2003.

132 陈梦熊. 联大生活日记（摘抄）. 见：清华大学校史研究室编. 清华革命先驱（上）. 清华大学出版社，2004，549~554.

133 陈梦熊. 海岸带城市地质环境特征与主要地质环境问题. 见：海岸带地质环境与城市发展论文集. 北京：中国大地出版社，2005.

134 陈梦熊. 新疆水资源的基本情况与合理开发利用的几点建议（1995 年提出）. 见：地学与社会：学部的视野. 山东教育出版社，2005.

135 陈梦熊. 西北干旱地区的水资源与生态环境建设（2001 年提出）. 见：地学与社会：学部的视野. 山东教育出版社，2005.

136 陈梦熊. 漫谈水与人类文化. 饮用水世界，2006（2）.

137 陈梦熊. 著名地质学家李捷先生与第四纪研究. 第四纪研究，2007，27（1）.

138 陈梦熊. 中国地下水研究论文选集——陈梦熊院士 90 华诞暨从事地质工作 65 周年纪念. 中国大地出版社，2007.

139 陈梦熊. 深切怀念西南联大同学李炳泉同志. 见：李炳泉纪念文集. 天马出版有限公司，2008，16~22.

140 陈梦熊. 回忆抗战时期西南联大的地质地理气象学系. 见：百年辉煌　继往开来：北京大学地质学系建系 100 周年纪念文集. 北京大学出版社，2009.

141 陈梦熊. 丰功伟绩　永世长存——纪念杰出的地质学家丁文江先生诞辰 120 周年. 见：地质学史论丛（第 5 辑）. 地质出版社，2009.

142 陈梦熊. 怀念我国地质事业重要奠基人之一的李捷先生. 见：地质学史论丛（第 5 辑）. 地质出版社，2009.

英文论著

1 Chen Mengxiong. The Development and Utilization of Groundwater Resources in China.

In: Proceedings of the 7th Session of Committee on Natural Resources of ESCAP, Bangkok, 1980.

2 Chen Mengxiong. Experience in Rural Water Deficient Mountainous Areas of N. China. In: Proceedings of the 7th Session of Committee Oil Natural Resources of ESCAP, Bangkok, 1980.

3 Chen Mengxiong. Some Hydrogeological Problems related to Urban Water Supply Development in China. IAHS Publication. 1982 (136): 81 ~87.

4 Chen Mengxiong, Jiao Suqin. Development and Achievement of Hydrogeological Mapping in China. In: Proceedings of the ESCAP RMRDC Workshop Oil Hydrogeological Mapping in Asia and the Pacific Region. Bandung, 1983: 79 ~91.

5 Chen Mengxiong, Xu Zhirong. Groundwater Systems of the Yellow River Alluvial Plain. North China. IAHS Publication. 1986 (163): 243 ~297.

6 Chen Mengxiong. Groundwater Resources and Development in China. *Environmental Geology and Water Sciences*. 1987, 10 (3): 141 ~147.

7 Chen Mengxiong. Some Experiences in Compiling Hydrogeological Maps of Karstic Terrains in China. In: Proceedings of the International Symposium On Karst Hydrogeology and Karst Environment Protection. Guilin, 1988: 1 221 ~1 228.

8 Chen Mengxiong, Lin Xueyu, Liu Tiezhen, et al. Side Effects Related to Groundwater Management. IAHS Publication. 1988 (172): 123 ~268.

9 Chen Mengxiong, Deng Aisong. Impact of Mine Development on Geological Environment in Chain. In: Proceedings of International Workshop Oil the Impact of Mining On the Environment. Moscow, 1989: 51 ~57.

10 Chen Mengxiong. Functions of Hydrogeological Maps in the Economic and Social Development of China. In: Memories of the International Symposium on Hydrogeologieal Maps. Hannover. 1989: 391 ~395.

11 Chen Mengxiong. Analysis of the Hydrological System of Hexi Corridor, Gansu Province.

In: Proceedings of the International Symposium on the Hydrological Basis for Water Resources Management. Beijing, 1990: 3 ~ 11.

12 Chen Mengxiong. The Four Periods On the Development of Hydrogeological Science in New China. In: Proceeding of the XVth International Symposium of the INH/GEO. Beijing, 1986.

13 Chen Mengxiong, Cai Zuhuang. Systems of Environmental Effects Related to the Groundwater Development and Management. In: Proceedings of International Workshop on Groundwater and Environment. Beijing, 1992: 1 ~ 6.

14 Chen Mengxiong. Characteristics of Inland Quaternary Basins in Northwest China with References to Their Hydrological Significance. *Engineering Geology*. 1994, 37 (1): 61 ~ 65.

15 Chen Mengxiong, Cai Zuhuang. Risks for Development of Groundwater Resources in Urban Areas of China. IAHS Publication of the Academy of Finland, FGR. 1994.

16 Cai Zuhuang, Chen Mengxiong, Ma Fengshan. A Contribution to the Theory of Saline Intrusion. IAHS Publication of the Academy of Finland, FGR. 1994.

17 Chen Mengxiong. Impacts of Human Activities of the Hydrological Regime and Ecosystems in Arid Area. Proceedings (H5) of IUGG XXIth General Assembly. Boulder, 1995.

18 Chen Mengxiong, Cai Zuhuang. Groundwater Resources and Hydro-environmental Problems in China. *Episodes*. 1995, 18 (1 ~ 2): 66 ~ 69.

19 Chen Mengxiong. Water Resources Development Related to Environmental Systems in Arid Area of Northwest China. In: Proceedings of the 2nd International Conference of Future Groundwater Resources at Risk. Changchun, 1998.

20 Chen Mengxiong, Cai Zuhuang. Groundwater Resources and Related Environ-hydrogeologic Problems in China. Beijing: Seismological Press, 2000.

21 Chen Mengxiong. The Natural Mineral Water in China and its Prospect for Development. Baishan China, 2004.

22 Chen Mengxiong. Rational Development and Utilization of Water Resources Related to Prevention of Desertification in Arid Area of Northwest China. *Journal of Earth Science and Environment*. 2005, 24 (4).

人名索引

D

F

后　记[①]

我第一次做口述访谈是在2000年底。那时候，国际学术界口述史料的收集工作虽然已经有了半个世纪的历史，各国学者也逐渐意识到口述史料在弥补历史文献不足方面的重要作用，但是国内从事口述史料收集工作的学者仍然为数寥寥，口述史料的收集工作也缺少现成的经验可以遵循。

陈梦熊院士是第一位接受我访问的学者。他的热情和耐心，打消了我的顾虑，增加了我收集口述史料的工作信心。从那以后的十几年中，我先后访问了几十位中国地质学家和一位西方地质学史研究者，发表了多篇中英文口述访谈文章。我的访谈工具也从当初的磁带录音机，发展到数码录音笔，直到数码录像机……

口述史料的生动、鲜活，让我体验到了探究历史的无尽乐趣。受访人丰富的阅历和人生经验，给予我不少的启迪。大量的口述史料，弥补了我学术研究中文献资料的不足。访谈中了

① 在本书编辑出版的过程中，陈梦熊院士不幸于2012年12月28日在北京逝世。这既是中国学术界的一大损失，也使我们感到本书的编写工作更加艰巨而重要。本书除在作者简介及年表中做了相应修改外，其他部分仍保持口述自传的原貌，并以此纪念陈梦熊院士。

解的受访人工作经历，让我更好地走进那段历史，更好地理解了地质学工作的真实场景……

陈梦熊院士不但是我的第一位受访者，也是至今为止接受我访谈次数最多、历时最长的一位学者。尤其是在 2010 年的一年中，我先后访问陈院士 20 多次，那时很多周六的上午我都是在陈院士家中度过的。陈院士系统地回忆了他亲历的往事，讲述了他研究工作中的许多细节，述说了他经历的重大历史事件及个人感受……

与陈院士接触的十多年中，让我感觉访谈工作就像是和时间赛跑。最初我们常一起参加会议，在地质大学的校园里边走边聊。后来陈院士就坐上了轮椅，我们只能在陈院士家中开展

陈梦熊院士（中间坐者）与张九辰（左）和陈泽行（右）辨认照片

访谈工作了。陈院士的记忆力极好。早期访谈时，他不但能够回忆起具体的历史细节，还经常能够准确地说出当事人的姓名、具体发生的时间和地点。但慢慢地，陈院士对过去的记忆开始模糊，一些历史事件的顺序也有记错的时候了。我只好借助文献资料，核对具体时间和数字，以保证史料的准确性。

本传记能够顺利完成，得益于很多先生的热情帮助。张尔平先生时常通报地质学界老先生的近况，为我从事访谈工作提供了不少的便利。陈院士次子陈泽行先生，从 2010 年夏季开始系统地整理了陈院士珍藏多年的日记、野外记录、手稿、信函、照片、地图、会议文件，以及影音图像等资料……这些都为本传记的写作提供了丰富的原始资料。

我还要感谢中国地质学会地质学史专业委员会，从会长翟裕生院士，到秘书长陈宝国先生，到委员会的每一位理事成员。他们对地质学史的研究热情和提携晚辈的无私奉献精神深深地打动了我。他们让我感到，地质学史研究并不孤单，我们有着很多的同路人……还有很多很多的先生，在我多年从事地学史研究中，给予过我不少的帮助和启发，在此一并致谢！只因本人学识有限，令这部传记还有不少值得进一步改进与完善的地方，恳请读者批评指正。

张九辰

2012 年 3 月 15 日

图书在版编目(CIP)数据

我的水文地质之路：陈梦熊口述自传／陈梦熊口述；
张九辰访问整理. —长沙：湖南教育出版社，2013. 7
（20 世纪中国科学口述史／樊洪业主编）
ISBN 978 - 7 - 5539 - 0734 - 5

Ⅰ. ①我… Ⅱ. ①陈… ②张… Ⅲ. ①陈梦熊—自传
Ⅳ. ①K826. 14

中国版本图书馆 CIP 数据核字（2013）第 164294 号

书　　名	20世纪中国科学口述史 我的水文地质之路——陈梦熊口述自传
作　　者	陈梦熊口述　张九辰访问整理
责任编辑	朱　微
责任校对	崔俊辉　刘　源
出版发行	湖南教育出版社出版发行(长沙市韶山北路 443 号)
网　　址	http://www.hneph.com　http://www.shoulai.cn
电子邮箱	228411705@qq.com
客　　服	电话 0731 - 85486742　QQ 228411705
经　　销	湖南省新华书店
印　　刷	湖南天闻新华印务有限公司
开　　本	710 × 1000　16 开
印　　张	19. 75
字　　数	242 000
版　　次	2013 年 7 月第 1 版　2013 年 7 月第 1 次印刷
书　　号	ISBN 978 - 7 - 5539 - 0734 - 5
定　　价	52. 00 元